Roger Rankel

Sales Secrets

Roger Rankel

Sales Secrets

Warum JEDER ein Verkäufer ist
und dieses Wissen BRAUCHT

Mit Insider-Tipps
prominenter Persönlichkeiten

GABLER

Bibliografische Information der Deutschen Nationalbibliothek
Die Deutsche Nationalbibliothek verzeichnet diese Publikation in der
Deutschen Nationalbibliografie; detaillierte bibliografische Daten sind im Internet
über <http://dnb.d-nb.de> abrufbar.

Unter Mitarbeit von:
Dr. Petra Begemann, Bücher für Wirtschaft + Management, Frankfurt am Main.

1. Auflage 2008
Nachdruck 2009

Alle Rechte vorbehalten
© Gabler | GWV Fachverlage GmbH, Wiesbaden 2008, Softcover 2013

Lektorat: Manuela Eckstein

Gabler ist Teil der Fachverlagsgruppe Springer Science+Business Media.
www.gabler.de

Umschlaggestaltung: Nina Faber de.sign, Wiesbaden
Satz: ITS Text und Satz Anne Fuchs, Bamberg
Druck und buchbinderische Verarbeitung: Krips b.v., Meppel
Gedruckt auf säurefreiem und chlorfrei gebleichtem Papier

ISBN 978-3-8349-0788-2 (Hardcover)
ISBN 978-3-658-03755-0 (Softcover)

Gewidmet meiner Tochter Viki –
der unwiderstehlichsten Ablenkung
bei der Arbeit an diesem Buch ...

Ein herzliches Dankeschön ...

... an Frau Dr. Petra Begemann für die Begleitung der Interviews und ihre hervorragende redaktionelle Unterstützung.

... an Manuela Eckstein, Cheflektorin beim Gabler Verlag, für ihre Geduld, die dieses außergewöhnliche Projekt abforderte.

... an die Unternehmen Microsoft, Gecam, Quintessenz, Protection One, SHB und BMW für die erfolgreiche Zusammenarbeit.

... an mein Team: Alexandra Heerdegen, Cornelia Scharl, Christl Höfler, Doris Gruner, Alexandra Unger und Stefanie Wiesmann für den unermüdlichen Einsatz.

... an Herrn Prof. Dr. Michael Zacharias für die wissenschaftliche Begleitung dieses Buches.

Kein Geheimnis ist ...

... dass es nicht nur hervorragende Verkäufer gibt, sondern mindestens ebenso hervorragende Verkäuferinnen. Selbstverständlich wendet sich dieses Buch auch an sie. Wenn ich pauschal vom „Verkäufer" spreche, dient das lediglich dem Lesefluss. Liebe Leserin, bitte sehen Sie es mir nach!

Kein Geheimnis ist auch ...

... dass nicht nur „Verkäufer" im engen Sinne verkaufen, sondern natürlich alle, auf deren Visitenkarte „Berater", „Consultant" oder „Repräsentant", „Kundenbetreuung" oder „Vertrieb" gedruckt ist. Nicht ganz so selbstverständlich ist dagegen, dass auf dem Kärtchen auch „Facharzt für Orthopädie" stehen kann. Oder „Steuerberater", „Geschäftsführer", „Rechtsanwalt", „Webdesigner", „Architekt". Einfach das, was auf Ihrer eigenen Visitenkarte vermerkt ist.

Kein Geheimnis ist schließlich ...

... dass Verkauf immer etwas mit überzeugen zu tun hat. Auch ich bin ein echter „Überzeugungstäter" – ich möchte Sie in diesem Buch davon überzeugen,

- dass wir alle Verkäufer sind,

- dass Vorbilder – geniale Verkäufer – dabei helfen, sich selbst weiterzuentwickeln,

- dass ein Leben ohne Verkauf gar nicht möglich ist und natürlich

- dass die hier entwickelten Ideen zu großen Verkaufserfolgen führen.

Wenn mir das gelingt, freue ich mich, wenn Sie dieses Buch weiterempfehlen – wenn Sie als „Zeuge" die hierin enthaltenen Ideen weitertragen, ganz im ursprünglichen Wortsinne von „über-zeugen".

Ein gutes Buch ist wie guter Freund oder Mentor, der sagt: „Sieh mal, das kann man auch geschickter machen" oder „Da ist noch ein bisschen Potenzial". Auf dass dieses Buch ein solcher Freund für Sie wird!

Herzlich

Ihr

Inhalt

Teil II: Interviews. Erfolgs-„Verkäufer" und ihre Geheimnisse

Einleitung:

Geniale Verkäufer von Beckenbauer bis Wiedeking

Lassen Sie mich dieses Buch mit einer Frage beginnen: An wen denken Sie, wenn Sie an einen der besten deutschen Formel-1-Piloten aller Zeiten denken?

Klar, die meisten von Ihnen denken sofort an Michael Schumacher.

Gut – Folgefrage: An wen denken Sie, wenn Sie an einen der besten deutschen Tennisspieler überhaupt denken?

Klar, den meisten von Ihnen wird sofort Boris Becker einfallen.

Gestatten Sie mir noch eine letzte Frage: An wen denken Sie, wenn Sie an einen der besten deutschen Verkäufer aller Zeiten denken?

Wer ist für Sie der beste deutsche Verkäufer?

Klar, an ...???

Franz
Beckenbauer – ein
Top-Verkäufer

Ich muss sofort an Franz Beckenbauer denken – an den Mann, dem wir das Fußball-Sommermärchen 2006 in erster Linie zu verdanken haben. Den Mann, der unser Land in der ganzen Welt so gut verkauft und uns die WM beschert hat. An den Mann, der nicht nur ein exzellenter Fußballspieler und Trainer war, sondern der ein herausragender Präsident, ein überzeugender Botschafter unseres Landes und vor allem ein exzellenter Verkäufer ist.

Das
Sommermärchen
2006: ein genialer
Verkaufserfolg

Vermutlich haben die wenigsten Fußballenthusiasten dieses einzigartige Event, diese schöne Zeit, als ein Ergebnis „guten Verkaufens" gesehen. Dennoch können Sie davon ausgehen, dass Beckenbauers Kampagne für die WM ein Verkauf in Perfektion war, von der Vorbereitung über Recherchen und Marktanalysen bis hin zu Marketingmaßnahmen und Präsentationen und schließlich zum glücklichen Zuschlag – dem Verkaufsabschluss. Meine These lautet daher: Die besten Verkäufer sind die, die wir im ersten Moment gar nicht als solche wahrnehmen.

Wahre Verkäufer
sind
Überzeugungstäter

Das öffentliche Bild des Verkäufers indes ist ein ganz anderes: Wann immer ich Menschen nach erfolgreichen Verkäufern frage, kommen ihnen die halbseidenen Typen in den Sinn, die alten Damen unnütze Dinge andrehen oder einem selbst ein Zeitschriftenabonnement unterjubeln wollen, das man überhaupt nicht braucht. Für mich sind das keine wahren Verkäufer (im doppelten Sinne, weder „wahr" und ehrlich noch „Verkäufer"), und deshalb schenken wir ihnen in diesem Buch keine weitere Aufmerksamkeit. Gute Verkäufer sind, wenn schon Täter, Überzeugungstäter. Gute Verkäufer stiften Nutzen, Verkäufer bieten Mehrwert, Verkäufer schaffen Lösungen. Sehr guten Verkäufern gelingt das besser als anderen, denn sie stellen den Nutzen ganz konsequent in den Vordergrund, nicht etwa den Verkauf als solches.

Herausragende
Verkäufer sind erst
auf den zweiten
Blick welche

Deshalb sind die herausragenden Verkäufer gerade diejenigen, denen man es auf den ersten Blick gar nicht ansieht. Wer wirklich erfolgreich verkaufen will, muss daher als Erstes für sich neu definieren, was „Verkaufen" wirklich bedeutet.

Nehmen Sie zum Beispiel Karlheinz Böhm. Der einstige Schauspieler, der in den Fünfzigerjahren mit „Sissi"-Filmen berühmt wurde, nutzte 1981 die Zuschauerwette der Samstagabend-Show „Wetten, dass ...", um sein Herzensanliegen, die Äthiopienhilfe, Millionen Zuschauern vorzustellen. Die darauf eingehenden

Spenden legten den Grundstein für Böhms Stiftung „Menschen für Menschen", die bis heute für fast hundert Krankenstationen, Tausende befestigter Wasserstellen oder Brunnen und Millionen gepflanzter Bäume in Äthiopien verantwortlich zeichnet. In der legendären Wette stellte Böhm seine Vision (den „Nutzen" seiner Aktion) in den Vordergrund und verknüpfte ihn geschickt mit einer publikumswirksamen Aktion. Genialer kann man eine Idee nicht verkaufen.

Karlheinz Böhms Zuschauerwette: eine großartige Verkaufsleistung

Oder nehmen Sie Wendelin Wiedeking, den Porsche-Vorstand. Vor kurzem durfte ich im Rahmen einer Veranstaltung einen Vortrag im Leipziger Porsche-Werk halten. Dort wird die dritte Baureihe, der Cayenne, gefertigt, der bei Porsche zunächst durchaus umstritten war. Nach einer beeindruckenden Werksbesichtigung ging es für die Veranstaltungsteilnehmer zum Fahrtraining auf die seinerzeit eigens angelegte hauseigene Rennstrecke. Spätestens da wurde mir klar, dass der Erfolg des Cayenne Ergebnis einer unglaublichen verkäuferischen Leistung ist: Der Vorstandsvorsitzende Wiedeking hat diesen für Porsche ungewöhnlichen Bautyp erst seinen Vorstandskollegen, dem Aufsichtsrat, dann den Aktionären verkauft und so die Basis für einen grandiosen Verkaufserfolg beim Endkunden gelegt. Der Erfolg hat ihm Recht gegeben; für den Kurs der Porsche-Aktie geht es weiter steil nach oben.

Wie Wendelin Wiedeking die dritte Porsche-Baureihe verkaufte ...

Wirklich gute Verkäufer haben also nichts mit den „Drückern" an der Haustür oder auf der Kaffeefahrt zu tun, die das Bild des Verkäufers gerade in Deutschland in unglücklicher Weise bestimmen. In den USA ist das ganz anders: Einer der legendärsten Verkäufer und gefragten Speaker dort ist Zig Ziglar. Er trat mit den US-Präsidenten Ford, Reagan und Bush gemeinsam auf und sagt bis heute: „I'm proud to be a sales person." Etwas von diesem Stolz möchte ich nach Deutschland holen – ich möchte den Verkauf auch hier nicht nur „salonfähig" machen, sondern ihm den Stellenwert geben, den er in unserem Leben in Wahrheit längst hat. Denn wir alle sind Verkäufer, nicht nur diejenigen, die offiziell im Verkauf oder Vertrieb tätig sind.

Das Image des Verkaufs in Deutschland und den USA

Jeder von uns verkauft, jeden Tag. Sie verkaufen Ihren Kindern gegenüber Ihre Anliegen und Spielregeln („Erziehungsmaßnahmen"); Sie verkaufen Ihrer Frau das Wochenende in den Bergen (obwohl sie eigentlich lieber an die See wollte); Sie verkaufen ei-

Warum jeder Verkäufer ist

nem Geschäftspartner, dass er zu Ihnen ins Büro kommen soll (und nicht Sie zu ihm). Gleichgültig, ob Sie Produkte, Dienstleistungen oder Ideen vermarkten, ob Sie Schulungen, Vorträge und Bücher verkaufen wie ich: Sie sind Verkäufer. Im Alltag verkaufen wir anderen ständig unsere Person, unsere Persönlichkeit, sobald wir mit jemandem in Kontakt treten. Sogar, wenn Sie mir sagen: „Ich verkaufe gar nichts!", verkaufen Sie – nämlich diesen Standpunkt. Um ein bekanntes Bonmot des Philosophen und Sprachwissenschaftlers Paul Watzlawick abzuwandeln: Man kann nicht nicht verkaufen (Watzlawick selbst wies darauf hin, man könne „nicht nicht kommunizieren").

Verkaufsgespräche vom Rendezvous bis zum Talkshow-Auftritt

Kurzum: Sobald man von einer Meinung, von einer Sache, einem Produkt oder einer Idee überzeugt ist, wird man unweigerlich zum Verkäufer. Jedes Einstellungsgespräch ist ein Verkaufsgespräch, jeder Termin mit Ihrem Chef, jedes Rendezvous, selbst der Small Talk mit einem Unbekannten in der Seminar- oder Konferenzpause. Jede Wahlkampfveranstaltung, jede Eigentümerversammlung, jede Diskussionssendung und auch jede Talkshow ist eine Verkaufsveranstaltung. Wer bei Anne Will oder Johannes B. Kerner sitzt, wirbt für seine Person, seine Überzeugung oder seine neuestes Produkt, ob das nun ein Film, ein Buch oder eine karitative Aktion ist. Selbst der Pfarrer auf der Kanzel muss seine Botschaft der Gemeinde richtig verkaufen, sonst bleibt die Kirche leer.

Lernen Sie von Ausnahmeverkäufern!

Franz Beckenbauer, Karlheinz Böhm, Wendelin Wiedeking – herausragende Verkäufer und prominente Persönlichkeiten wie diese haben mich zu meinem Buch inspiriert. Ich bin fest davon überzeugt, dass wir von ihnen und von anderen bekannten Persönlichkeiten überdurchschnittlich viel lernen können. Sie verdanken ihren Erfolg und die daraus resultierende Bekanntheit wesentlich ihrem sicheren Gespür dafür, wie sie ihre Anliegen richtig verkaufen. Sie sollten daher die wahren Verkäufer-Vorbilder für uns sein. Für dieses Buch habe ich deshalb bekannte und erfolgreiche Persönlichkeiten persönlich aufgesucht und sie nach ihren Erfolgsgeheimnissen gefragt. Jeder von meinen Gesprächspartnern hat Enormes geleistet, Wertvolles geschaffen und – gut verkauft.

Da ist zum Beispiel Udo Walz. 97 Prozent der Deutschen kennen ihn, den Friseur aus Schwaben, der heute in Berlin lebt.

Dass der Star der Friseurszene Udo Walz etwas von Marketing und Marktdurchdringung verstehen muss, ist klar, und das nicht erst, seitdem er Angela Merkel frisiert. Da ist zum Beispiel Heiner Tamsen, der seinerzeit weltweit erfolgreichste Ferrari-Händler, der als Erster in der Branche neben Ferrari auch alle anderen Luxusmarken unter dem Dach eines Autohauses vereinte. Oder Leslie Mandoki, ehemaliger Bandleader von Dschingis Khan und heute Produzent von Rock- und Pop-Größen wie Phil Collins, den No Angels, Lionel Richie und vielen anderen – Mandoki, der zugibt, dass man sich auch oder gerade als Musiker auf der Bühne verkaufen muss, und dabei keinen Hehl daraus macht, dass er das Wort Verkäufer lieber vermeidet. Oder Manfred Lautenschläger, der die Finanzdienstleistung MLP 1971 mitgründete, das Unternehmen von einem Zwei-Mann-Betrieb bis in den DAX führte und heute vielfacher Millionär ist.

Einige meiner prominenten Gesprächspartner ...

Blicken Sie also mit diesem Buch einmal hinter die Kulissen überragender Verkaufserfolge: Bekannte Persönlichkeiten aus ganz unterschiedlichen Branchen lassen Sie erstmals offen an ihren Erfolgsgeheimnissen teilhaben. Die Gespräche mit diesen prominenten „Ausnahmeverkäufern" finden Sie im zweiten Teil des Buches. Sie liefern viele erhellende und verblüffende Einsichten und haben auch den ersten Teil mitinspiriert: Hier lasse ich meine Erfahrungen aus über zwei Jahrzehnten im Verkauf, aus der Gründung zweier erfolgreicher Unternehmen, aus Hunderten von Seminaren und Vorträgen für Verkaufsprofis und aus Gesprächen mit Geschäftspartnern und guten Freunden einfließen. Ergebnis sind über 36 **Sales Secrets**, zu denen so unterschiedliche Persönlichkeiten wie der Herrscher von Dubai, Scheich Mohammed bin Raschid Al Maktoum, und Deutschlands Nationaltorhüter a. D. Oliver Kahn beigetragen haben; daneben mein geschätzter Kollege und Top-Trainer Martin Limbeck oder auch der TV-Unternehmer Dr. Georg Kofler, der erst ProSieben und dann Premiere zum Erfolg führte, um nach über 15 Jahren in der Medienbranche noch einmal etwas ganz Neues zu wagen.

Dieses Buch und was es bietet

Deswegen ist **Sales Secrets** auch kein klassisches Verkaufsbuch – es ist mehr! **Sales Secrets** bietet einerseits das aktuelle Know-how der Verkaufsliteratur und die neuesten Erkenntnisse der seriösen Verkaufspsychologie, daneben aber Einsichten, die bislang nirgendwo zu Papier gebracht worden sind – eben

Teil I: Die **Sales Secrets**

Secrets. Im Zeitalter der Geschwindigkeit und Schnelllebigkeit beschränke ich mich dabei bewusst auf das Wesentliche, das Wichtigste im Verkauf. Sie können dieses Buch daher als eine Art „Speed Training" nutzen, um Verkaufen auf allerhöchstem Niveau zu erlernen – immer mit dem Ziel, mehr Kunden an den Tisch (oder zu Gesicht) zu bekommen und schneller abschließen zu können. Aber Sie werden auch von diesem Buch profitieren, wenn Sie sich bisher überhaupt nicht als „Verkäufer" betrachtet haben. Wie auch immer: Lassen Sie sich überraschen und inspirieren!

Viel Spaß dabei ...

Teil I

Die *Sales Secrets* von Roger Rankel

Warum in JEDEM eine Verkäuferseele steckt

Ohne große Verkäufer sähe unser Leben anders aus. Menschen, die uns bewegen, Menschen, die etwas verändern, sind immer auch geniale Verkäufer. Hätte es den „King" Elvis nicht gegeben, gäbe es bis heute nicht den legendären Hüftschwung, den er uns „verkauft" hat, trotz großer Bedenken besorgter Mütter und trotz der Proteste selbst ernannter Moralapostel. Hätte es Neil Armstrong nicht gegeben, der unsere Sehnsucht nach fernen Planeten schürte, würde 2009 vielleicht nicht der erste Shuttle mit Touristen ins All fliegen. „Es ist ein kleiner Schritt für einen Menschen, aber ein großer Schritt für die Menschheit", sagte der Mann, der als Erster seinen Fuß auf den Mondboden setzte. 500 Millionen Menschen in aller Welt sahen gebannt zu und träumten davon, es ihm gleichzutun. 40 Jahre später haben die Ersten von Ihnen die Möglichkeit.

Verkäufer verändern die Welt!

Der Blick in die Menschheitsgeschichte liefert Verkäufer-Beispiele ohne Ende:

Alexander der Große

... der ein Heer von 10 000 Soldaten mit einer einzigen Geste davon überzeugte, ihm auf dem Feldzug gegen die Perser weiter durch eine der unwirtlichsten Wüsten Persiens zu folgen: Seine Soldaten waren am Verdursten, es drohte eine Meuterei. Da kam einer von ihnen mit einem Helm voll Wasser auf seinen durstigen Kaiser zu. Der Feldherr nahm den Helm entgegen – und goss das kostbare Nass vor aller Augen in den Sand. Mit dem Ruf „Für einen zu viel – für alle zu wenig! Auf nach Persien!" brachte er seine Leute wieder hinter sich. Er hatte ihnen sein kühnes Vorhaben im Nu „verkauft".

Geniale Verkäufer in der Geschichte

Alles muss „verkauft" werden:

... Feldzüge ...

Papst Benedikt XVI.

... weil der erste deutsche Papst seit fast 50 Jahren unermüdlich und sehr erfolgreich für Frömmigkeit und christliche Werte wirbt –

... der Glaube ...

mit seinen Büchern, mit seinen öffentlichen Auftritten und mit seinen klaren Positionen. Wenn er in New York am Ground Zero ein stilles Gebet spricht und für den Frieden in der Welt eintritt, fasziniert er die Menschen nicht weniger, als wenn er im prunkvollen Gewand und mit roten Prada-Schuhen eine Messe liest. Das Internet quillt über mit offiziellen und inoffiziellen Websites über „Benedetto", von www.benedikt-in-bayern.de bis www. triff-den-papst.de. Bei aller intellektuellen Brillanz und persönlichen Bescheidenheit: Dieser Papst weiß, dass man für den Glauben werben – ihn den Menschen „verkaufen" – muss.

... politische
Bündnisse ...

John F. Kennedy

... weil er den Deutschen ihre Zugehörigkeit zur freien Welt mit nur vier Worten vermittelte: „Ich bin ein Berliner!" Dieser berühmte Satz, den der 35. Präsident der USA in einer Rede im Juni 1963 vor dem Schöneberger Rathaus sagte und den er zuvor im Amtszimmer des Berliner Bürgermeisters Willy Brandt sorgfältig geübt hatte, bewirkte vermutlich mehr als Tausende von politischen Kommentaren und Analysen: Er traf die Berliner und mit ihnen die ganze deutsche Bevölkerung mitten ins Herz.

... große
Investitionen ...

Christoph Kolumbus

... weil er mit Geschick und Hartnäckigkeit die spanische Königin dafür gewann, in sein abenteuerliches Vorhaben zu investieren, einen Seeweg nach Indien zu suchen. Die Verhandlungen zogen sich über sechs Jahre hin. Sie endeten damit, dass Isabella I. Kolumbus drei Schiffe zur Verfügung stellte und damit jene Reise möglich machte, die als „Entdeckung Amerikas" in die Geschichte eingehen sollte. Hätte der Seefahrer seine Idee nicht so blendend „verkauft", hätte die spanische Königin auf ihre skeptischen Ratgeber gehört – und unsere Geschichtsbücher sähen heute anders aus.

... gesell-
schaftlicher
Wandel ...

Martin Luther King

... weil der Baptistenpfarrer und spätere Friedensnobelpreisträger einer ganzen Nation den Traum einer gerechteren Gesellschaft einpflanzte. Wer politische Vorhaben umsetzen will, muss sie den Menschen „verkaufen" können. Das bewies der Bürgerrechtler in seiner legendären Rede „I Have a Dream", mit der er für das friedliche Zusammenleben von Schwarz und Weiß warb. Und das bewies der bis dato unbekannte Barack Obama vier Jahrzehnte später. „Er besitzt die Kühnheit, Hoffnung zu verkaufen", schrieb das Magazin *stern* im März 2008 und spielte damit auf Obamas Slogan im Vorwahlkampf um die US-Präsidentschaft an: „Yes, We Can!"

Verkäufer, wohin man schaut. Selbst meine kleine Tochter Viktoria gehört schon dazu. Kürzlich hat sie mir, dem Verkaufstrainer, ganz nonchalant eines ihrer Bilder als großes Gemälde verkauft – stolz geschwellt und mit feierlicher Geste wurde mir das Werk präsentiert. Ich konnte gar nicht anders, als hingerissen zu sein, und war es auch tatsächlich. Diese selbstbewusste Haltung ist schon eines der Geheimnisse „echter" Spitzenverkäufer.

Verkaufen ist uns in die Wiege gelegt

Wir alle haben eine Verkäuferseele, aber manchmal verlieren wir sie angesichts unserer vielen täglichen Aufgaben und Alltagsprobleme ein wenig aus den Augen. Bringen Sie Ihre Verkäuferseele wieder zum Strahlen! Große Verkäufer tun das, sie arbeiten beständig an sich und ihren verkäuferischen Fähigkeiten. Ihre Persönlichkeit wächst mit dem Erfolg. Sie sind offen, sensibel und lernen aus ihren Erfahrungen. Der dabei angehäufte Erfahrungsschatz bleibt normalerweise ihr ganz persönliches Geheimnis. Mit den folgenden Kapiteln ändert sich das: Dort lüften wir sie, die **Sales Secrets!**

Profitieren Sie vom Erfahrungsschatz der Ausnahmeverkäufer!

Denn wenn schon jeder ein Verkäufer ist, sollten wir darin zu Profis werden, zu absoluten Experten – so wie die „High Performer", die in diesem Buch zu Wort kommen. Kein Wirtschaftszweig lebt so sehr von den Leistungen Einzelner wie der Verkauf. Merkwürdigerweise ist über die Macher und Ausnahmeverkäufer trotzdem kaum etwas bekannt – und das, obwohl keine einzige Branche ohne solche Top-Performer überleben könnte. Nur Monopolbetriebe können es sich leisten, miese Verkäufer zu haben. Sobald der Wettbewerb einzieht, entscheidet sich am Point of Sale, ob ein Unternehmen schwarze Zahlen schreibt oder rote. Ex-Monopole wie die Deutsche Post oder die Telekom bekommen das schmerzhaft zu spüren.

Verkäufer als Rückgrat des unternehmerischen Erfolgs

Dieses Buch wird Sie als Verkäufer entscheidend voranbringen. Es zeigt Ihnen, wie Sie in die absolute Spitzengruppe der Verkaufsprofis vorstoßen können. Gut, sogar sehr gut, sind viele,

Exzellente Verkäuferleistungen durch die richtigen Vorbilder aber ganz oben wird die Auswahl dünn. Und wer sich nur mit seinesgleichen vergleicht – der Finanzberater mit anderen Finanzberatern, der Softwareexperte mit anderen IT-lern – wird nie ganz groß herauskommen. Wir brauchen echte, große Vorbilder! In den letzten Jahren hatte ich das Glück, viele prominente Persönlichkeiten von Barbara Becker über Oliver Kahn bis zum Herrscher von Dubai, Scheich Mohammed bin Raschid Al Maktoum, oder Rainhard Fendrich persönlich kennen zu lernen und von ihren Erfolgsstrategien zu profitieren. Dieses Wissen möchte ich mit Ihnen teilen. Neben den Interviewpartnern im zweiten Teil des Buches kommen deshalb immer wieder Erfolgsmenschen aus unterschiedlichen Bereichen zu Wort.

Wer mehr erreichen will als andere, braucht andere Fähigkeiten

Mein geschätzter Freund Alfred J. Kremer beispielsweise ist nicht nur ein Erfolgsunternehmer, dem es gelang, seinen Umsatz in nur acht Jahren von 3 Millionen Euro auf sagenhafte 700 Millionen Euro zu steigern; er ist auch Europameister im internationalen Tourenwagensport und Vizeweltmeister der Ferrari Challenger 2006. Wussten Sie, dass das menschliche Auge bei einer Geschwindigkeit von knapp 300 km/h langsamer schaut, als Sie fahren? Freddy Kremer erzählte mir außerdem, dass Motorsportpiloten (und eben nicht nur die in der Königsklasse Formel 1) gezielt ihren Instinkt trainieren. Ab 300 km/h kann man nicht mehr rein über die Ratio agieren, schulbuchmäßig anbremsen und am Scheitelpunkt der Kurve einlenken. Ab dieser Geschwindigkeit werden komplett andere Fähigkeiten benötigt. Deswegen ist **Sales Secrets** auch kein Verkaufsbuch wie andere, sondern eines mit neuen, ungewöhnlichen Ideen. Denn wer morgen schneller sein will als gestern, kommt nicht umhin, sich neue Fähigkeiten anzueignen.

Nachhaltige Erfolge statt kurzlebiger Tricks

Sales Secrets knüpft also an aktuelle, zeitgemäße Erkenntnisse aus Marketing und Verkaufspsychologie an, bleibt aber nicht dort stehen. Das wäre zu kurz gesprungen. **Sales Secrets** bietet Ansätze, die bislang nirgendwo zu Papier gebracht worden sind – echte Geheimnisse also! Dabei geht es mir nicht um den schnellen Erfolg, sondern um nachhaltige und wirksame Erfolge. Mit ein paar rhetorischen Tricks und ausgefeilten Kniffen kann heute jeder Juniorverkäufer kurzfristig Erfolg haben. Doch solche Strohfeuer bringen Sie nicht wirklich voran.

24

Machen Sie sich also darauf gefasst, dass wir gemeinsam ein paar alte Zöpfe abschneiden werden. **Sales Secrets** ist nicht nur revolutionär, sondern radikal – radikal im positiven, ursprünglichen Wortsinne von „an die Wurzel gehen". Sie brauchen den Mut für die eine oder andere Kehrtwendung, um die ganz anderen Fähigkeiten, die in Ihnen schlummern, zu wecken. Was wirklich in Ihnen steckt, werden Sie schließlich erst wissen, wenn Sie es ausprobiert haben! Das wird hier und da ziemlich unbequem sein, ist aber sehr wirksam. Denn so hart es klingt: „Was Sie hierher gebracht hat, wird Sie nicht weiterbringen." Der amerikanische Bestseller-Autor Marshall Goldsmith hat über dieses Faktum sogar ein Buch geschrieben und 20 Verhaltensmuster entdeckt, die man sich wieder abgewöhnen muss, wenn man es wirklich ganz bis an die Spitze schaffen will. Ein Beispiel dazu aus meinem eigenen Umfeld: Vor etwa zehn Jahren wurde der so genannte Carvingski eingeführt. Da ich selbst leidenschaftlicher Skifahrer bin, habe ich damals sehr genau beobachtet, was passierte: Erst wurden die Fahrer mit diesen neuen, „kurzen und breiten Skiern" belächelt. Die Unfallquote stieg sogar, weil die Leute mit der neuen Art des Skifahrens, dem „Carven" (= schneiden), nicht zurechtkamen. Doch heute fahren dieselben Leute im Durchschnitt um zwei bis drei Kursklassen besser als damals.

Wir sind „radikal": Wir setzen bei den Wurzeln (lat. radix) an!

Den Dingen, die Sie am wenigsten hören wollen, sollten Sie die meiste Beachtung schenken!

Keine Angst: Sie müssen nicht zehn Jahre warten, bis Sie Ihre Verkaufsquote um weitere 20 bis 30 Prozent erhöht haben. Sie müssen lediglich den Mut haben, alte Muster loszulassen und dem Neuen eine Chance zu geben. Gehen Sie deshalb am besten vorurteilsfrei an dieses Buch heran. Probieren Sie die Ideen aus, und integrieren Sie sie in Ihren Vertriebsalltag – auch mit der Gefahr des anfänglichen Scheiterns. Als ich seinerzeit selbst vom klassischen Skifahrer zum Carver wurde, bin ich auch erst einmal schlechter gefahren. Wahrscheinlich ist es mit allem so, was man anfängt, sogar mit dem eigenen Leben: Man kommt auf die Welt und verliert erst einmal Gewicht, um dann lange und kontinuierlich Gewicht zuzulegen. Die Mediziner nennen das „Erstverschlimmerung"!

Keine Angst vor der „Erstverschlimmerung"!

Lassen Sie sich also ein auf Neues. Wenn man etwas erreichen möchte, das man noch nie erreicht hat, muss man auch etwas tun, das man noch nie getan hat! Es bringt nichts, wenn ich hier „radikale" Thesen vertrete und Sie diese nicht ebenso radikal in die

Willkommen im 21. Jahrhundert!

Praxis umsetzen. Leider sind nicht wenige Verkäufer bei den Verkaufsansätzen der Neunzigerjahre stehen geblieben. Sie kommen immer noch mit denselben angestaubten Sprüchen: „Herr Kunde, soll ich Ihnen noch mehr erzählen, oder sind wir uns einig?" Doch diese Zeiten sind längst vorbei. Verkauf funktioniert heute anders, Kunden und Märkte haben sich geändert. Das Millennium ist bald zehn Jahre her – willkommen in der Neuzeit!

Echte Erfolgsstorys statt unterhaltsamer Fabeln

Viele Verkaufsbücher der letzten 20 Jahre arbeiten mit Fabeln. Sie handeln vom Pinguin-Prinzip, von der Mäusestrategie oder von Fischverkäufern auf dem Wochenmarkt. Sie halten sich hartnäckig auf dem Buchmarkt, weil niemand die wirklichen Neuerungen im Verkauf zu Papier gebracht hat. All diese Bücher sind wunderbar geschrieben und unterhaltsam zu lesen. Doch bei allem Respekt, den ich Bestseller-Autoren wie Spencer Johnson & Co. entgegenbringe: Es sind nur Fabeln. Wenn man die Storys im eigenen Alltag anwenden will, stößt man schnell an Grenzen. Erwarten Sie daher bitte nicht, auf den folgenden Seiten mit Fischen, Mäusen und anderen Tieren Bekanntschaft zu machen. Die Geschichten, die Sie lesen werden, sind real, aus dem Leben gegriffen, nicht frei erfunden und eben nicht um der Pointe willen passend zurechtgebogen. Unsere **Sales Secrets** sind echt – und damit wirksam. Sie basieren auf Prinzipien und Strategien, mit denen Verkäuferpersönlichkeiten nachweislich große, zum Teil überwältigende Erfolge erzielt haben. Sie bündeln mehr als 20 Jahre eigenen Verkaufserfolg. Und nun lassen Sie uns einsteigen in die wunderbare Welt der echten Verkaufsgeheimnisse!

1. Secret:

Gnadenlos ehrlich – punkten Sie mit Offenheit!

Mal ehrlich: Wer hat Sie im Leben wirklich beeindruckt? Die wachsweichen Typen, bei denen man nie weiß, woran man ist – oder doch eher die starken Persönlichkeiten, die ihr Fähnchen eben nicht nach dem jeweils vorherrschenden Wind zu hängen pflegen? Natürlich ist die Frage rhetorisch gemeint. Wir alle erinnern uns eher an die Menschen mit Ecken und Kanten. Ein Boris Becker ist interessanter als ein braver Michael Stich, Raubein Ben Becker fasziniert weit mehr als jeder harmlos-nette Seriendarsteller. Und auch Top-Verkäufer sind starke Charaktere, die wissen, was sie wollen – und dazu stehen.

Also Schluss mit dem Kuschelkurs im Verkauf!

(1) Jede Wahrheit braucht einen Mutigen, der sie ausspricht

„Jede Wahrheit braucht einen Mutigen, der sie ausspricht", so wirbt BILD, die auflagenstärkste Zeitung in Deutschland. Ob immer alles wahr ist, was man dort lesen kann, sei dahingestellt. Auf jeden Fall schafft es das Blatt aber, mit provokanten Aussagen Tag für Tag über drei Millionen Leser anzusprechen. Offensichtlich lieben die Menschen die eindeutigen Statements der Zeitung, an denen man sich schon mal reiben kann.

Lieber Ecken und Kanten als weichgespültes Mittelmaß

Warum ich Ihnen das sage? Weil gerade im Verkauf manchmal in Vergessenheit gerät, dass Menschen mit Ecken und Kanten auf ihre Umgebung und Kunden viel stärker wirken als weichgespültes Mittelmaß. Menschen, bei denen man weiß, wofür sie stehen, und die nicht wackeln oder wanken, wenn Gegenwind zu befürchten ist, üben eine starke Faszination aus. Das verbindet so unterschiedliche bekannte Persönlichkeiten wie Alice Schwarzer, die seit Jahrzehnten für die Rechte der Frauen streitet, den Dalai Lama, der unbeirrt von chinesischen Anfeindungen seine Botschaft des Friedens und der Rechte des tibetischen Volkes verbreitet, oder den Bundespräsidenten Horst Köhler, der in der Bevölkerung Sympathiewerte genießt, von denen andere Politiker nur träumen können. Trotz seines eher hölzernen Auftretens und seiner wenig mitreißenden Reden lieben ihn die Menschen – allein dafür, dass er Tacheles redet und Parteipolitiker ebenso mit unangenehmen Wahrheiten konfrontiert wie Wirtschaftsbosse.

Top-Verkäufer zeigen Persönlichkeit!

In zwei Jahrzehnten im Verkauf habe ich die Erfahrung gemacht: Gerade Top-Seller sind in der Regel Leute mit einem eindeutigen Profil und greifbarem persönlichen Kern – und nicht wie die sprichwörtliche Zwiebel, bei der unter jeder Schale nur die nächste Schale durchschimmert. Diese Verkäufer scheuen sich nicht, ihre Kunden auch schon mal mit der Wahrheit zu konfrontieren. Denn: „Kunden kaufen nur von Siegern", wie der Verkaufsexperte Hans Christan Altmann zu Recht betont.[1]

„Ein Kuschelkurs bringt im Verkauf nicht weit. Souveräne Verkäufer haben keine Angst, ihren Kunden auf gekonnte Weise die Wahrheit zu sagen."
(Andreas Fritsch, Top-Verkäufer und ehemaliges Vorstandsmitglied bei einem internationalen Finanzdienstleister, heute Trainer für FlowSelling®)

Seit 1973 steht der US-Amerikaner Joe Girard im Guinness-Buch der Rekorde. Niemand hat je mehr Autos verkauft als er: In seinem erfolgreichsten Jahr waren es 1 425, einmal sogar 174 in nur einem einzigen Monat. Nach seinem Erfolgsrezept befragt, sagt Girard: „Ich sage meinen Kunden ständig, dass ich sie mag, ja sogar liebe." (Siehe Herzenssache(n), Seite 112 ff.!). Aber Girard tut noch andere erstaunliche Dinge. Wenn ein Kunde während des Verkaufsgesprächs beispielsweise sagt, er müsse „erst mal überlegen", fragt ihn der Top-Verkäufer: „Warum sprechen wir nicht über das, worüber Sie nachdenken müssen: Ist es die Größe des Autos? Ist es der Ruf des Herstellers? Wissen Sie noch nicht, wie viel Sie heute ausgeben möchten?" Wo Durchschnittsverkäufer weitere Produktvorteile reihen würden, redet Girard Klartext. So scheut er sich auch nicht, am Ende des Gesprächs zu sagen: „Lassen Sie mich ganz offen fragen: Auf einer Skala von 0 bis 10 – wobei 0 für kein Interesse und 10 für ‚Ich nehme es' steht, wie schätzen Sie Ihre Kaufneigung ein?" Damit überrascht er seine Kunden bis heute positiv und erhält ein zuverlässiges Feedback.[2]

Beispiel: Joe Girard, der beste Autoverkäufer der Welt

Konfrontieren Sie Ihren Kunden mit der Wahrheit! Seien Sie ruhig einmal unbequem, eben weil Sie ehrlich sind. „Bei allem Respekt, Herr Kunde, exklusives Design und Schnäppchenpreise, das ist unmöglich!" oder „Sind Sie bereit für ein offenes Wort, Frau Kundin? ... Bei Ihrer empfindlichen Haut sollten Sie wirklich nicht an der Pflege sparen!" Mit Äußerungen wie diesen überraschen Sie die meisten Kunden positiv und treiben Ihr verkäuferisches Anliegen erfolgreich voran. „Angenehm anders ankommen als alle anderen" kann eben auch heißen: klarer, provokanter. Warum nicht einmal fragen: „Haben Sie den Mut, eine Kehrtwendung zu machen, hin zu Dingen, die Ihnen gesetzlich zustehen?", wenn es um Steuer sparende Geldanlagen geht! Verabschieden Sie sich vom Wischiwaschi; Ihre Kunden werden es Ihnen danken!

Auch mal unbequem sein!

„Wenn man Verkauf richtig macht, heißt das: selbstbewusst ohne Überheblichkeit, aber auch nicht devot – auf gleicher Augenhöhe mit dem Kunden."
(Manfred Lautenschläger, Mitgründer von MLP und heute Aufsichtsratsvorsitzender; Interview ab Seite 187)

Gute Zusammenarbeit ist keine Einbahnstraße

Das gilt übrigens auch, wenn es in der Kundenbeziehung einmal knirscht. Lässt ein Freund uns eine halbe Stunde vor dem Kino warten, reagieren wir verärgert. Verspätet sich ein Kunde um dieselbe Zeit, machen viele Berater gute Miene zum bösen Spiel („Macht ja nichts, kein Problem."). Warum eigentlich? Ein Verkäufer, der zuverlässig und verantwortungsbewusst ist, kann von seinem Kunden dasselbe erwarten. Was spricht dagegen zu sagen, dass man irritiert ist, wenn ein Kunde Zusagen nicht einhält? Gute Zusammenarbeit ist schließlich keine Einbahnstraße. Gestalten Sie konsequent ein faires Miteinander in der Kundenbeziehung – agieren Sie auf Augenhöhe!

Provozieren Sie!

2 500 Werbebotschaften prasseln im Schnitt Tag für Tag auf jeden Deutschen ein.[3] Das meiste davon verpufft wirkungslos. Aber der Media Markt-Slogan fällt auch Ihnen wahrscheinlich auf Anhieb ein: „Ich bin doch nicht blöd!" 80 000 Bücher erscheinen jedes Jahr. Nur jedes vierte erreicht eine zweite Auflage, ein nicht unbeträchtlicher Teil dieser Bücherflut wird irgendwann „makuliert", das bedeutet schlicht: zu Altpapier verarbeitet. Ein Buch allerdings beschäftigte im Frühjahr 2008 nicht nur sämtliche Feuilletons, sondern wurde dem Verlag förmlich aus den Händen gerissen: Charlotte Roches „Feuchtgebiete". Lustvoll brach die frühere Viva-Moderatorin jede Menge Tabus um weibliche Sexualität und Hygiene. In weniger als drei Monaten waren bereits über 600 000 Exemplare verkauft. Sex sells? Das auch. Beide Beispiele verdeutlichen aber vor allem: Provokation wirkt!

Brechen Sie Regeln!

Brechen Sie Regeln, wenn Sie in immer weniger überschaubaren Märkten auffallen wollen – provozieren Sie! Dafür müssen Sie nicht gleich einen bundesweiten Skandal anzetteln wie Frau Roche. Häufig genügt es schon, sich einigen angeblich ehernen Branchengesetzen zu verweigern, um auf sich aufmerksam zu machen. Mein erstes Geschäft habe ich fast ausschließlich auf Empfehlungsbasis ausgebaut – und dabei nicht ein einziges Mal auf Werbegeschenke oder Prämien gesetzt. Fragte jemand danach, habe ich gesagt: „Ich biete Ihnen mein ganzes Know-how und eine exzellente Beratung. Da möchte ich nicht wegen einer Kaffeemaschine weiterempfohlen werden!" Oder neulich im Urlaub in der Karibik: Ein athletischer Typ will uns eine „Adventure Tour" verkaufen. Als wir schon halb überzeugt sind, macht er einen provokanten Rückzieher: „Ich muss Sie aber warnen: Die Tour ist teilweise schon sehr abenteuerlich!" Dieser Herausforderung konnten wir dann wirklich nicht mehr widerstehen.

Everybody's darling is everbody's depp!
(Franz-Josef Strauß)

(2) Ja, Sie wollen verkaufen!

„Sie wollen mir ja nur was verkaufen!" Hat man Ihnen das auch schon mal „vorgeworfen"? Die beste Reaktion darauf ist eine klare Zustimmung: „Ja, ich will Ihnen was verkaufen – weil ich ein attraktives Angebot für Sie habe!" Selbstbewusste Direktheit ist in den meisten Fällen entwaffnend. Reden Sie also nicht um den heißen Brei herum, stehen Sie zu Ihrer Verkaufsabsicht. Schließlich profitiert Ihr Kunde von Ihrem Produkt, Ihrer Dienstleistung, oder? Wie man es nicht machen sollte, erlebe ich häufig auf Reisen. Wenn Sie selbst viel unterwegs sind, kennen Sie das so oder so ähnlich wahrscheinlich auch:

Reden Sie nicht um den heißen Brei herum!

Irgendein Flughafen. Ich bin auf dem Weg zum Taxistand, als mich eine junge Frau abfängt. Da sie von einem American Express-Stand ausgeschwärmt ist, kann ich mir denken, worum es geht. Aber statt mein Interesse mit irgendeinem Nutzenangebot oder einem Produktversprechen zu ködern, fragt sie mich als Erstes: „Sind Sie aus Deutschland?" In solchen Momenten schwanke ich zwischen Ärger (weil man mich so plump ins Gespräch zu ziehen versucht) und Mitleid (weil hier jemand so schlecht vorbereitet auf die Kunden losgelassen wird). Mein Hauptgefühl ist: „Für wie blöd halten die ihre Kunden eigentlich?" Und ich bin mir sicher, dass 95 Prozent der übrigen Angesprochenen ähnlich empfinden.

Beispiel Kundenansprache: So nicht …

31

... sondern so!

Dass es auch ganz anders geht, schilderte der Verkaufsexperte und Trainerkollege Alexander Christiani einmal in einem Vortrag: Ein Verkäufer sprach ihn in der gleichen Situation an mit: „Ich habe hier ein interessantes Handy für Sie!" Auf das knapp hingeworfene „Danke, ich hab' schon eins!" entgegnete der Verkäufer ebenso knapp: „Ja, aber mit diesem hier können Sie Ihre Termine auch vom Flughafen aus in Sekundenschnelle aktualisieren!" Christiani berichtete, er sei auf dem Absatz umgekehrt und habe seinen ersten Blackberry erworben.

Offenheit siegt!

Sie wollen etwas verkaufen. Ihr Kunde weiß das. Sie wissen, dass Ihr Kunde es weiß. Warum also irgendwelche merkwürdigen Tricks anwenden oder Ausflüchte suchen? „Äh, nein, ich möchte Sie unverbindlich informieren ..."? Gehen Sie lieber freundlich in die Offensive. Besonders elegant kontern Sie, wenn Sie im Gegenzug gleich auf einen attraktiven Kundennutzen hinweisen. Sagt Ihr Kunde zum Beispiel abweisend: „Geht es um eine Kapitalanlage?", kontern Sie doch: „Exakt darum geht es. Ich möchte Ihnen Möglichkeiten zeigen, wie Sie mehr Steuern sparen können!"

„Ich ging zu einem Renault-Händler, und dort stand ein Vorführwagen in Blaumetallic mit weißen Rallye-Streifen. Der Verkaufsleiter, der übrigens auch der einzige Verkäufer in dem kleinen Laden war, kam auf mich zu und sagte ganz direkt: ‚Ich möchte Ihnen heute dieses tolle Auto verkaufen. Denn das ist genau Ihr Wagen!' Da konnte ich gar nicht anders und entschied mich spontan, den Renault zu kaufen."
(Professor Dr. Lothar Seiwert, „Zeitpapst"; Interview ab Seite 159)

Das gilt nicht nur für den Einstieg ins Verkaufsgespräch. Offene „Bekenntnisse" verfehlen auch später ihre Wirkung auf den Kunden nicht. Wenn mich ein potenzieller Kunde kontaktiert hat und die Geschäftsanbahnung ins Stocken gerät, greife ich zum Telefon und sage schon mal scherzhaft: „Herr Kunde, ich lass Sie jetzt so schnell nicht los!" Meinem Gegenüber bei der Firma Microsoft habe ich während der Verhandlungsphase ein paar Turnschuhe geschickt und in einem flotten Begleittext meinen Wunsch formuliert, damit „auch einen Fuß in der Tür" zu haben. Natürlich wusste ich inzwischen, dass mein Verhandlungspartner begeisterter Sportler ist. Manchmal muss man eben ungewöhnliche Dinge tun, um ungewöhnliche Ergebnisse zu erzielen.

Auch in der Voreinwandbehandlung ist das Motto „Wahrheit siegt!" unschlagbar. Barbara Schöneberger hat es vorgemacht. Als die Moderatorin, Komikern, Journalistin, Schauspielerin ... eine Platte aufnahm und auf Tournee ging, nannte Sie beides genialerweise – „Jetzt singt sie auch noch!". Ihre Begründung: „Weil ich weiß, dass *jeder,* der mich kennt in Deutschland, *genau das* sowieso gedacht hat. Da dachte ich mir, dann greife ich das doch gleich auf!"[4] Allen Mäklern war damit im Nu der Wind aus den Segeln genommen – und nebenbei hatte die clevere Frau Schöneberger der Presse auch noch einen prima Aufhänger für unzählige Artikel und Berichte geliefert. Nach demselben Prinzip können Sie Einwände Ihres Kunden entkräften: Statt herumzueiern, sagen Sie's lieber gleich selbst.

Voreinwand-behandlung à la Barbara Schöneberger

Ein anderes Beispiel: Sie möchten einen Kunden als Empfehlungsgeber gewinnen, der sich bisher eher gesträubt hat. Wenn Sie den möglichen Einwand selbst formulieren, ist er in den meisten Fällen schon vom Tisch: „Herr Kunde, ich weiß, wir haben schon zwei, drei Mal über das Thema Empfehlungen gesprochen. Geht es für Sie in Ordnung, dass wir noch einmal darüber sprechen?" Kaum ein Kunde wird sich dem verweigern! (Mehr zum Training „Endlich Empfehlungen" ab Seite 76.)

Wahrheit siegt!

2. Secret:

Seien Sie radikal – ja, fast brachial!

Bedächtige Babyschritte führen Sie nirgendwo hin. Vertriebserfolge heute bedeuten große Pläne, gewagte Risiken und Riesensprünge. Mit dieser Herausforderung muss sich jeder auseinandersetzen – und an ihr entscheidet sich buchstäblich das Schicksal von Verkäufern. Alle High Performer, die ich für dieses Buch interviewen durfte, sind Risiken eingegangen, haben Neues gewagt. Durchaus mit kühlem Kopf, gleichzeitig aber hoch ambitioniert.

(3) Wie man umsatzstärkster Ferrari-Händler wird

Die prominenten Persönlichkeiten, die ich für dieses Buch befragen durfte, kommen aus ganz unterschiedlichen Branchen, vom Händler edler Automobile bis zum Rockmusiker, vom Fernsehmacher bis zur Designerin. Es sind Männer und Frauen. Sie sind Mitte 30 oder über 70. Eines haben jedoch alle gemeinsam: Sie sind mutig. Nehmen wir zum Beispiel Heiner Tamsen. Ohne dem spannenden Gespräch mit ihm vorzugreifen (ab Seite 149), hier ein Ausschnitt seines Aufstiegs zum bekanntesten Autohändler Deutschlands.

Mut zum Mut

Heiner Tamsen hat es bereits in jungen Jahren in der Automobilbranche zu Vermögen gebracht. Doch 1988, mit 27 Jahren, setzt er sich in den Kopf, Ferrari-Händler zu werden. Leichter gesagt als getan. Firmengründer Enzo Ferrari stirbt im gleichen Jahr, die Verkaufszahlen der Nobelmarke gehen in den Keller. Schuhmacher ist noch unbekannt, und auch sonst steht es nicht zum Besten um den Weltkonzern in Maranello. Ferrari macht dem jungen Autohändler aus Norddeutschland dann auch gar keine Hoffnung auf eine Zusammenarbeit. Doch Tamsen schafft vollendete Tatsachen: Er baut auf eigenes Risiko ein „leeres" Autohaus in Bremen. Natürlich nicht irgendeines, sondern ein ganz besonderes (www.tamsen.de). Zur Einweihung des spektakulären Baus lädt er auch die Manager aus Italien ein in sein Ferrari-Haus ohne Ferraris. Platz war dort ja genug. Die Italiener sind begeistert, Tamsen wird Vertragshändler. Im ersten Jahr verkauft er 30 Neuwagen, im zweiten Jahr 130. Damit ist er der weltweit größte Ferrari-Händler. Insider hatten ihm prophezeit, in Bremen würde er „höchstens zehn" Fahrzeuge pro Jahr absetzen.

Beispiel: Durchstarten von Null auf Platz 1

Enzo Ferrari selbst wäre vermutlich begeistert gewesen von dem mutigen Autonarr. Um Rennfahrer zu werden, bewarb sich der Bauernsohn aus der Region Modena 1919, mit Anfang 20, bei Fiat in Turin als Werksfahrer. Fiat wies ihn ab. Ferrari finanzierte kurzerhand seinen ersten Rennwagen selbst und startete als Privatfahrer. Ein Jahr später nahm Alfa den erfolgreichen Shooting Star unter Vertrag. Ich bin mir sicher, Enzo Ferrari und Heiner Tamsen hätten sich auf Anhieb verstanden.

Ebenfalls mutig: Sportwagen-Legende Enzo Ferrari

Große Erfolge
erzielen heißt:
Risiken eingehen!

Der erste Schritt ist immer ein Risiko. Das gilt nicht nur für Luxusautomobile oder Rennfahrerkarrieren: Braumeister Dieter Leipold tüftelte jahrelang an einem neuen Erfrischungsgetränk herum, um die heimische Dorf-Brauerei vor dem Bankrott zu retten, belächelt von seinen Nachbarn, abgewiesen von den Banken und von Risiko-Kapitalgebern. 1995 war die Bionade geboren, und keiner wollte sie haben, bis sie Ende der Neunzigerjahre zum Szenegetränk in Hamburg wurde. Der Rest ist Geschichte: 2003 lag der jährliche Bionade-Absatz bei 2 Millionen Flaschen, 2005 waren es schon 20 Millionen, 2007 sogar 200 Millionen. Heute steht Bionade vielleicht auch in Ihrem Kühlschrank.

„So lange du denkst, denke in großen Dimensionen."
(Donald Trump, Immobilienmilliardär)

Erfolgsmotor:
Ich bin hier
zuständig!

Erst wirst du belächelt, dann bekämpft und schließlich bewundert – das scheint das Schicksal aller zu sein, die etwas Neues wagen. Im Kern steckt hinter jedem Ausnahmeerfolg ein Bekenntnis zur Eigenverantwortung – und der unbeirrbare Glaube an die Zukunft. „Ich bin hier zuständig." Das ist einer der wichtigsten Sätze, den man im Leben sagen (und beherzigen) kann. Kommt zur Handlungsbereitschaft die Vorstellungskraft, die kaufmännische Fantasie, ist der Erfolg nicht mehr aufzuhalten. Nichts ist unmöglich, das haben die Leute bei Toyota, die von der europäischen Konkurrenz zunächst auch nicht ernst genommen wurden, ebenfalls bewiesen. Ein letztes Beispiel, das Internet: Hätten Sie sich vorstellen können, dass einmal über 1,2 Milliarden Menschen online sein würden? Jeder fünfte Erdbewohner surft heute bereits im Netz, 2002 waren es „nur" gut 600 Millionen.[5] Kein Wunder, dass einige Netzenthusiasten aus Turnschuhfirmen inzwischen Weltkonzerne gemacht haben – siehe Google. Ja, alles ist möglich! Und je „verrückter" die Vorstellung, desto gigantischer die Erfolgsaussichten.

Warten Sie nicht,
bis alle
Bedingungen
„perfekt" sind!

Zugegeben: Wer bereit ist und den Mut aufbringt, auf unbewiesene Ideen zu setzen, wird sich auch mal eine blutige Nase holen. Aber schon dadurch, dass er sich entschlossen in die Schlacht wirft, erhöht er dramatisch die Wahrscheinlichkeit, früher oder später zu den wenigen super Erfolgreichen zu gehören.

„Wer nach den Sternen greift, erwischt vielleicht keine, er langt aber auch nicht in den Schmutz."
(Heiner Tamsen, erfolgreichster Autohändler Deutschlands; Interview ab Seite 149)

Wer abwartet, bis die Bedingungen „perfekt" und alle Risiken minimiert sind, kommt in der Regel zu spät. Wachsen Sie lieber an der Aufgabe! Denken Sie an Angela Merkel, die ostdeutsche Pfarrerstochter, die in einer denkbar ungünstigen Situation den CDU-Vorsitz übernahm. Hätte sie nicht beherzt zugegriffen, als ihre parteiinternen Konkurrenten noch zögerten, wäre sie heute nicht Bundeskanzlerin. Das Unvorstellbare ist möglich. Alles ist möglich. Alles ist gut möglich.

Seien Sie mutig – aber nicht übermütig!

(4) Bühnen nutzen

Keiner meiner Gesprächspartner hat den Schritt in die Öffentlichkeit gescheut – Heiner Tamsen erregte Aufsehen mit seinem spektakulären Autohaus, Designerin Sarah Kern vertreibt ihre Mode im Fernsehen, Erfolgshotelier Klaus Kobjoll verbreitet seine Serviceideen auch als Vortragsredner. Sie alle sind mit hohem Selbstvertrauen für ihre Ideen eingetreten. Wer etwas verkaufen will – ob Autos, Hotelzimmer, Textilien oder Geldanlagen, ob Ideen oder Überzeugungen – muss die Bühnen nutzen, die ihm das Leben bietet. Noch besser, er erobert neue Bühnen. Deswegen ist Selbstvertrauen einer der Schlüssel zum Erfolg. „Sich selbst zu ver-trauen" ist die Voraussetzung dafür, sich etwas zu *trauen*, mutig zu sein. Wer sich selbst vertraut, geht offensiv nach außen. Denn nur vom oberflächlichen positiven Denken allein ändert sich entgegen landläufiger Meinung wenig. Handeln Sie lieber radikal, im eigentlichen Sinne des Wortes (Radix = Wurzel) – packen Sie die Dinge bei der Wurzel!

Sich selbst
vertrauen –
und in die
Offensive gehen!

37

„Nicht die Piste ist gefährlich, sondern der Selbstzweifel. Es nützt nichts, die dicksten Waden zu haben, wenn der Kopf voller Sorgen ist."
(Bode Miller, derzeit bester Skifahrer der Welt)

Beispiel: Rainhard Fendrich und der selbstbewusste Gang auf die Bühne

Vor einiger Zeit saß ich mit meiner Tochter, meiner Freundin Ina und Inas Lebensgefährten, dem österreichischen Popsänger Rainhard Fendrich, zusammen, zwei Stunden vor einem Auftritt auf dem Münchener Olympiagelände, wo ein Sommerfest mit zahlreichen Künstlern, Feuerwerk und anderen Attraktionen stattfand. Fendrich hat mit Songs wie „Macho Macho" oder „Es lebe der Sport" jede Menge Hits gelandet, „I'm from Austria" ist sogar so etwas wie die inoffizielle Nationalhymne der Österreicher. Für viele Musikfans ist er ein Superstar, für andere nur „irgendein Schlagersänger". Wie schafft man es, jetzt noch so locker dazusitzen und zwei Stunden später cool auf eine Bühne rauszugehen, um vor Tausenden von Leuten zu singen, unter denen auf einem Sommerfest mit zahlreichen Events sicher nicht nur eingeschworene Fendrich-Fans sind?, wollte ich wissen. Rainhard konterte ganz cool: „Wieso? Ich werde einfach mein Bestes geben! Jeder, der zuhört, bleibt schließlich nur wegen mir stehen."

Jeder Kunde kommt Ihretwegen!

Aus dieser Haltung heraus entstehen mitreißende Auftritte – nicht nur auf der Konzertbühne! Auch jeder Kunde, der auf Sie zukommt, kommt Ihretwegen, weil er davon ausgeht, dass Sie ihm etwas zu bieten haben. Selbst wenn es nicht jeder Kunde offen zum Ausdruck bringt: Weshalb wäre er sonst da? Er hat unzählige Möglichkeiten, seine Zeit anders zu verbringen, und er hat diese eine Möglichkeit gewählt. Wenn Sie diese Überzeugung in jedes Verkaufsgespräch mitnehmen, fällt es Ihnen leicht, eine tolle Performance zu liefern. Und genauso sollten Sie das Gespräch auch betrachten: als eine Bühne, auf der Sie alle Register ziehen können.

„Gutes, seriöses Verkaufen ist die höchste Kunst im Geschäft. Ich habe großen Respekt vor Menschen, die sich täglich beweisen im Gespräch mit den Kunden, die das Produkt präsentieren, die das Unternehmen auch als Botschafter repräsentieren."
(Georg Kofler, Medienunternehmer und Multi-Millionär; Interview ab Seite 169).

Selbstvertrauen zieht magisch an

Selbstvertrauen – „sich selbst vertrauen" – hat auch etwas mit Stolz zu tun, Stolz auf die eigenen Fähigkeiten und auf das, was man tut. Und merkwürdigerweise übt eine solche Haltung (die gar nichts mit Arroganz zu tun hat, aber viel mit dem Bewusstsein des eigenen Wertes) auf andere Menschen eine fast magische Anziehungskraft aus. Österreicher und Deutsche mögen sich durchaus nicht immer – aber dann stellt sich jemand hin, geht ganz charmant in die Offensive, singt „I'm from Austria" und landet prompt einen Hit damit. Auch „Charisma", diese schwer fassbare starke Anziehungskraft mancher Menschen, wird immer wieder damit in Verbindung gebracht, dass jemand ganz im Einklang mit sich selbst ist und zu dem steht, was er tut. Als Verkäufer sind Sie das wichtigste Glied in der Wertschöpfungskette. Seien Sie also stolz auf Ihren Beruf – „proud to be a salesman", wie der legendäre Zig Ziglar einst bekannte – und erobern Sie Ihre Kunden. Auch Klaus Kobjoll, Unternehmer und Trainer, sieht in der Schaffung einer „Stolzkultur" unter seinen Mitarbeitern eine Ursache der besonderen Attraktivität seines Tagungshotels Schindlerhof (Interview ab Seite 207).

Im Alltag muss jeder seinen eigenen Weg finden. Und deswegen ist **Sales Secrets** auch kein Ratgeber im herkömmlichen Sinne. „Klassische, statische Ratschläge taugen nichts", sagte der einstige Schachweltmeister und heutige Putin-Opponent Garri Kasparow einmal und führte weiter aus: „... weder im Schach noch im richtigen Leben. Eine geniale Strategie, die für mich funktioniert, könnte andere in eine Katastrophe führen."

Statt statischer Ratschläge: die eigene Linie finden

„Wer als Verkäufer in die Spitzengruppe vorstoßen will, muss seinen eigenen Weg finden. Mein Motto lautet: Techniken kapieren, nicht kopieren!"
(Marcus Neisen, Spezialist für Neukundengewinnung, Vertriebsexperte und Trainer für „Endlich Empfehlungen").

Jede Verkaufssituation ist einmalig, also eine Premiere. Genauso einmalig muss man auch darauf eingehen. Wer sich seiner selbst bewusst ist, findet aber für sich eine grobe Linie, eine grundsätzliche Ausrichtung, die zu ihm passt. Denn auch jeder Verkäufer ist schließlich einmalig.

Gewonnen wird im Kopf!

(5) Im richtigen Moment: Just do it!

Erfolgs-
entscheidend:
das Gespür
für Timing

Von Boris Becker, dem jüngsten Wimbledon-Sieger aller Zeiten, stammt der Ausspruch: „Der Ball ist dann am schönsten zu schlagen, wenn er im Zenit ist!" Schöner kann man das Gespür für Timing kaum ausdrücken. Verkaufserfolge haben viel mit dem Gefühl für den richtigen Zeitpunkt zu tun. Das gilt im Großen – Wann ist die Zeit reif für eine neue Idee? – wie im Kleinen – Wann ist es Zeit, im Verkaufsgespräch Nägel mit Köpfen zu machen? Viele Ausnahmeerfolge beruhen auf der richtigen Idee zur richtigen Zeit – und anschließendem entschlossenen Handeln.

Beispiel: Richard
Branson und
„Virgin"

Richard Branson, Multitalent und Milliardär, Gründer der Virgin Records und Betreiber einer eigenen Fluglinie, verließ als Teenager ohne Abschluss die Schule. Er stürzte sich mit Feuereifer auf sein erstes Projekt: eine eigene Jugendzeitschrift („Student"), die er im heimischen Keller produzierte. Irgendwie schaffte es Branson, Prominente vom Rockstar bis zum Minister als Autoren zu gewinnen. Er werde im Gefängnis oder als Millionär enden, prophezeite ihm daraufhin sein früherer Schuldirektor. Branson entschied sich für das Zweite. Musikkritiken in seiner Zeitschrift hatten ihm vor Augen geführt, wie musikverrückt viele junge Leute waren – und dass sie bereit waren, ihr Geld für Musik auszugeben. Mit der gleichen Entschlossenheit, mit der er sein Zeitschriftenprojekt verfolgt hatte, gründete Branson „Virgin", zunächst als Versandhandel. Er legte damit den Grundstein für eine beispiellose Karriere. Bald kamen die Virgin Stores dazu und auch eine eigene Plattenfirma, Virgin Records. Das erste eigene Album stammte übrigens von einem völlig unbekannten Künstler namens Mike Oldfield – „Tubular Bells". Es verkaufte sich fünf Millionen Mal.

Das richtige
Konzept zum
richtigen Zeitpunkt

Auch meine Gesprächspartner haben dieses Gespür für Timing und die nötige Entschiedenheit bewiesen. Manfred Lautenschläger, studierter Jurist und Mitbegründer des Finanzdienstleisters MLP, verabschiedete sich konsequent von einer klassischen Juristenlaufbahn und setzte mit seinem Partner Eike Marschollek auf die völlig neue Idee einer unabhängigen Finanzberatung für Akademiker. Juristen berieten zunächst Juristen, BWLer andere

Wirtschaftswissenschaftler usw. Anfang der Siebzigerjahre war die Zeit reif für dieses neue Vertriebskonzept, die Zahl der Studienabsolventen stieg stetig, die Firma wuchs über die Jahre vom Zweimannbetrieb zum DAX-Konzern (Interview ab Seite 187). Designerin und Ex-Model Sarah Kern stieg zur rechten Zeit in den Wachstumsmarkt Tele-Shopping ein und ignorierte dabei bewusst das Naserümpfen einiger Jet-Set-Bekannten (Interview Seite 197 ff.). „Zeitpapst" Lothar Seiwert setzte konsequent auf Zeitmanagement, als der bewusste Umgang mit der eigenen Zeit noch eine Marotte einiger gestresster Manager schien (Interview ab Seite 159).

Zum richtigen Zeitpunkt zuzugreifen, zum richtigen Zeitpunkt in Top-Form zu sein, darauf kommt es an. Es gibt im Leben immer wieder magische Momente, in denen man handeln muss, wenn man hinterher nicht über verpasste Chancen jammern will – Richtungsentscheidungen, Weggabelungen. Dazu gehört eher Instinkt als minutiöse Planung. Eine gute Freundin von mir plant ihr Leben sehr akribisch. Muss sie verreisen, weiß sie schon Tage vorher haargenau, wann ihr Flieger geht. Geht es dann endlich los, stellt sie in der Garage fest, dass sie ihren Autoschlüssel vergessen hat. Sie ist regelmäßig die Erste am Förderband, übersieht ebenso regelmäßig jedoch ihren Koffer, wenn er an ihr vorbeizockelt. All ihre Akribie nützt ihr wenig, weil sie im entscheidenden Moment nicht zugreift. Das Gespür für Timing gehört zu jenen Instinkten, die Sie als Top-Verkäufer trainieren sollten.

Auf den Punkt in Top-Form sein – darauf kommt es an!

Zum richtigen Timing gehört auch, sein eigenes Tempo im Alltag souverän zu beherrschen – im jeweiligen Moment ganz präsent zu sein, jeweils das der Situation angemessene Tempo zu wählen. An meinen wenigen Bürotagen drücke ich ziemlich auf die Tube, meine Mitarbeiterinnen kommen kaum nach. Doch wenn an einem solchen Tag noch ein Einzel-Coaching oder ein Gespräch mit einem Firmenkunden ist, kann ich den Schalter ad hoc umlegen und bin ruhig und konzentriert nur noch bei dieser einen Sache.

Se en Sie Herr über die Zeit!

„Langsamkeit kann sich heute niemand leisten, schnelle Entscheidungen sind wichtig. Aber man muss auch wissen, wann es Zeit ist, das Tempo zu drosseln, einen Schritt zurückzutreten und zu überlegen."
(Georg Kofler, Medienunternehmer und Multi-Millionär; Interview ab Seite 169.)

Gutes Timing betrifft nicht nur Geschäftsideen, deren Zeit gekommen ist; es ist auch während des Verkaufsgesprächs entscheidend. Das beginnt schon beim Tempo. Es gibt langsame und schnelle, ungeduldige und bedächtige Kunden. Der Kunde gibt das Tempo vor, Sie als Verkäufer müssen jedes Tempo beherrschen und Ihren Kunden Schritt für Schritt mitnehmen. Das gilt auch für die Gesprächsinhalte. Kann Ihr Kunde Ihnen noch folgen? Ist er einverstanden mit dem, was Sie sagen? Ungeduldig vorzupreschen und eine Entscheidung forcieren zu wollen bringt gar nichts. In Trainings werde ich häufig gefragt, was ein Verkäufer tun kann, wenn der Kunde ganz am Ende sagt: „Ich möchte es mir noch einmal überlegen." In diesem Moment können Sie leider kaum noch etwas tun, denn Sie haben Ihren Kunden offenbar unterwegs verloren. Ein Beratungsgespräch lässt sich mit einer Treppe vergleichen. Nehmen wir an, das ganze Gespräch hat 100 Stufen. Wenn Ihr Kunde es sich auf Stufe 100 „noch mal überlegen" muss, ist er Ihnen irgendwo vorher nicht mehr gefolgt. Und wenn Sie ihn auf Stufe 20, 53 oder 77 bereits verloren haben, sollte es Sie eigentlich nicht wundern, dass er auf Stufe 100, also in der Abschlussphase, weg ist.

„Es gibt unter den Menschen ‚Rennpferde', die gerne mit höherer Drehzahl laufen, und ‚Schildkröten', die es lieber ruhiger angehen ... Wenn in einer Verkaufssituation ein Rennpferd auf eine Schildkröte trifft, wird es schwierig. Doch ein wirklich guter Verkäufer kann sich auch auf einen Kunden einstellen, der völlig anders ‚tickt' als er selbst."
(„Zeitpapst" Prof. Dr. Lothar Seiwert, Interview ab Seite 159.)

Bleiben Sie stehen, wenn Ihr Kunde Ihnen nicht mehr folgen kann!

Das vermeiden Sie, indem Sie gemeinsam mit Ihrem Kunden Stufe für Stufe die „Gesprächstreppe" gehen. Sobald der Kunde irgendwo nicht mitgeht, gehen Sie wieder zurück, fangen ihn ein und betreten erst dann zusammen mit ihm die nächste Stufe. Meint er beispielsweise auf einen Ihrer Vorschläge skeptisch: „Na, schau'n wir erst mal", preschen Sie nicht einfach weiter vor, sondern haken nach: „Herr Kunde, Sie zögern ... Sagen Sie mir ganz offen, was Sie gerade beschäftigt." Achten Sie auch auf die kleinen Hinweise. Oft reicht ein Blickkontakt oder ein kleines Nicken als Signal, dass der Kunde noch bei Ihnen ist. Erst dann machen Sie den nächsten Schritt. Gehen Sie also sensibel auf Kundenreaktionen ein – ähnlich wie ein Navigationssystem, das laufend prüft, ob es noch auf dem richtigen Kurs ist. So kommen Sie sicher ans Ziel – zum Abschluss.

Timing betrifft also nicht nur die „großen" Momente, wie beispielsweise die richtige Geschäftsidee zur richtigen Zeit zu haben. Das Gespür für den Zeitpunkt betrifft genauso die kleinen Momente im Verkaufsgespräch. Dazu gehören gerade auch die Gesprächspausen – etwa, wenn Ihr Kunde einen Augenblick lang nachdenken muss. Geben Sie ihm diese Zeit, warten Sie gelassen ab. Rutschen Sie nicht nervös auf dem Stuhl herum, füllen Sie die Pause nicht hektisch mit eigenen Überlegungen. Ihr Kunde wird Sie mit einer wertvollen Information belohnen. Umgekehrt gibt es auch Zeitpunkte, wo Sie selber schweigen und abwarten sollten, um die Reaktion Ihres Kunden geschickt zu beeinflussen. Ich sage immer: Der einzige Druck, der im Verkaufsgespräch ausgeübt werden darf, ist der Druck durch Stille!

Auch die Pausen gehören zur Musik!

Der Ball ist dann am schönsten zu schlagen, wenn er im Zenit ist!
(Boris Becker)

(6) Weniger Umsatz = mehr Umsatz

Auf eine Rolex Daytona wartet man bis zu zehn Jahre und zahlt dann auch noch einen Preis, der höher sein wird als der heutige. Auf den ersten Blick verstößt das Schweizer Traditionsunternehmen damit gegen ein Grundgesetz der Marktwirtschaft: *Befriedige Kundenbedürfnisse so umfassend wie möglich und verdiene damit so viel wie möglich.* Mit Sicherheit könnte Rolex den Umsatz kurzfristig steigern, wenn man die begehrte Uhr einfach in höheren Stückzahlen produzieren würde – aber eben nur kurzfristig. Langfristig sichert die Unternehmenspolitik die Exklusivität der Marke und sorgt für eine stetige Nachfrage. Diese radikale Strategie der Verknappung ist weit verbreiter, als man annehmen könnte. Überzeugen Sie sich selbst!

Mehr Umsatz durch Verknappung

Heiner Tamsen, der mit exklusiven Automobilen ein Vermögen verdient hat, beherrscht das „Spiel der Verknappung" virtuos. Er war

Beispiele: Autohaus …

seinerzeit der Erste, der die Tür seines noblen Autohauses vor den Toren Bremens konsequent zusperrte, wie man es bislang nur von Juwelieren im Luxussegment kannte. Ein Mann von der Security machte dem potenziellen Kunden auf, wenn dieser geklingelt hatte. Wer sich auf diese Weise im Laden eingefunden hatte, fand sich in einer exklusiven Atmosphäre wieder und verspürte so eine zusätzliche Kaufeinladung, die den spektakulären Wagen, den Ferraris oder Lamborghinis, angemessen war (Interview mit Heiner Tamsen ab Seite 149).

... und Diskothek

Durch zwei Auftrageber und mittlerweile gute Freunde habe ich vor geraumer Zeit Oliver Kahn etwas näher kennen gelernt. (Im Kapitel (27) werde ich noch auf einige Erkenntnisse eingehen, die ich aus dieser persönlichen Begegnung und aus Kahns Buch „Ich" gewonnen habe.) Ich bediene wahrscheinlich einige Klischees, wenn ich zugebe, mit ihm zweimal in der Münchener Diskothek P1 gewesen zu sein. Der Einlass dort gilt als „die härteste Tür Deutschlands". Trotzdem – oder vielmehr: gerade deswegen! – ist das P1 seit Jahren Kult. Es bleiben immer mehr draußen, als drinnen sind, lautet das Motto. Damir Fister, ehemaliger langjähriger Türsteher des P1, hat dafür extra eine eigene Taktik entwickelt, die er in einem Buch erstmals offenbart.[6] So konnte Michael Käfer, Inhaber vom „Einser", wie es von den Stammgästen liebevoll genannt wird, über Jahre einen enormen Zulauf sicherstellen. Und drinnen wird konsumiert, was das Zeug hält, denn „in ist, wer drin ist".

Je schwieriger etwas zu bekommen ist, desto reizvoller wird es

Was immer, überall und für jeden zu haben ist, verliert fast automatisch an Reiz. Je schwieriger ein Ding zu bekommen ist, desto wertvoller wird es in unseren Augen. Das beginnt schon im Kindesalter: Nie ist ein altes Spielzeug so begehrt, wie in dem Moment, wo das Nachbarskind sich damit beschäftigt – und das selbst, wenn es vorher wochenlang in der Kinderzimmerecke verstaubte. Dieser simple Effekt wirkt lebenslang: Müsste man nicht jahrelang auf eine Karte zu den Bayreuther Festspielen warten (und noch dazu gute Beziehungen haben), ginge es auf dem Festspielhügel in der bayerischen Kleinstadt vermutlich nur halb so weihevoll zu. Und auch das exklusive Urlaubshotel, das überraschend langfristig „leider schon ausgebucht" ist, wird in unserer Vorstellung dadurch nur umso interessanter.

44

„Starke Marken haben starke Regeln. Wir arbeiten beispielsweise mit einer Preisgarantie – bei uns zahlt jeder denselben Preis. (...) Sie verlieren so vielleicht 5 Prozent Kunden und gewinnen 15 Prozent hinzu ..."
(Klaus Kobjoll, Gründer & Leiter des vielfach preisgekrönten Tagungshotels „Schindlerhof"; Interview ab Seite 207)

Mehr Umsatz durch weniger Umsatz – quer durch alle Branchen

Auf Umsatz zu verzichten, um mittelfristig mehr Umsatz zu machen – wenn Sie einmal dafür sensibilisiert sind, wird Ihnen dieses Verkaufsprinzip öfter ins Auge springen. Vier Beispiele.

Der Textilversender wirbt mit „der besten Garantie, die wir kennen". Lands' End gibt ein unbeschränktes Rückgaberecht auf all seine Artikel – wer „irgendwann aus irgendeinem Grund nicht zufrieden" ist, kann die Ware zurücksenden und erhält den Kaufpreis erstattet. „Guaranteed. Period.®" wie das Unternehmen schreibt, um sich von trickreich eingeschränkten Umtauschgarantien abzugrenzen. Natürlich kann diese Garantie auch mal missbraucht werden, und natürlich verzichtet Lands' End damit auf einen Teil seines Umsatzes. Unterm Strich aber wird es den Umsatz steigern, dass Kunden völlig risikolos bestellen können.

Beispiel: Lands' End

McFit ist heute die größte Fitnessstudiokette Deutschlands mit mehr als einer halben Million Mitglieder und fast 100 Filialen.[7] Aber auch dieser Riese hat mal klein angefangen. Dass Gründer Rainer Schaller ein genialer Verkäufer ist, bewies er gleich ganz am Anfang. Kurz nach Gründung seines ersten Studios in Würzburg plakatierte er in der ganzen Stadt „Aufnahmestopp!" Ergebnis: Die Kunden rannten ihm die Türen ein. Bis heute „verkauft" McFit keine Mitgliedschaften, sondern „vergibt" sie. Schaller eröffnet inzwischen jeden Monat ein Studio.

Beispiel: McFit

Ein Beispiel aus einer ganz anderen Branche: Wenn Sie die Knusperpraline Ferrero Rocher mögen, leiden Sie wahrscheinlich auch unter der „Sommerpause", die das Unternehmen eingeführt hat, um nach eigener Aussage „die gleich bleibend hohe Qualität" sicherzustellen.[8] Aber mal ehrlich: Bei mehr als 25 Grad kaufen Sie wahrscheinlich ohnehin nur selten die Goldkugeln, und dafür

Beispiel: Ferrero

nach der „erzwungenen" Abstinenz dann umso mehr! Auch ein Verzicht auf Umsatz, um mehr Umsatz zu machen – und ein geschickter Werbegag, der die Qualität des Produkts glaubhaft unterstreicht.

Beispiel: Ferrari

Auch bei der italienischen Nobelmarke gehört Verknappung zum Geschäftsmodell. Wer heute einen Ferrari bestellt, muss eineinhalb Jahre darauf warten. Dafür kann er sich aber auch ein maßgeschneidertes Einzelstück bestellen. „Die Firmenzentrale in Maranello wird auf diese Weise zum Haut-Couture-Autohaus", schreibt die Marketing-Zeitschrift Horizont im April 2008. Ferrari verzichtet auf Fernsehwerbung oder Printanzeigen und hält den Mythos lieber über die Formel 1 am Leben. So kann man zwar nur eine begrenzte Stückzahl absetzen – die aber zum Preis von einer Viertelmillion Euro pro Wagen. Umsatzverzicht mit dem Ergebnis einer weltweiten Umsatzsteigerung von mehr als 15 Prozent!

Steigern Sie Ihren Marktwert!

Steigern Sie Ihren Marktwert, indem Sie Ihr Angebot sorgfältig dosieren. Ein imagefördernder „Kult" um ein Produkt hängt von der „Kultur" ab, die Sie schaffen – und das sollte eine Verknappungskultur und eine Empfehlungskultur sein! (Zu Empfehlungen siehe Kapitel (16).) Was dagegen angepriesen wird wie der Gurkenhobel vor dem Kaufhauseingang, sinkt im Wert – und damit im Preis. Das gilt auch für Dienstleistungen wie Beratungen, Trainings oder Vorträge. Was im nächsten Monat oder gar in der nächsten Woche problemlos zu buchen ist, kann so überragend ja nicht sein, oder? So kurzfristig sollten Sie allenfalls „ausnahmsweise" verfügbar sein, weil ein anderer Termin „überraschend ausfiel"! Ich selbst habe meine Kunden in meiner aktiven Beraterzeit gerne gefragt, welcher Tag denn für sie „günstig ist". Sagte der Kunde beispielsweise „Mittwoch", rechnete er natürlich mit dem nächsten Mittwoch. Angeboten habe ich ihm allerdings einen Mittwoch in frühestens drei oder vier Wochen. Was knapp ist, wird anziehend. Und „Pull"-Strategien sind gerade in dicht besetzten Käufermärkten wirksamer als „Push"-Strategien, das heißt:

Sog statt Druck erzeugen!

3. Secret:

Führen und verführen Sie!

Produkte werden immer austauschbarer. Das ist ein altbekannter Hut. Mit den immergleichen Argumenten zu ähnlichen Produkteigenschaften locken Sie heute keinen Kunden mehr hinter dem Ofen hervor. Irgendwann zählt dann nur noch der Preis. Wenn Sie also nicht unter die Billigheimer gehen wollen, müssen Sie etwas Anderes bieten. Ein möglicher Weg: Setzen Sie auf Persönlichkeit, auf Erlebnisse, auf ein bisschen Show! Kurz: Nehmen Sie das Heft in die Hand und verführen Sie Ihre Kunden!

(7) Der Casanova-Faktor

Willst du
was gelten?
Mach dich selten!

Sog statt Druck – das Fazit des letzten Kapitels führt mich nahtlos zum nächsten Erfolgsgeheimnis. In den Neunzigerjahren hieß es in Verkäuferschulungen häufig: „Sei omnipräsent!" Wer immer und überall auftauche, bleibe im Gedächtnis der Kunden haften und werde die besten Geschäfte machen. Das ist auch eines der Verkäufermärchen, die Sie am besten rasch vergessen. Schon der Volksmund weiß es besser: „Mach dich rar und du bist begehrt" oder „Willst du was gelten, mach dich selten!" Verkauf ist eben auch eine Form der Verführung, und dazu gehört es, Begehrlichkeiten anzufachen, indem man es dem anderen nicht gar zu leicht macht.

„Zu Beginn einer Beziehung müssen Sie Ihre Gegenwart für den anderen angenehm machen. Entfernen Sie sich zu früh, werden Sie möglicherweise wieder vergessen. Doch sobald die Gefühle geweckt sind und sich Liebe herauskristallisiert hat, entflammt und erregt die Abwesenheit. Bleiben Sie ohne Grund weg, facht das die Gefühle des oder der anderen noch mehr an: Er oder sie sucht den Fehler bei sich. Während Ihrer Abwesenheit setzt die Fantasie zu Höhenflügen an, und eine angeregte Fantasie kann die Liebe nur vergrößern."
(Giacomo Casanova, bekanntester Verführer der abendländischen Geschichte – und leider nicht mehr für ein Interview zu haben ...)

Wer Kunden
„verführen" will,
muss ihre
Sehnsüchte
ansprechen

Wer stets verfügbar ist und lesbar ist wie ein offenes Buch, hat kaum das Potenzial zu einer (Kunden-)Verführung. Man sollte Sie kennen, man sollte über Sie sprechen – aber man sollte Sie nicht jederzeit erreichen und sofort hinter all Ihre Erfolgsgeheimnisse blicken können. Das beginnt bei simplen Dingen: Meine persönliche Handynummer etwa hat nicht jeder Kunde, auch nicht jeder wichtige Kunde. Man erreicht mich über die Mitarbeiterinnen meines Büros, die natürlich erst einmal filtern und nur bei Bedarf mit mir einen Telefontermin vereinbaren lassen. Und es endet dabei, Kundenbedürfnisse geschickt zu schüren, ohne sich marktschreierisch anzupreisen. Geschickte Verführer wissen, wonach sich ihre „Opfer" sehnen, und präsentieren sich als perfekte Antwort auf diese Sehnsüchte.

Designerin und Ex-Model Sarah Kern steht für Schönheit und Reichtum, für „Red-Carpet-Events" und ein Leben im Jet Set. Mit ihrer Teleshopping-Sendung trägt sie ein wenig von diesem Glamour in jedes Wohnzimmer, lässt ihre Zuschauerinnen daran teilhaben. Das hebt sie von vergleichbaren TV-Formaten ab und macht ihren ungewöhnlichen Erfolg aus. Mit Storys von Prominenten und persönlichen Tipps zum perfekten Outfit antwortet sie auf die Sehnsucht, schön und bedeutend zu sein. Dabei gibt sie nicht alles über sich preis, sondern wahrt geschickt Distanz: „Man darf sich nicht zu sehr offenbaren, sondern muss ein bisschen geheimnisvoll bleiben", betont sie in unserem Gespräch (ab Seite 197).

Beispiel: Teleshopping

„Es ist noch nicht genug, eine Sache zu beweisen, man muss die Menschen zu ihr auch noch verführen."
(Friedrich Nietzsche, deutscher Philosoph)

Wer die Sehnsüchte seiner Kunden kennt und sich als perfekte Lösung inszeniert, hat den Verkaufserfolg fast schon in der Tasche. Professionelle Werbung setzt exakt auf dieses Prinzip: Die Zigarette verspricht uns „Freiheit und Abenteuer", die teure Kosmetik immerwährende Schönheit und Jugend, der Wagen der gehobenen Mittelklasse absolute Sicherheit auch in düsteren Gegenden und im schlimmsten Sturm oder schlicht „Freude am Fahren". Wir sind es eher gewohnt, die sachlichen Vorzüge unseres Angebots in den Vordergrund zu rücken und mit unwiderlegbaren Fakten zu argumentieren: Was hat unser Produkt anderen voraus? Warum empfehlen wir es unserem Kunden? Verlassen Sie diese „ego-zentrische" Perspektive und fragen Sie sich: Wonach sehnt sich Ihr Kunde? Das kann die Sehnsucht nach Status sein oder nach Exklusivität, nach Sicherheit oder schlicht ein gutes Gewissen. Welches tiefere (emotionale) Bedürfnis befriedigen Sie? Und wie können Sie sich als perfekte Antwort auf dieses Bedürfnis präsentieren?

Gute Werbung setzt auf universale Wünsche

In jedem schlummert die Bereitschaft, sich verführen zu lassen!

(8) Das Rudolph-Moshammer-Prinzip

Wie machen Sie
Ihre Kunden
geschickt auf sich
aufmerksam?

Wer sich im harten Wettbewerb durchsetzen will, muss bemerkt werden. Sorgen Sie also dafür, dass man Sie bemerkt! Und damit meine ich jetzt nicht Mailings, Werbekampagnen und andere Formen der direkten Kundenansprache. Die wirkliche Kunst besteht darin, auf sich aufmerksam zu machen, ohne sich anzubiedern. Ihre Kunden müssen scheinbar „von selbst" neugierig auf Sie werden, aus eigenem Antrieb auf Sie zukommen. Dafür gibt es ein unschlagbares Rezept: Schaffen Sie einen Kult um Ihre Person! Nur so können Sie es bis an die absolute Spitze in einem Markt, bis unter die letzten fünf Prozent der super Erfolgreichen schaffen.

Werden Sie
unverwechselbar!

Dazu müssen Sie zunächst einmal anders sein als Ihre Mitbewerber. Achten Sie also darauf, dass Ihr Stil und damit Ihr Image unverwechselbar sind. Liefern Sie Ihren Kunden etwas, worüber sie reden und das sie gerne weitererzählen! Viele Prominente beherrschen das virtuos. Erinnern Sie sich beispielsweise an Rudolph Moshammer, den exzentrischen Münchener Modeschöpfer, den man nur mit schwarz gefärbter König-Ludwig-Frisur, Make-up und Yorkshire-Terrierin „Daisy" auf dem Arm öffentlich antraf. Moshammer begrüßte in seiner Boutique „Carnaval de Venise" Promis und Schickeria, und das sicher nicht nur wegen der Mode dort. Der Besitzer war eben „Kult" – und ein ebenso genialer Meister der Selbstinszenierung wie sein Kollege Karl Lagerfeld, der die Modeszene mit gepuderter Frisur, Stehkragen und engem schwarzen Anzug auf andere Weise in seinen Bann zieht. Oder nehmen Sie Dieter Bohlen: Ohne seine markigen Sprüche und seine spektakuläre Kandidatenschelte wäre er heute nur irgendein Popmusik-Produzent, von der breiten Öffentlichkeit vermutlich ebenso vergessen wie sein früherer „Modern Talking"-Partner Thomas Anders. Durch sein Raubein-Image hat Bohlen seinen Marktwert vervielfacht – seine Casting-Show hält sich länger zur besten Sendezeit im Fernsehen als alle Nachahmerprojekte, und sein (Liebes-)Leben beschäftigt Woche für Woche die Boulevardpresse.

Wer es allen recht
machen will,
ist – langweilig!

Ob Bohlen oder Lagerfeld: Sie müssen die beiden nicht mögen, aber Sie kennen sie. Beide sind unverwechselbar, und beide zählen in ihrem Umfeld zu den absoluten Top-Stars. Sie inszenieren sich passend zu ihrer Branche, aber sie begnügen sich dabei nicht damit, das zu tun, was alle anderen auch machen: Sie sind anders, sie brechen mit Regeln und Gewohnheiten. Wer für seine Kunden Kult werden will, darf alles sein – nur nicht grau, unscheinbar und langweilig!

„Ein Produkt, das man erfolgreich verkaufen will, muss gut sein. Aber die Show dazu muss doppelt so gut sein."
(Scheich Mohammed Bin Rashid Al Maktoum, Herrscher von Dubai und Premierminister der Vereinigten Arabischen Emirate, im persönlichen Gespräch)

(1) Ein Kinderarzt kann Kult werden, weil er den Angst einflößenden Arztkittel gegen ein buntes Sweatshirt getauscht hat und mit seinen kleinen Patienten so routiniert über Prinzessin Lillyfee, Super Mario oder andere angesagte Spielzeuge fachsimpelt, dass diese ihn bald wieder „besuchen" möchten. Er wird mit Sicherheit bald als „Geheimtipp" unter den Eltern gehandelt werden.

Wie wird man „Kult"? Einige Beispiele ...

(2) Ein Koch wie Tim Mälzer ist sicher nicht nur wegen seiner Rezeptideen bekannt geworden, sondern weil er öffentlichkeitswirksam den wurschtigen „Küchenbullen" gab, der so ganz anders ist als die üblichen, eher würdevoll-distanzierten Sterneköche.

(3) Ein Verkaufstrainer wie mein Freund Martin Limbeck schwimmt mit seinem „Neuen Hardselling" bewusst gegen die weiche Welle in der Verkaufstheorie und macht so von sich reden.[9] Und er rechtfertigt diesen Ruf in jedem Seminar. So sagt er seinen Teilnehmern schon in der Anmoderation, dass er als Verkaufstrainer für das Verkaufstraining gebucht sei, nicht für die Pausen. Die Teilnehmer sollten es ihm nachsehen, dass er diese kurze Zeit nutzt, um seine Kunden anzurufen, denn als Verkaufstrainer müsse er seine Seminare verkaufen. Und genauso macht er es dann auch und gehört nicht nur als Bestseller-Autor, sondern auch als Trainer zu den Erfolgreichsten der Trainergilde.

„Kult" bedeutet also nicht, dass Sie sich unbedingt ein besonders exzentrisches Äußeres zulegen oder Ihre gute Kinderstube vergessen müssen. Oft genügen schon subtile, aber unübersehbare Abweichungen vom Mainstream. Im grauen Einerlei der Politiker reichte es für Hans-Dietrich Genscher einst schon, permanent einen gelben Pullunder zu tragen, um damit aufzufallen. Auch auf Exklusivität zu setzen kann einen Kult begründen.

Nicht ohne Grund werden teure Parfüms in den edelsten Flakons verkauft und nicht etwa in Plastikflaschen abgefüllt. Das gilt auch in anderen Märkten, nicht nur bei Kosmetik. Ein Managementinstitut wie das der Universität St. Gallen verlangt für ein fünfteiliges Unternehmerseminar fast 25 000 Schweizer Franken.[10] Das ist man dem eigenen Renommee schuldig. Gleichzeitig festigt man so seinen exklusiven Ruf auch für die Zukunft. „St. Gallen" ist eben nicht zum Schnäppchenpreis zu haben.

Beispiel: Kult durch Exklusivität

Seit einigen Jahren gehört das Bleachen (also das Bleichen der Zähne) auch hierzulande zur gehobenen Kosmetik. Martina di Lorenzen holte das Verfahren, das bis dahin nur in den USA bekannt war, nach Deutschland. Mit ihrem Mann, dem Dentaldesigner und Zahntechnikermeister Oliver Reichert di Lorenzen, betreibt Sie in Hamburg äußerst erfolgreich den „White Room". Wie bei jeder erfolgreichen Geschäftsidee gab es schnell Nachahmer. Viele verschwanden ebenso schnell wieder vom Markt, wie sie gekommen waren. Der „White Room" dagegen boomt nach wie vor. Warum? Nun, der „White Room" ist eben nicht „irgendeine" Anlaufstelle. Er liegt in Fußnähe zur Alster, nicht weit vom noblen Hotel Atlantic und ist – bis auf den roten Teppich, der die Stufen der schneeweißen Stadtvilla hinaufführt – komplett weiß. Die Innenausstattung ist edel, luxuriös, großzügig. Wer hier Kunde ist, gönnt sich etwas Besonderes. Das beginnt beim Glas Champagner oder einem frisch gepressten Orangensaft zur Begrüßung, geht weiter beim beheizten Behandlungsstuhl und endet bei den lichtdurchfluteten Behandlungszimmern, die um ein Mehrfaches größer sind als die üblichen Zahnarztzimmerchen. Und wer hier Kunde gewesen ist, verschweigt das nicht etwa diskret, sondern erzählt es gern weiter. Schließlich wurde er behandelt wie ein Hollywood-Star: Er hat eine tolle Story zu bieten, noch dazu eine, in der er selber die Heldenrolle spielt.

Wer Interesse geweckt hat, interessiert uns auch

„Nur wenige interessieren sich für Menschen, die von anderen gemieden oder links liegen gelassen werden; die Leute scharen sich um jene, die bereits Interesse erregt haben", stellt Bestseller-Autor und „Verführungsexperte" Robert Greene fest.[11] Achten Sie daher darauf, dass Ihr Stil und Ihr Image unverwechselbar sind! Je nach Branche können Sie schrill und exzentrisch, nobel und exklusiv oder auf eine ganz dezente, subtile Weise anders sein. Machen Sie auf jeden Fall auf sich aufmerksam, und sorgen Sie dafür, dass man sich gerne mit Ihnen „schmückt". Damit erzeugen Sie mit etwas Glück einen Schneeballeffekt: Man wird zwangsläufig über Sie sprechen und Sie weiterempfehlen!

Jeder Kult erzeugt eine Empfehlungs-kult-ur!

(9) Sie dürfen alles –
nur nicht langweilen!

„Ein Produkt, das man erfolgreich verkaufen will, muss gut sein. Aber die Show dazu muss doppelt so gut sein." Diesen persönlichen Rat Scheich Mohammed Bin Rashid Al Maktoums habe ich weiter vorne schon erwähnt. Der Herrscher von Dubai, der sein Emirat gerade im Turbo-Tempo auf die Zeit nach dem Öl vorbereitet, gab mir auch gleich ein Beispiel dafür: Wer in Dubai ein Luxusappartement in exklusiver Lage erwirbt, bekommt noch ein „kleines" Geschenk obendrauf – einen Jaguar (einen mit vier Rädern, versteht sich, keinen mit vier Beinen – obwohl auch das zweifellos ein Showeffekt wäre ...). Es ist sicher kein Zufall, dass in Dubai zurzeit die innovativsten Architekten und die kühnsten Baumeister der Welt arbeiten. Und das zahlt sich aus. Welchem Land widmet das Nachrichtenmagazin Spiegel schon eine ausführliche Titelgeschichte?[12] Und selbst, wer sich den Namen des luxuriösesten und höchsten Hotels der Welt, des Sieben-Sterne-Palastes Burj Al Arab, nicht merken kann, hat sofort das Riesensegel im Arabischen Golf vor Augen. Auch künstliche Inseln an sich verströmen ja nicht unbedingt Charme: Die Holländer ringen seit Jahrzehnten dem Meer Land ab, und kaum jemand spricht darüber. Doch Inseln, die Figuren wie riesige Palmen oder arabische Schriftzeichen ins Meer schreiben, sind zu spektakulär, um sie leichthin zu übergehen. Immer wieder beweisen die Milliardäre des Emirats so ihr Showtalent, mit dem sie ihren Wüstenstaat ins Licht der Weltöffentlichkeit katapultiert und zum attraktiven Ziel für Touristen und Investoren gemacht haben.

Ganz Dubai bietet eine gute „Show", um das Business anzukurbeln

53

Vorsicht vor der
Langeweile-Falle!

Wir leben in einer Welt des Entertainments. Vor 20 Jahren sprach kein Mensch von „Erlebnis-Shopping", heute versucht jedes Kleinstadtkaufhaus, den Einkauf zum persönlichen Event werden zu lassen. Vor zehn Jahren ging man entweder essen oder in den Zirkus, heute macht Witzigmann mit seinem Palazzo und einer Kombination von beidem sehr gute Geschäfte. Doch im Allgemeinen wird die Auswahl der Produkte und Dienstleistungen in nahezu allen Marktsegmenten immer größer und immer einförmiger. Der Effekt ist derselbe wie beim Fernsehen: Wer sich langweilt, zappt weg und schnuppert bei der Konkurrenz. Wenn Sie also ein austauschbares Produkt auf austauschbare Art und Weise anbieten, werden Sie permanent um Ihre Kunden fürchten müssen. Tappen Sie nicht in die Langeweile-Falle – bieten Sie Ihren Kunden nicht nur ein gutes Produkt, sondern auch eine gute Show dazu! Dazu müssen Sie kein Ölscheich sein. Nicht allein Luxus ist showtauglich, sondern auch Originalität, Witz oder Abenteuer.

„We Love to Entertain You."
(Motto des Privatsenders ProSieben; Interview mit dem früheren ProSieben-Chef Georg Kofler ab Seite 169)

Jeder kann eine
Show bieten –
Beispiel:
Sicherheits-
beratung

Ein Freund von mir ließ sich kürzlich in Sicherheitsfragen von einem Experten beraten. Wie könnte er Wohnungseinbrechern das Leben möglichst schwer machen? Zum Termin erschien ein eher bieder und behäbig wirkender Ex-Polizist, der sich erst kürzlich auf dieses Geschäftsfeld spezialisiert hatte. Während mein Freund noch grübelte, ob der untersetzte Besucher wohl der geeignete Experte für ihn sei, führte der ihn vor die Wohnungstür und bat um den Hausschlüssel. In Nullkommanichts hatte der Sicherheitsberater sie beide ausgesperrt: den Schlüssel zurück in die Wohnung geworfen und dann die Tür beherzt zugezogen. Tja, was nun? Bevor der Kunde sich noch richtig von diesem Schrecken erholt hatte, stand ihm schon der nächste ins Haus. „Um diese Tür aufzubrechen, braucht ein Profi exakt drei Sekunden!", verkündete der Berater. Und mit … 21 … 22 … 23 standen die beiden wieder vor einer offenen, in Windeseile geknackten Haustür.

54

Zweifellos ein gelungener Einstieg, um den Kompetenz-Check, der zu Beginn jedes Verkaufsgesprächs stattfindet (siehe Seite 66), zu bestehen. Gleichzeitig aber auch eine super Show mit einer durchdachten Dramaturgie. Der Berater hätte auch einfach sagen können: „Lieber Herr Kunde, Altbautüren wie Ihre sind sehr leicht aufzubrechen und deshalb muss man sie absichern ...“ Erst durch die inszenierte Aussperrung bekommt das Ganze einen starken Unterhaltungswert. Folge: Der Eindruck ist viel stärker – und der Kunde hat eine Story, die er weitererzählen kann. Empfehlungen sind so praktisch gar nicht mehr zu vermeiden: Raten Sie mal, welcher Sicherheitsberater in meinem Bekanntenkreis gerade zum Geheimtipp avanciert.

Liefern Sie Ihren Kunden Gesprächsstoff!

„Mit unserem Produkt – Sicherheit – ist es wie mit dem Zahnarzt. Solange nichts weh tut, drückt man sich gern drumherum. Bei Produkten, die nicht mit Händen zu greifen sind, muss man sich im Verkauf eben etwas einfallen lassen, um sie fassbar zu machen.“
(Uwe Breker, Vertriebsleiter Protection One)

US-Pharmakonzerne geben doppelt so viel Geld für Marketing (also für die Show) aus wie für die Forschung. Sie werden wissen, warum. Leslie Mandoki, einer der erfolgreichsten Musikproduzenten des Landes, ließ uns als Besucher auf seinem Studiogelände zunächst von einer Mitarbeiterin in sein Privatkino führen und dort einen vierzigminütigen Film über seine Erfolge mit den Großen der Pop-Geschichte anschauen (Gespräch mit Leslie Mandoki ab Seite 217). Die Firma Porsche lädt treue Kunden immer wieder zu spektakulären Events ein, etwa ins Regensburger Schloss, die Residenz derer von Thurn und Taxis. Dort wird man nicht nur VIP-mäßig über den roten Teppich in den Schlossgarten chauffiert, sondern mit einer Bühnen- und einer Lasershow wahrhaft „fürstlich“ unterhalten. Wer kein Schloss mieten kann, organisiert vielleicht ein Fahrtraining oder eine originelle Veranstaltung, die gar nicht viel kosten muss – etwa, wenn der Gastronom ein „Kartoffelmenü“ erfindet und dort historische Kartoffelsorten verkosten lässt, oder wenn der Autohändler gute Kunden am Samstag zu einem Pannenkurs einlädt. Hauptsache, Ihnen fällt etwas Originelleres ein als nur Häppchen und Freibier.

Von Pharma bis Porsche: Profis bieten eine gute Show

Kunden sind heute erlebnishungrig. Verschaffen Sie ihnen also Erlebnisse! Beeindrucken Sie, verblüffen Sie, unterhalten Sie – liefern Sie etwas, das man gerne weitererzählt. Ihre Möglichkeiten reichen vom spektakulären Ambiente bis zu ungewöhnlichen Mitmach-Events. Vielleicht finden Sie ja einen Partner, mit dem Sie eine Win-win-Situation schaffen können? Beispiel: Das gehobene Restaurant bietet Stammgästen einen Abend rund um das Thema „glänzende Auftritte". Dort berichtet ein Imageberater von seiner Arbeit, eine Knigge-Expertin weiht in die neuesten Trends der Business-Etikette ein, und der Hotelier serviert sein spezielles Sommermenü dazu.

Kontinuität = wirksam Spontaneität = unterhaltsam

Füttern Sie erlebnishungrige Kunden!

(10) So hinterlassen Sie Eindrücke

Vergessen ist der Preis der Langeweile

Jeden Tag werden auf der Welt Millionen von PowerPoint-Präsentationen gehalten. Das freut ohne Zweifel einen meiner Kunden, die Firma Microsoft, aber nicht in jedem Fall die Zuhörer. Viele Vortragende setzen das vielfältige Programm auf die immergleiche Art und Weise ein: Sie bombardieren ihr wehrloses Publikum mit Bullet-Point-Aufzählungen und garnieren das Ganze allenfalls mit ein paar bunten Torten- oder Balkendiagrammen. Das Publikum rächt sich auf seine Weise und behält – fast nichts. Das ist sozusagen amtlich: Der bekannte Gedächtnisforscher Tony Buzan hat herausgefunden, dass schon nach 24 Stunden 80 Prozent des Gehörten vergessen sind (mehr dazu unter *(34) Der Abschluss ist die logische Konsequenz*). Machen Sie gern die Probe aufs Exempel und notieren Sie einmal, was von der letzten Präsentation, die Sie gehört, oder vom letzten Meeting, das Sie besucht haben, noch hängen geblieben ist. Wenn es nicht die eigene Präsentation war oder man das Meeting selbst leiten musste, ist das Ergebnis erschreckend kümmerlich. Und auch dann erinnern Sie sich vermutlich eher daran, wie Teilnehmer A und Teilnehmer B sich in die Haare gerieten, als an Vorschläge für die neue, ultimative XYZ-Strategie.

56

Kein Wunder: Unser Gehirn liebt Geschichten. An die Märchen, die uns im Vorschulalter vorgelesen wurden, erinnern wir uns bis heute. Die mathematischen Formeln, die wir 15 Jahre später büffeln mussten, haben die meisten von uns dagegen komplett vergessen. Wenn Sie sicher sein wollen, dass zentrale Inhalte bei Ihrem Kunden hängen bleiben, packen Sie sie am besten in eine Geschichte!

Abstraktes wird vergessen, Konkretes behalten

Nehmen wir an, jemand bietet einen neuartigen Hochleistungsstaubsauger im Direktverkauf an. Natürlich könnte der Verkäufer seinen Kunden sagen: „Dieser Staubsauger entfernt Schmutz und Milben, die Sie mit herkömmlichen Staubsaugern nicht erreichen." Er könnte problemlos ein paar schöne Diagramme entwerfen, die besagen, dass das neuartige Gerät 50 Prozent wirksamer sei als herkömmliche Staubsauger. Doch kein echter Verkäufer käme auf diese Schnappsidee. Er würde saugen – und anschließend einen hübschen Haufen Staub und Fusseln vor den Füßen des Kunden ausleeren. Und ein wirklich genialer Verkäufer, den ich kenne, geht noch einen Schritt weiter: Er hat sich ein kleines Mikroskop zugelegt und lässt die Kunden eine Probe seiner Staubsaugerbeute in der Vergrößerung anschauen. Das wimmelt und krabbelt so extrem, dass sich der Kunde erst schüttelt – und dann ernsthaft über eine Neuanschaffung nachdenkt.

Beispiel: Staubsaugerverkauf

Eine solche Demonstration ist unschlagbar, weil der Kunde sogar selbst in der Geschichte mitspielt. Aber auch gut *erzählte* Geschichten fräsen sich ins Gedächtnis. Eine gute Geschichte ist kurz, konkret und überraschend. Sie steuert auf eine Pointe zu – ähnlich wie die Staubsaugergeschichte auf das lebende Universum in Ihren Sofapolstern, das Sie erstmals zu Gesicht bekommen. Eine gute Geschichte vergisst man nicht, im Gegenteil: Am liebsten erzählt man sie weiter! „Facts tell, stories sell", hat ein kluger Mensch einmal gesagt. Ein Beispiel aus meiner Zeit als Finanzberater im gehobenen Private Banking: Wenn es um Steuer sparende Geldanlagen ging, hätte ich meinen Kunden sagen können: „Schau'n Sie, momentan zahlen Sie X Tausend Euro Steuern jährlich. Ist doch schade, dass dieses ganze Geld ans Finanzamt geht!" Stattdessen habe ich gesagt: „Herr Kunde, wenn ich mir Ihren Steuerbescheid so ansehe ... Das ist, als ob Sie am Ende jedes Jahres einen funkelnagelneuen Mittelklassewagen kaufen, damit vor die Tür des Finanzamts fahren, anschließend

Schenken Sie dem Finanzamt ein funkelnagelneues Auto!

Aha-Effekt: Ankommen, Hauptsache anders!

Schlüssel und Fahrzeugschein in einen Briefumschlag tun und den an Ihren Sachbearbeiter übergeben, um dann zu Fuß nach Hause gehen! Und das wiederholen Sie jedes Jahr aufs Neue." Je konkreter eine solche Geschichte ist, desto besser. Im Idealfall kennt man sogar die Autovorlieben des Kunden und malt ihm das an seinem eigenen Fahrzeug aus.

Die Kosten?
Ein Cappuccino
pro Tag!

Zugegeben: Nicht immer hat man gleich eine ganze Geschichte parat. Aber auch dann können Sie konkret werden. Benutzen Sie Bilder und Vergleiche. Wer Wasserbetten verkauft, braucht nur auszurechnen, wie viel Jahre unseres Lebens wir im Bett liegen. Dann sieht die Investition gleich viel kleiner aus. Und eine Alarmanlage, die so wenig kostet wie „ein Cappuccino pro Tag", aber vor echten Katastrophen schützt, sieht man auch mit anderen Augen als eine nüchterne Notiz der Gesamtkosten.

Emotionen sind
Gedächtnisanker

Bilder und Geschichten wecken Emotionen und machen Inhalte „merk-fähig". Ein Extrembeispiel: Erinnern Sie sich noch an den 11. September 2001? Die Bilder des Terroranschlags auf die Twin Towers in New York haben sich den meisten Menschen tief ins Gedächtnis gegraben. Was am 23. des vorletzten Monats passierte, können wir dagegen nicht mehr sagen; und manchmal fällt es uns schon schwer, die letzte Woche noch zuverlässig zu rekonstruieren. Emotionalisieren Sie Ihre Botschaften, wenn Sie Gehör finden wollen. Gute Werbe-Slogans basieren auf dieser Erkenntnis, denken Sie nur an *„Leben Sie. Wir kümmern uns um die Details"* (Hypo Vereinsbank) oder *„Ist es nicht ungerecht, dass Ihr Müll immer Mercedes fährt und Sie nicht?"* (Sixt/begleitet vom Foto eines Mercedes-Benz Müllwagens). Eine gute Geschichte, ein treffendes Bild, eine wirksame Aussage wecken immer Emotionen.

„Das Gedächtnis funktioniert tatsächlich wie ein Sieb. Wer als Verkäufer in diesem Sieb hängen bleiben will, muss sich schon etwas Besonderes einfallen lassen." (Von meinem Freund Oliver Geisselhart, Europas führendem Gedächtnistrainer)

An Bekanntem
anknüpfen!

Wirksam sind außerdem Erläuterungen, die an der Lebenswelt der Kunden anknüpfen. Wenn Sie einen neuen Gedanken verankern wollen, sollten Sie möglichst von etwas Bekanntem ausgehen. Viele Wegbeschreibungen scheitern schon ganz am Anfang, weil der Fragende den Ausgangspunkt gar nicht kennt, von dem aus die Route beschrieben wird. Denselben Fehler machen manche Verkäufer, die ihre Kunden mit technischen Details überhäufen, ohne sich an deren Vorwissen zu orientieren. All das technische Know-how verpufft, weil der Kunde überhaupt nicht weiß, wo er die Info andocken soll.

Facts tell – stories sell!

4. Secret:

Vergessen Sie Small Talk – endgültig!

„Schönes Wetter heute, oder? Haben Sie gut hergefunden?" Schwächer kann man kaum in ein Verkaufsgespräch starten. Dennoch wird Generationen von Verkäufern in Schulungen gleich in der ersten Seminarstunde eingebläut, der Kunde müsse durch Small Talk „aufgewärmt" werden. Darf ich mir etwas von Ihnen wünschen? Vergessen Sie das bitte – ganz schnell!! Worte sind das wichtigste Werkzeug im Verkauf. Es lohnt sich, sie mit Bedacht zu wählen.

(11) Warum das Wetter sch...egal ist

Möglicherweise hatten Sie auch schon mit einem Verkaufstrainer zu tun, der einen todsicheren Tipp für die Gesprächseröffnung hatte: „Tauen Sie Ihren Kunden zu Beginn des Gesprächs ein wenig auf!" Das vermeintlich geniale Rezept dafür wird gleich mitgeliefert: Small Talk. Und so quälen viele Verkäufer ihre Kunden seit Jahrzehnten mit den immergleichen Fragen nach der Herfahrt, langweilen sie mit vorhersehbaren Kommentaren übers Wetter oder machen schale Komplimente. Mit Verlaub, das ist kompletter Blödsinn! Ist Ihnen schon einmal aufgefallen, dass kein Notar seinen Mandanten, kein Arzt seinen Patienten, kein Fachexperte seinen Auftraggeber mit seichten Floskeln empfängt? Da geht es unmittelbar zur Sache.

Kein Arzt, kein Notar, kein anderer Experte steigt mit Small Talk ein!

„Man soll schweigen – oder Dinge sagen, die noch besser sind als das Schweigen."
(Pythagoras, griechischer Mathematiker, 580-500 v. Chr.)

Möchten Sie selbst als Kunde vor einem für Sie wichtigen Gespräch nichtssagende Fragen beantworten? Vermutlich nicht. Viel lieber wollen Sie sich in der Praxis, im Beratungsbüro oder im Verkaufsraum in Ruhe umsehen und sich einen Eindruck von Ihrem Gegenüber verschaffen. Schlimmer ist nur noch, gleich auf sein Privatleben angesprochen zu werden. Mich nervt es jedenfalls kolossal, wenn man sich schon in der allerersten Gesprächsminute nach meiner Tochter oder nach meiner Harley-Leidenschaft erkundigt.

Hinter der Small-Talk-Strategie steckt die Idee, erst einmal eine gute Beziehung zum Kunden aufzubauen, bevor man in das eigentliche Verkaufsgespräch einsteigt. Gegen diese Idee ist nichts einzuwenden, im Gegenteil: Es hat sich herumgesprochen, dass es in jeder Kommunikation eine Sach- und eine Beziehungsebene gibt, und dass die Beziehungsebene dabei die ausschlaggebende ist. Sie kennen das auch privat: Wenn Ihr Partner, Ihre Partnerin sauer auf Sie ist, werden Sie mit den schlagkräftigsten Sachargumenten nicht durchdringen. Und wenn Ihr Kunde Sie unsympathisch, arrogant oder wenig vertrauenerweckend findet, wird er Ihnen die Vorzüge Ihres Produktes kaum abkaufen. Will sagen: Ja, Sie sollten rasch eine gute Beziehung zum Kunden auf-

Gute Beziehung zum Kunden ja – aber nicht durch bangloses Gerede!

61

bauen – und nein, versuchen Sie das nicht mit belanglosem Gequassel.

„Es könnte sein, dass Sie Ihr nächstes Auto bei mir kaufen!"

Ein guter Freund von mir, Gereon Moraing, wurde auf einer Vernissage von einem Fremden angesprochen: „Guten Tag, ich möchte mich bei Ihnen vorstellen. Mein Name ist …, und es könnte gut sein, dass Sie Ihr nächstes Auto bei mir kaufen. Welches ist denn Ihr Wunschauto?" „Wow, was für ein Einstieg", dachte Gereon noch, als der Fremde auch schon nachhakte: „Welcher Autokauf wäre für Sie eine echte Herzensangelegenheit?" Das war klar: ein Bentley. „Aha, ein Bentley?" Mein Freund nickte. „Wissen Sie, ich bin sozusagen Wünsche-Erfüller. Als Automakler biete ich meinen Kunden Automobile der gehobenen Luxusklasse zu optimalen Konditionen, indem ich auf dem Gesamtmarkt nach dem Wunschwagen fahnde. Und deshalb macht es Sinn, dass Sie Ihren Bentley über mich beziehen!" Eine Woche später bekam mein Freund einen prachtvollen Bentley-Bildband zugeschickt. Ein halbes Jahr später hatte er zwar noch nicht selbst gekauft (ein Bentley war in seiner aktuellen Position einfach nicht angebracht), aber er hatte dem Makler immerhin zwei neue Kunden vermittelt.

„Sie müssen stehen bleiben!"

Das ist „Straight Talk" statt Small Talk – und überaus erfolgreich! Und es gilt nicht nur beim Autokauf: Cornelia Eggewirth, seit 30 Jahren Erfolgsverkäuferin und Beraterin, sagt, ihr Erfolg habe begonnen, als sie als junge Verkäuferin „in ihrer Verzweiflung" einfach auf eine Kundin zugegangen sei und gesagt habe: „Sie müssen stehen bleiben! Ich habe genau den Lippenstift, der zu Ihrer Bluse passt."[13] Eggewirth hat es mit Offenheit und direktem Eingehen auf den Kunden von der Propagandistin bis zur Beraterin großer Unternehmen gebracht. Die meisten Kunden ordnen das übliche Wortgeplänkel zu Beginn eines Verkaufsgesprächs ohnehin als seichte Strategie ein und warten auf den Zeitpunkt, wo es „richtig losgeht". Offenheit wirkt da viel entwaffnender. Außerdem heben Sie sich so wohltuend von der Mehrzahl Ihrer Kollegen ab.

„Bei mir im Salon darf niemand fragen: ‚Woher kommen Sie?' oder ‚Was machen Sie beruflich?' Das ist absolut verboten."
(Udo Walz, Starfriseur; Interview ab Seite 177)

Wenn selbst beim Friseur der Small Talk „verboten" wird, sollte das alte Plaudergewohnheiten erst recht erschüttern – schließlich gilt ein Frisiersalon gemeinhin als *das* Zuhause seichten Geplappers. Aber will jemand, der im Begriff ist, Hunderte von Euro für einen Haarschnitt auszugeben, tatsächlich über seinen Wohnort oder seinen Arbeitsalltag Auskunft geben (oder über seine Urlaubspläne, die neuesten Boulevardmeldungen oder was auch immer)? Walz macht es anders: Er kommt, greift seiner Kundin sanft in die Haare und gibt einen fachmännischen Kommentar ab („Tolle Haarstruktur!"). Wer zu Walz geht, leistet sich das Besondere – und will eben auch auf eine besondere Weise behandelt werden. Small Talk ist dabei viel zu trivial.

Natürlich werden Sie mit einem Kunden, den Sie bereits näher kennen, zu Gesprächsbeginn ein wenig plaudern, über seinen letzten Tauchurlaub, die Erfahrungen mit dem neuen Wagen – kurz: über Dinge, von denen Sie wissen, dass Ihr Kunde sich wirklich dafür interessiert. Beim Erstkontakt allerdings geben Sie ihm lieber Gelegenheit, sich erst einmal auf Sie einzustellen, sich in Ruhe umzusehen. Sorgen Sie in den kostbaren ersten Minuten lieber dafür, den „Kompetenz-Check" zu bestehen (siehe Kapitel (12) – *Gewinner erkennt man am Start!*), statt sie für einen Austausch übers Wetter zu verschwenden.

Verschwenden Sie die ersten Minuten nicht auf ein Gespräch übers Wetter!

Das folgende „Banalo-Meter" bewahrt Sie vor seichtem Small Talk. Bei mir stehen diese (und ähnliche Sätze) auf einer Tabu-Liste:

10 Tabu-Sätze – für Verkaufsgespräche ohne banalen Small Talk

💣 „Schönes Wetter heute, nicht wahr?"

💣 „Was für ein Wetter (... für eine Hitze, ... für ein Regen, ... für ein Sturm)!"

💣 „Wie war die Anreise?"

💣 „Haben Sie gut hergefunden?" (Meistens hilft ja längst ein Navi dabei ...)

💣 „Was machen Sie beruflich?"

💣 „Schön haben Sie's hier!"

💣 „Kommen Sie aus der Region?"

♦ „Schön, dass Sie sich die Zeit genommen haben!" (Auch der Verkäufer nimmt sich Zeit! Verkaufen Sie auf Augenhöhe!)

♦ „Ah, ich sehe, Sie sind auch ... (Dortmund-Fan, Büchernarr, Pflanzenliebhaber, Bierdeckelsammler usw. usw.)!"

♦ „Sie waren gerade im Urlaub, oder? Wo waren Sie denn?"

Noch ein Beispiel für den Gesprächseinstieg: originell & fachkompetent

Ein Anlageberater, der sich auf steueroptimierte Kapitalanlagen spezialisiert hat, lässt seinen Kunden zu Gesprächsbeginn nicht nur exzellenten Kaffee servieren, sondern liefert ganz nonchalant dazu eine Probe seiner Kompetenz: „Wussten Sie eigentlich, dass allein auf dieser Tasse Kaffee sechs verschiedene Steuerarten lasten?" Der erstaunte Kunde erfährt dann, dass er mit jedem Schluck nicht nur die übliche Umsatzsteuer, sondern auch Kaffeesteuer, Lohnsteuer, Zollsteuer, Mehrwertsteuer, Zuckersteuer, Getränkesteuer finanziert. Der Kollege liefert damit nicht nur eine überzeugende Probe seines Wissens, sondern noch dazu eine originelle Story, die den Kunden überzeugt und die er gerne weitererzählt – eine super Selbstpräsentation!

Reden Sie sich nicht klein!

Für den Gesprächseinstieg ist Small Talk keine Wunderwaffe, sondern ein reichlich abgenutztes Werkzeug. Verabschieden Sie sich davon – Sie reden sich damit nur klein. Keiner meiner Interviewpartner begann unsere Begegnung mit belanglosem Geplänkel. Alle High Performer, deren Gespräche Sie im zweiten Teil des Buches lesen, steuerten gleich auf unser gemeinsames Anliegen zu. Die unterschwellige Botschaft ist eindeutig: Hier ist jemand hoch professionell und hat keine Zeit zu verschenken – und: Hier präsentiert sich jemand mit offenem Visier!

Straight Talk statt Small Talk!

(12) Gewinner erkennt man am Start

Die ersten Minuten eines Verkaufsgesprächs für seichten Small Talk zu verschwenden ist aus einem weiteren Grund fatal: Der Verkauf findet immer sehr viel früher statt, als wir denken. Der Moment der Entscheidung ist nicht erst gekommen, wenn der Kunde schließlich sagt: „Ja, ich nehm's." Seine Kaufentscheidung fällt viel eher, zu einem Zeitpunkt, an dem er noch gar nicht alle Fakten kennt. Das hängt damit zusammen, dass wir Entscheidungen überwiegend emotional treffen und eher nachträglich mit dem Verstand rechtfertigen. Das Gefühl sagt längst ja, und alles, was folgt, ist eine Rationalisierung dieser Entscheidung, eine faktische Begründung im Nachhinein.

Wann fällt die Kaufentscheidung des Kunden?

„Der freie Wille ist nur ein gutes Gefühl."[14]
(Professor Dr. Wolf Singer, renommierter Hirnforscher)

Nehmen wir an, jemand träumt lange davon, einen Porsche zu fahren. Schließlich ist das irgendwie finanziell machbar, und er fährt zum Händler, vorgeblich, um sich „mal zu informieren". Natürlich macht der Porsche-Fan eine Probefahrt und redet mit dem Händler über Finanzierungskonditionen und Extras. „Gekauft" hat er den Wagen allerdings schon, bevor er überhaupt zum Porsche-Händler aufgebrochen ist. Logik und rationale Argumente bringen den Menschen zum Nachdenken (zumindest hin und wieder), Emotionen dagegen bringen ihn zum Handeln, und das mit sehr viel höherer Wahrscheinlichkeit! Als Verkäufer wollen Sie Ihre Kunden zum Handeln bringen. Also müssen Sie vorher für positive Emotionen sorgen. Das Gefühl muss stimmen, und zwar nicht in einem naiven Sinne von „Ach, was für ein netter Verkäufer!", sondern im Sinne von „Wow, der versteht etwas von seinem Handwerk!". Diese Erkenntnis wurde nach einem Seminar, das ich für eine Gruppe Ärzte abhielt, von einem der Teilnehmer, einem Orthopäden, genial umgesetzt.

Argumente bringen zum Nachdenken, Emotionen bringen zum Handeln

Der Orthopäde erzählte mir, wie er im Anschluss an eines meiner Seminare seit einiger Zeit in seiner Praxis neue „Kunden" empfängt. Zunächst begrüßt er seinen Patienten. Dann bittet er ihn, noch einmal zurück zur Türe zu gehen und erneut auf ihn zuzukommen. Gesagt, getan. Der Patient geht ein paar Meter zurück

Beispiel: Arztpraxis

zur Tür und noch einmal auf seinen Arzt zu. Der Arzt schaut dabei genau auf den Gang und auf die Haltung des Patienten und nickt abschließend. Dann erst nehmen beide Platz, damit der Patient sein Anliegen schildern kann.

Dauert nur Sekunden: der Freund-Feind-Check

Gehen Sie davon aus, dass der Patient zu diesem Zeitpunkt schon längst „gekauft" hat, was der Arzt ihm anschließend raten wird. Warum? Jeder von uns macht intuitiv einen so genannten Freund-Feind-Check, wenn er auf jemand Fremden zugeht – und zwar binnen Sekunden. Ist der andere sympathisch oder nicht? Man hat sich noch nicht die Hand geschüttelt, da hat man schon eine Meinung – und dieser erste Eindruck wird später kaum noch korrigiert. Zum gleichen Zeitpunkt wird (ebenfalls unbewusst) das Nähe-Distanz-Verhältnis ausgelotet sowie die Rang- und Rollenstruktur definiert. Sympathie wurzelt häufig darin, dass wir einen anderen als uns „ähnlich" wahrnehmen oder dass unser Gegenüber auf unsere Bedürfnisse eingeht, uns beispielsweise Aufmerksamkeit schenkt (wie der Arzt im Beispiel oben). Dieser subtile Prozess verläuft überwiegend nonverbal, man könnte auch sagen: Unsere Körper machen etwas aus, und zwar unbewusst. Was dabei abläuft, ist eine Art psychologischer Matchcode: Wie passen wir zueinander? Und Sie wissen schon: Für den ersten Eindruck gibt es keine zweite Chance!

Nach wenigen Minuten abgeschlossen: der Kompetenz-Check

Aber das ist noch nicht alles: In den ersten Minuten einer Begegnung passiert noch etwas, was ich den „Kompetenz-Check" nenne. Auch das kennen Sie: Wenn Sie beispielsweise einen Rechtsanwalt oder einen Architekten engagieren, warten Sie nicht erst, bis der Prozess gewonnen oder die Einweihungsparty gefeiert ist, um sich dann ein Urteil über die Kompetenz Ihres Gegenübers zu bilden. Das würde Monate dauern. Nein, die Entscheidung „kompetent oder nicht kompetent" treffen Sie mutig bereits in den ersten Minuten der Begegnung. Fällt Ihr Gegenüber dabei durch, machen Sie sich einfach auf die Suche nach jemand anderem („holen eine zweite Meinung ein").

Tüfteln Sie eine Strategie aus!

Auch für den Kompetenz-Check ist die geschilderte Begrüßungsstrategie des Orthopäden genial – der Patient fühlt sich gut aufgehoben, weil der Arzt sich ein ganz genaues Bild von ihm macht. Dabei hat er ihm sein Anliegen noch nicht einmal geschildert und ist noch lange nicht genesen. Um Ihre eigene „Kompetenzprüfung" beim Kunden mit Bravour zu bestehen,

66

brauchen Sie eine griffige, auf Ihr Business abgestimmte Idee.
Grübeln lohnt sich! Hier zwei Beispiele:

Vor kurzem hielt ich auf einer großen Veranstaltung der Firma Microsoft einen Vortrag. Im Forum nebenan referierte ein Hacker zum Thema Datensicherheit, ebenfalls vor Hunderten von Zuhörern, auch dort gab es lang anhaltenden Applaus. Später erfuhr ich von Teilnehmern, was sich nebenan zugetragen hatte: Die Microsoft-Mitarbeiter waren zunächst sehr reserviert, schließlich gehörte der Hacker exakt zu jenen Leuten, die ihnen normalerweise das Leben ziemlich schwer machen. Und der Vortragende tat anfangs auch nicht viel, um ihre Sympathien zu gewinnen, im Gegenteil: Als Allererstes verkündete er, dass bei seinen Präsentationen weder geredet, Kaffee getrunken noch auf die Toilette gegangen würde! „Aber Ihre Handys, die können Sie ruhig anlassen!" Mit diesen Worten rief er die erste Folie auf, und an der Wand erschienen einige SMS-Texte. Dabei handelte es sich um die jeweils letzte SMS, die die eingeschalteten Handys mancher der Anwesenden erreicht hatte. Gelächter, aber auch kreideweiße Gesichter und hektische Griffe in die Jacketttaschen, um dann das Handy doch auszuschalten. Ab da hingen die Anwesenden wie gebannt an den Lippen des Hackers. Nicht nur sein Thema IT-Sicherheit, sondern auch ihn selbst als Vortragenden hatten die Teilnehmer „gekauft".

Beispiel Kompetenz-Check: IT-Branche

Oliver und Martina di Lorenzen, wie schon erwähnt Pioniere auf dem Gebiet des „Bleachens" in Deutschland und gute Freunde von mir, bieten ihren Kunden im Wartebereich etwas zu trinken an. „Möchten Sie vielleicht einen frisch gepressten Orangensaft?" Viele Kunden freuen sich über diesen Service und genießen die flüssigen Vitamine. Anschließend, kurz vor der Behandlung, fragen dann viele als Erstes, wie schädlich das Bleachen sei. Die Antwort: „Viel weniger schädlich als das, was Sie Ihren Zähnen gerade eben zugemutet haben!" Fragender Blick des Kunden. Des Rätsels Lösung: Jeder Fruchtsaft greift die Zähne mehr an als die Behandlung.

Beispiel Kompetenz-Check: Zahnkosmetik

Um es ganz offen zu sagen: Der Markt ist voll von (mit Verlaub, oft schlechten) Verkäufern. Was wir brauchen, sind echte, mutige Experten, die zu dem stehen, was sie tun – Profis, die den Verkauf als logische Konsequenz ihrer Expertise und ihrer persönli-

Positionieren Sie sich mutig!

67

chen Glaubwürdigkeit verstehen. Solche Verkäufer gehen den Kompetenz-Check offensiv an, haben keine Scheu, die Dinge beim Namen zu nennen, sich zu positionieren und auch mal zu provozieren.

Der Verkauf findet früher statt, als Sie denken!

(13) Erfolgsrezept „Piemont-Kirsche"

Es lohnt sich, seine Worte auf die Goldwaage zu legen ...

Verabschieden Sie sich also vom Small Talk – endgültig! Seine Worte sehr sorgfältig zu wählen zahlt sich in Heller und Pfennig aus. Gerade für die Schlüsselworte in Ihrem Business kommt am besten die berühmte Goldwaage zum Einsatz. Warum? Bis weit ins 20. Jahrhundert hinein lebten wir in einer Welt, in der man wichtige Vermögenswerte anfassen konnte: Eine Fabrik mit Schornsteinen und Förderbändern. Ein Laden mit Dach und Wänden. Ein gut gefülltes Lager. Mitte des letzten Jahrhunderts, mit Aufkommen des Massenkonsums, brach plötzlich eine Zeit an, in der die Vermögenswerte auch aus bloßen Namen bestehen konnten.

Beispiel: die Marke Harley-Davidson

Harley-Davidson ist ... ein „Motorradhersteller". Richtig? So denken zumindest die behördlichen Statistiker, für die Werte zunächst einmal „Dinge" sind. Aber sagen Sie mal zu einem Fahrer (ich bin einer davon), seine Harley sei schließlich „auch nur ein Fahrzeug". Ich empfehle Ihnen dabei schon mal vorsorglich die Einhaltung eines gewissen Sicherheitsabstands! Auch der ehemalige CEO von Harley, Richard Teerling, dachte anders als die nüchternen Rechenkünstler und trug jahrelang verbale Ringkämpfe mit den Analysten an der Wall Street aus. „Unablässig bläute ich ihnen ein", erzählte er mir, „dass wir ein ‚Lifestyle-Unternehmen' und kein ‚Fahrzeugfabrikant' sind." Am Ende sollte Teerling Recht behalten. Die Marke „Harley" steht heute für ein Lebensgefühl, für Freiheit, Abenteuer, Unkonventionalität. Harleys Marktwert stieg seitdem um mehrere Milliarden Dollar.[15]

Nüchtern betrachtet ist ein Markenname nichts als ein Wort. Aber wenn dieses Wort einen verheißungsvollen Klang hat, kann es Millionen und Abermillionen wert sein. 2007, nach der Trennung von Chrysler, bezahlte die Daimler AG 20 Millionen Dollar an Ford, nur um sich zukünftig die Bezeichnung „Daimler" exklusiv zu sichern. Ford hatte bei seiner Tochter Jaguar zeitweise große Wagen mit dem Namen „Daimler" produziert, den man über Umwege im letzten Jahrhundert erworben hatte. Die frühere Mercedes Benz AG hat beim Rückkauf wahrscheinlich ein echtes Schnäppchen gemacht, wenn man bedenkt, dass der Markenname „Harry Potter" dem AOL Time Warner Konzern wenige Jahre zuvor allein Hunderte Millionen Dollar an Lizenzgebühren einspielte.

Die Zauberkraft der Worte

Worte schaffen Realitäten, Marken definieren Werte. Warum sonst hätte sich die AOK in „die Gesundheitskasse" umbenannt? Warum verabschiedete sich Air Berlin von der „Business Class" und spricht mit der „Comfort Class" nun nicht länger nur Geschäftsreisende an? Die Marketingabteilungen der Großunternehmen wissen natürlich um die Macht der Sprache. Das heißt aber nicht, dass Sie das sorgfältige Wägen der Worte den Konzernen überlassen müssen. Machen Sie aus Ihrem Namen eine Marke, am besten eine Kultmarke! Ein findiger Schweizer Finanzdienstleister etwa wirbt in Radiospots für seine Modelle der „Ruhestandsfinanzierung". Er zieht so mit absoluter Sicherheit interessantere Kunden an als die Konkurrenz, die nur das angestaubte Produkt „Altersvorsorge" zu bieten hat.

Worte verändern die Wahrnehmung und schaffen Werte

„Der Unterschied zwischen dem richtigen Wort und dem beinahe richtigen ist derselbe Unterschied wie zwischen dem Blitz und einem Glühwürmchen."
(Mark Twain, amerikanischer Schriftsteller)

Willkommen also in einer Welt, in der „Werte" immer stärker auf Nichtgegenständlichem beruhen. Überlegen Sie, wie Sie die Macht der Sprache für Ihren eigenen Auftritt nutzen können. Kommunizieren Sie Besonderheiten, heben Sie sich ab von der Masse. Vergleichen Sie einmal eine „Kirschpraline" mit „Mon Chéri mit der Piemont-Kirsche". Was zergeht Ihnen besser auf der Zunge? Der Witz dabei: Die Piemont-Kirsche®, die das Unternehmen Ferrero sich hat schützen lassen, ist eine reine Erfindung der Marketingabteilung. „Um den Bedarf an Kirschen zu

Worte schaffen Tatsachen – das Beispiel „Piemont-Kirsche®"

decken, die wir für die Herstellung der Pralinen brauchen, würde die gesamte Kirschernte in Piemont nicht ausreichen", erklärt eine Unternehmenssprecherin lapidar.[16]

Brennen Sie sich ins Kundengedächtnis ein!

Wie also können Sie sich ins Gedächtnis Ihrer (potenziellen) Kunden einbrennen? Welche Besonderheit soll man mit Ihnen verbinden? Wenn Sie selbstständig sind, beginnt das schon bei der Firmenbezeichnung. Setzen Sie selbstbewusst auf Ihren Namen (wie etwa Erfolgscoach Sabine Asgodom mit ASGODOM LIVE) oder auf Ihr Erfolgsprinzip, wie etwa der Wirtschaftskabarettist Bernhard Baumgartner. Sein Unternehmen heißt schlicht und genial: „JOY works".

Die Macht der Sprache: Worte schaffen Werte!

70

5. Secret:

Überzeugen Sie „über ZEUGEN"

Überdurchschnittliche Verkäufer fallen immer aus dem Rahmen. Kein Wunder: Würden sie alles genauso machen wie ihre Kollegen, wären sie eben auch nur – Durchschnitt. Überdurchschnittlich erfolgreiche Verkäufer heben sich beispielsweise dadurch vom Mittelmaß ab, dass sie nicht hektisch die Werbetrommel für sich rühren, sondern dafür sorgen, dass andere für sie sprechen. Sie überzeugen gezielt „über Zeugen". Sie kennen das: Eine gute Empfehlung bringt in der Neukunden-Akquise oft mehr als Dutzende Mailings. Wenn ein vertrauenswürdiger „Zeuge" sagt: „Geh zu dem, der ist Spitze!", dann hat das auf den Kunden eine ganz andere Wirkung, als wenn jemand selbst die eigenen Vorzüge schildert. Die Möglichkeiten, diese Erkenntnis zu nutzen, sind vielfältig ...

(14) Wer Helden schafft, ist selbst einer

Reden Sie über die Erfolge Ihrer Kunden!

Erfolgreiche Verkäufer reden natürlich gern über ihre Erfolge. Aber noch lieber reden sie über die Erfolge ihrer Kunden! Klaus Kobjoll etwa gründete mit dem Schindlerhof eines der bundesweit besten und erfolgreichsten, vielfach prämierten Tagungshotels, und das, salopp gesagt, „mitten in der Pampa", in einem völlig unspektakulären Nürnberger Vorort! Er erzählte mir am Rande unseres Gesprächs, dass der Manager eines der größten und traditionsreichsten deutschen Konzerne ihm auch dann noch treu blieb, als er zum Vorstand aufgestiegen war – obwohl er längst auf ein Luxushotel in bester Lage hätte ausweichen können. (Das Interview mit Klaus Kobjoll finden Sie ab Seite 207.)

Name dropping wirkt!

Auch andere Erfolgsmenschen beherrschen diese Strategie des „name dropping", etwa wenn ein Eventmanager von einer Firmenveranstaltung schwärmt, die er ausrichten durfte, und in den buntesten Farben schildert, wie begehrt die Produkte dieses Unternehmens und wie lang deren Lieferzeiten sind. Oder wenn eine Verlegerin davon berichtet, was für eine interessante Persönlichkeit der gerade für ihren Verlag unter Vertrag genommene US-Autor ist. Ob bewusst oder unbewusst – sie alle wissen: Wer mit Helden Geschäfte macht, wird selbst einer. Selbst große Unternehmen wissen längst, dass es ihrem Image nicht gut tut, als gesichtsloser Apparat wahrgenommen zu werden, und setzen deshalb darauf, dass ihr Name im richtigen Kontext fällt. Auch Sie gewinnen an Farbe und Attraktivität, wenn Sie mit attraktiven Partnern zusammenarbeiten. Das heißt dann schlicht „Sponsoring". Einer meiner Kunden beispielsweise, die Credit Suisse, fördert großzügig zahlreiche kulturelle und sportliche Events – von der Klassik bis zum Jazz, vom Fußball bis zur Formel 1.

Beispiel: „Starfriseur"

Einer meiner Gesprächspartner und persönlichen Bekannten, der Starfriseur Udo Walz, ist ein weiteres wunderbares Beispiel dafür, welchen Effekt erfolgreiche Kunden auf den eigenen Geschäftserfolg haben. 97 Prozent der Deutschen kennen ihn, den Friseur aus Schwaben, der heute in Berlin lebt. Dass Udo Walz ein exzellenter Friseur ist, versteht sich von selbst. In dem Moment, als Walz begann, die Stars der Mode- und Filmbranche zu frisieren, die Top-Models ebenso wie Romy Schneider oder Hildegard Knef, in diesem Moment war sein eigener Weg zum Star vorgezeichnet.

Wer wie Udo Walz über Stars aus der Mode-, Medien- und Filmbranche plaudern kann, braucht sich um Zulauf in seinen Frisiersalons keine Sorgen zu machen. Er verleiht seinen Salons damit Glamour und Exklusivität. Vor allem aber bietet er jede Menge prominenter Zeugen für die Qualität seiner Dienstleistung auf: Was Claudia Schiffer oder Gwyneth Paltrow zufriedenstellt, kann schließlich so schlecht nicht sein ...

Der „Zeugen-Effekt"

„Den Kunden in den Mittelpunkt zu stellen – das behaupten viele. Aber erst, wenn man es konsequent jeden Tag umsetzt, merkt man, welche Schubkraft wirklich in dieser Idee steckt!"
(Tobias Trummer, STRATEGIE Finanzmanagement, Geschäftsführer)

Stellen Sie also Ihre Kunden in den Mittelpunkt Ihres Denkens und lassen Sie sie in hellem Licht erstrahlen! Der Glanz fällt auf Sie zurück und wird Sie selbst weiter voranbringen. Das gilt auch, wenn Sie bislang keine ausgesprochenen Promis zu Ihren Kunden zählen: Geben Sie jedem Kunden das Gefühl, dass es Ihr ureigenstes Anliegen ist, ihn als Erfolgsmenschen noch erfolgreicher zu machen, sein „Heldentum" zu befördern. Das können Sie auch als Steuerberater in einer süddeutschen Kleinstadt: Auch ein mittelständischer Unternehmer kann in seinem Umfeld ein „Held" sein. Bewundern und wertschätzen Sie seine Leistung und vermitteln Sie ihm: „Mein Geschäft ist es, dafür zu sorgen, dass sich Ihre Kreativität, Ihr wirtschaftliches Geschick noch besser entfalten kann!" Wenn Sie Ihr Gegenüber im Kundengespräch einreihen in den Kreis der anderen Erfolgsmenschen, mit denen Sie Geschäfte machen, können Sie ziemlich sicher sein: Wer so behandelt wird, empfiehlt Sie weiter – versprochen!

Rücken Sie Ihre Kunden ins allerbeste Licht!

Ihr eigener Stern strahlt heller, wenn Sie Ihren Kunden Glanz verleihen!

(15) Zeugen selbst herbeizitieren

Was tun, wenn man sich Heidi Klum nicht leisten kann?

Verkauf ist Vertrauenssache. Kein Wunder also, dass jeder Kunde dankbar ist, wenn glaubwürdige Zeugen für die Qualität eines Angebots bürgen. Die Werbung setzt schon seit Langem auf diesen Zeugen-Effekt: Wenn Franz Beckenbauer Erdinger Weißbier lobt oder Ottfried Fischer rät, zum Möbelhaus Hiendl zu gehen, steigt der Umsatz garantiert. Volkswagen dagegen setzte eine Werbekampagne mit Heidi Klum und Ehemann Seal nach nur drei Monaten ab – weil sie zu erfolgreich war! Die Lieferzeit für den beworbenen Tiguan war auf bis zu elf Monate angestiegen. Man konnte gar nicht so schnell produzieren, wie die Kunden den vom sympathischen Glamourpaar empfohlenen Wagen kaufen wollten.[17] Sollte Ihr Marketing-Budget für die Verpflichtung von Franz Beckenbauer oder Heidi Klum nicht ganz ausreichen: Es gibt auch günstigere und einfachere Wege, einen Zeugen-Effekt zu erzielen.

Beispiel: Einrichtungs- beratung

Eine meiner Seminarteilnehmerinnen fand einen genialen Weg, zufriedene Kunden für sich „sprechen" zu lassen. Als Innenarchitektin hatte sie neben ihrem Schreibtisch eine Edelstahl-Magnetwand angebracht. Dort brachte sie die zahlreichen Babyfotos an, die ihr langjährige Kunden zusandten, sobald sie glückliche Eltern geworden waren. Die Bilder sagten auch hier mehr als Tausend Worte: Deutlicher kann man sein Vertrauen schließlich kaum ausdrücken! Ein anderer Trainingsteilnehmer, der sich auf die Finanzierung von Arztpraxen spezialisiert hatte, richtete eine Fotogalerie sämtlicher Praxen ein, die er bislang beraten hatte. Jeder neue Kunde hatte so eine ganze Erfolgsserie ständig vor Augen.

Rufen Sie selbst Zeugen herbei: signierte Fotos, Referenzordner ...

Wenn ich eines meiner Lieblingslokale am Starnberger See besuche, das Häring's, sitze ich inmitten einer Galerie signierter Promifotos. Die Botschaft ist eindeutig: Und wo es Prinz Poldi von Bayern, Reinhold Messner oder Phil Collins geschmeckt hat, werde ich mich sicher auch wohlfühlen. Jeder Autohändler, der glückliche Kunden bei der Autoabholung fotografiert und die Bilder im Verkaufsraum ausstellt, verfährt nach dem gleichen Prinzip. Ebenso einfach wie wirksam ist auch das Auslegen eines Referenzordners im Wartebereich. Dort heften Sie positive Rückmeldungen Ihrer Kunden, E-Mails und Dankesbriefe ab.

Seien Sie sicher: Ihr Kunde greift eher zu diesem Ordner als zur Illustrierten.

Auch Sie haben sicher Kunden, die in Ihrem Umfeld bekannt und geachtet sind. Denken Sie daran: Oft genügt es schon zu signalisieren, wen Sie selbst kennen, um in der Achtung Ihres Gegenübers zu steigen und sein Vertrauen zu gewinnen. Sie können Ihre Zeugen also einfach herbeizitieren und müssen sich so gar nicht selbst anpreisen. Der Effekt ist ebenso subtil wie wirksam: Wer über interessante Kunden plaudern kann, braucht keine andere Werbung mehr. Mehr Informationen, wie Sie den perfekten Zugang zum Kunden finden, liefert übrigens unser Trainingssystem „Schlüssel zum Kunden" (www.roger-rankel.de).

Auch ich bin ein solcher „Überzeugungstäter", im doppelten Wortsinne: Ich brenne für mein Anliegen, andere Verkäufer durch meine Trainingssysteme – das gerade genannte Training „Schlüssel zum Kunden", „FlowSelling®" und „Endlich Empfehlungen" (alle unter www.roger-rankel.de) – noch erfolgreicher zu machen. Und ich habe meinen Erfolg konsequent über Zeugen aufgebaut. Von einigen Trainerkollegen wurde ich in den letzten Jahren irritiert beobachtet, weil ich schon in der Anfangsphase meines Geschäfts gegen den Strom geschwommen bin: keine Hauruck-Veranstaltungen, wenige offene Seminare, keine honorarfreien Auftritte, keine Werbung, keine Messestände usw. Ich setzte ausschließlich auf Empfehlungen und verkaufte so bereits im ersten Jahr 150 Trainingstage, im zweiten Jahr über 200. Im dritten Jahr gelang mir das, was nur die wenigsten schaffen – der Schritt vom Trainer zum Unternehmer. Meine Trainingssysteme werden inzwischen von vier weiteren Trainern umgesetzt, und jeder von ihnen ist mehr als 100 Tage pro Jahr im Einsatz. Gemeinsam haben wir in namhaften Firmen wie MLP, Microsoft oder Schwäbisch Hall mehr als 300 hauseigene Trainer in „FlowSelling®" und „Endlich Empfehlungen" ausgebildet und autorisiert. Sie alle arbeiten „nach der Logik von Roger Rankel" und mit hochwertigen Lehrmaterialien der Roger Rankel Vertriebstrainings. Damit tragen mehrere Hundert Leute meinen Namen weiter und werben für mich – sie alle bürgen als Kronzeugen für meine Ideen und sind noch dazu im besten Sinne Überzeugungstäter.

(16) Empfehlungen – ganz logisch!

Die beste Form der
Neukunden-
Akquise:
Empfehlungen!

Eine alte Marketingweisheit besagt: Einen neuen Kunden zu gewinnen bedeutet sechsmal mehr Aufwand, als einen Bestandskunden zu halten. Das muss nicht so sein: Lassen Sie sich doch einfach weiterempfehlen! Empfehlungen sind schlicht der einfachste und kostengünstigste Weg zu neuen Kunden. Jeder Ihrer Kunden ist selbst vernetzt und daher ganz dicht dran an Ihren „Noch-Nicht-Kunden"! Wenn zufriedene Kunden die Werbetrommel für Sie rühren, bringt das daher weit mehr als alle aufwändigen Mailings und teuren Werbekampagnen. Kein Wunder, denn wenn wir selbst einen neuen Zahnarzt, Einrichtungsberater, Webdesigner oder Steuerberater suchen, verlassen wir uns auch lieber auf eine persönliche Empfehlung als auf Werbeprospekte oder das Branchenbuch.

„Ich bin überzeugt, dass Mundpropaganda in der heutigen Zeit (...) viel schneller und wirkungsvoller ist als jede noch so teure Marketingstrategie der Konzerne."
(Simonetta Carbonaro, Professorin für Marketing, Designexpertin und Unternehmensberaterin)

Warum
Empfehlungen
dennoch ein
Schattendasein
führen ...

Trotzdem führt die persönliche Empfehlung bei der Neukunden-Akquise ein Schattendasein. Das hat einen ganz simplen Grund: Die meisten Berater und Verkäufer überlassen es eher dem Zufall, ob sie weiterempfohlen werden oder nicht. „Und danke für die umfassenden Infos, Herr Berater!" – „Gerne, Herr Kunde. Ich freue mich, wenn Sie mich weiterempfehlen." Vielleicht erkennen Sie sich in dieser Gesprächssequenz wieder? Der zweite Satz fällt vermutlich Tag für Tag und tausendfach am Ende von Verkaufs- und Beratungsgesprächen. Danach passiert in vielen Fällen ... – schlicht gar nichts! Unverbindliche Bitten lösen in der Regel unverbindliche Reaktionen aus. Und so bleibt die Empfehlung das Mauerblümchen bei der Akquise. Stattdessen wird tapfer und mit mehr oder weniger großem Erfolg „kalt" akquiriert.

76

Mein persönliches Empfehlungs-Credo lautet: Strategie schlägt Zufall! Gehen Sie das Thema Empfehlungsmarketing offensiv an, reservieren Sie ihm einen festen Platz bei der Kundenberatung, dann können Sie bald auf Kaltakquise verzichten. (Falls Sie Kaltakquise lieben, machen Sie natürlich am besten weiter wie bisher ☺). Mit der richtigen Gesprächsstrategie sind Empfehlungen kein zufälliges Nebenprodukt mehr, sondern die logische Konsequenz eines Verkaufsgesprächs. Deswegen spreche ich bei meinem Trainingssystem „Endlich Empfehlungen" auch von einer „Empfehlungslogik".

... und wie Sie das ändern können!

Was heißt das konkret? Vertagen Sie das Thema Empfehlungen nicht auf das Ende des Verkaufsgesprächs, wenn der Kunde in Gedanken schon halb auf dem Heimweg ist. Schließen Sie gleich zu Beginn des Gesprächs eine „Empfehlungsvereinbarung" mit Ihrem Kunden. In dieser Gesprächsphase säen Sie quasi, was Sie später ernten wollen. Bei einem Kunden, der bereits auf Empfehlung kommt, könnte das so aussehen:

Schritt 1: Eine Empfehlungsvereinbarung schließen

Beispiel

Berater: „Herr Kunde, wir sind heute auf Empfehlung von Herrn Schmidt zusammengekommen. Was denken Sie, warum Sie Herr Schmidt an mich weiterempfohlen hat?"

Kunde: „..."

Berater: „Denken Sie auch, dass Herr Schmidt inhaltlich mit mir und mit meiner Beratung zufrieden ist?"

Kunde: „..."

Berater: „Wäre es für Sie vorstellbar, dass, wenn auch Sie mit mir und mit meiner Beratung zufrieden sind, dass auch Sie mich weiterempfehlen?"

Bejaht der Kunde das, formuliert der Berater eine Art mündlichen Vertrag.

Berater: „Dann würde ich, Herr Kunde, Folgendes vorschlagen: Wir starten jetzt mit der eigentlichen Beratung, und dann, wenn Sie sagen, ja, das ist gut, ich bin zufrieden, das ist empfehlenswert, kommen wir noch mal auf den Punkt zu sprechen, mit der Frage, an wen Sie mich weiterempfehlen möchten."

Geht das für den Kunden in Ordnung, löst der Berater oder Verkäufer diese Empfehlungsvereinbarung zu einem geeigneten späteren Zeitpunkt ein. Die Empfehlungsnahme ist nach dieser Logik also immer zweigeteilt: Der Verkäufer trifft eine Vereinbarung, stellt seinen Kunden zufrieden und löst in einem zweiten Schritt die Empfehlungsvereinbarung ein. Das kann am Ende des Gesprächs, aber auch erst im nächsten oder übernächsten Gespräch sein. Auch beim Einlösen der Empfehlungsvereinbarung, also dem konkreten Einholen von Empfehlungen, flüchten Sie nicht in die Unverbindlichkeit, sondern veranstalten ein kurzes Brainstorming mit Ihrem Kunden: Wer könnte konkret Interesse haben? Das passiert wie folgt:

1. Schritt: Die Vorgehensweise mit dem Kunden besprechen
Ist der damit einverstanden, mit dem Berater gemeinsam „laut darüber nachzudenken", wer für eine Empfehlung infrage kommen könnte? Wer die Unverbindlichkeit der gesammelten Ansprechpartner betont und darauf hinweist, dieses Verfahren habe „sich bewährt", hat kaum Probleme, seinen Kunden zur Mitarbeit zu motivieren.

2. Schritt: Das gemeinsame Sammeln möglicher Interessenten
Hier geht es noch gar nicht um Namen oder gar Adressen. Der Verkäufer fragt, wer dem Kunden einfällt, und notiert beispielsweise auch „meine Arbeitskollegin", „ein Tennispartner", „Andrea, eine Nachbarin" usw. Das nimmt maximal zwei, drei Minuten in Anspruch.

3. Schritt: Empfehlungsnehmer auswählen
Kunde und Verkäufer schauen sich die erstellte Liste an und wählen die Interessenten aus, die am ehesten in Betracht kommen. Der Berater fragt dazu etwa: „Herr Kunde, wer, würden Sie sagen, passt denn am ehesten auf meiner Dienstleistung, zu meiner Person, und wird Ihnen, wenn Sie ihn ansprechen, auch am ehesten grünes Licht geben?"

4. Schritt: Der Kunde stellt den Kontakt her
Das ist ein besonderer Clou der Empfehlungslogik: Ihr Kunde selbst fühlt bei den potenziellen Interessenten für Sie vor, die am Ende in die engere Wahl kommen. Ein nettes „Lieber Kunde, es hat sich bewährt, dass Sie den möglichen Interessenten ein

kurzes Zeichen geben, dass es mich gibt, und die Empfehlung aussprechen" genügt in der Regel. Anschließend gibt der Kunde kurz Rückmeldung, ob tatsächlich Interesse besteht.

Was Seminar- und Vortragsteilnehmer als sehr direkte Herangehensweise zunächst verblüfft, funktioniert in der Praxis wunderbar und führt regelmäßig zu erheblichen Steigerungen der Neukundenquote. Mit der Empfehlungsvereinbarung gibt der Verkäufer schließlich zugleich ein Qualitätsversprechen ab, das er anschließend natürlich auch einlösen muss – ohne Kundenzufriedenheit keine Empfehlung! Die beiden Gesprächssequenzen nehmen im Verkaufsgespräch nur wenige Minuten in Anspruch.[18]

Die Empfehlungs-vereinbarung als Qualitäts-versprechen

Manchmal wird eingewandt, jedes Kundengespräch verlaufe doch ein wenig anders. Das stimmt in punkto Empfehlungen nur auf den ersten flüchtigen Blick. Genau betrachtet, lassen sich unter diesem Gesichtspunkt alle Gespräche in eine der folgenden sechs Kategorien einordnen. Es gibt:

Jedes Kundengespräch ist anders?

1. Erstgespräche mit Interessenten, die auf Empfehlung kommen

2. Erstgespräche mit übertragenen Kunden (in den Fällen, wo es denkbar ist, dass Kollegen Kunden an Sie abgeben)

3. Erstgespräche, ohne dass eine Empfehlung zu Grunde liegt

4. Gespräche mit Bestandskunden, die noch nie auf Empfehlungen angesprochen wurden

5. Gespräche mit Bestandskunden, die angesprochen wurden, aber bislang nicht empfohlen haben

6. Gespräche mit Bestandskunden, die angesprochen wurden und deshalb empfohlen haben

Für jede Situation lässt sich die passende Gesprächsstrategie entwickeln. Eine Bestandskundin, die man noch nie auf Empfehlungen angesprochen hat, könnte man beispielsweise einleitend fragen: „Frau Kundin, wie sind Sie eigentlich mit mir, mit meiner Beratung und mit meiner Person zufrieden?" Über die Nachfrage „Empfehlenswert zufrieden?" schlägt man elegant die Brücke zum Thema Empfehlungen. Fazit: Je offener und fairer Sie

Für jeden Kunden die passende Strategie!

mit dem Thema Empfehlungen umgehen, desto „unvermeidlicher" werden Sie weiterempfohlen!

„Beim Thema Empfehlungen zögern viele Verkäufer, weil sie sich dabei in einer Bittstellerrolle sehen. Mit der Empfehlungslogik ist das vorbei: Hier erzielt der Verkäufer in punkto Empfehlungen einen Schulterschluss mit seinem Kunden – er positioniert sich auf gleicher Augenhöhe!"
(Marcus Neisen, Spezialist für Neukundengewinnung, Vertriebsexperte und Trainer für „Endlich Empfehlungen").

Empfehlungen nützen auch dem Empfehlungsgeber!

PS: Verabschieden Sie sich von der Idee, dass Ihr Kunde Ihnen mit einer Empfehlung einseitig einen Gefallen erweist. Auch umgekehrt wird ein Schuh daraus. Wer eine Empfehlung ausspricht, anderen einen „heißen Tipp" geben kann, fühlt sich in dieser (überlegenen) Rolle in der Regel ganz wohl. Denken Sie auch daran, dass viele begehrte Güter – exklusive Mitgliedschaften, attraktive Jobs – nur auf Empfehlung zu haben sind. Auf das Thema Empfehlungen reagieren daher gerade sehr erfolgreiche Menschen äußerst positiv!

Wenn ich jemandem etwas Gutes empfehle, heißt das: „Ich mag dich!"

6. Secret:

Manipulieren Sie – aber richtig!

Sind Sie beim Stichwort „Manipulation" gerade zusammengezuckt? Keine Sorge, es geht im Folgenden nicht um böse Machtspiele oder finstere Intrigen. Es geht auch nicht darum, wie Sie durch Beduftung Ihrer Ware oder andere „Angriffe" auf das Unterbewusstsein den Kunden zum willenlosen Opfer Ihrer Verkaufsabsichten degradieren. Es geht vielmehr darum, beim Kunden gute Gefühle auszulösen. Wie können Sie seine Kauflaune fördern?

(17) Nein, nicht wie der Hütchenspieler ...

"Gute" und "böse" Manipulation

Manipulieren ist ein hartes Wort, zugegeben (zu dieser Technik der Voreinwandbehandlung siehe Kapitel (2) *Ja, Sie wollen verkaufen!* ☺). Ich behaupte aber: Es gibt "gute" und "böse" Manipulation. Böse Manipulation heißt für mich, einen Kunden durch miese Tricks hinters Licht zu führen, seine Arglosigkeit auszunutzen wie ein Hütchenspieler, der erst einmal einen Kumpanen gewinnen lässt, um anschließend gutgläubige Passanten abzuzocken. Gute Manipulation ist eine sanfte Form der Beeinflussung, die der Kunde durchaus durchschauen kann. Das Phänomen: Gute Manipulation gibt dem Kunden ein gutes Gefühl, böse hinterlässt einen mehr als schalen Nachgeschmack. Durchschaut der Kunde eine böse Form der Manipulation, ist er (zu Recht) verärgert und für immer verloren.

"Persönliche und unternehmerische Integrität sind Werte, bei denen man keine Kompromisse eingehen darf."
(Aus dem Leitbild der Pioneer Investments Kapitalanlagegesellschaft)

Wie man Männer "dressieren" kann ...

Ein simples Beispiel für "gute" Manipulation, das mir feinsinnige Gemüter nachsehen mögen: Findige Pissoir-Hersteller sind dazu übergegangen, Ermahnungen ("Bitte verlassen Sie diesen Ort so, wie Sie ihn vorzufinden wünschen.") durch Spaß zu ersetzen. Sie haben einfach eine Fliege mitten im Becken aufgemalt. Folge: Die Männer testen ihre Treffsicherheit, und Verschmutzungen nehmen drastisch ab. Eine Manipulation? Sicher. Aber man müsste schon arg naiv sein, um diesen kleinen Trick nicht zu durchschauen. Die Benutzer finden es amüsant – und spielen mit. Ein anderes Beispiel, dieses Mal aus der Showbranche:

Wie Thomas Gottschalk sein Publikum "manipuliert"

Ich durfte bisher zwei Mal bei einer "Wetten, dass ..."-Aufzeichnung dabei sein und habe live miterlebt, wie Moderator Thomas Gottschalk sein Publikum auf die Show einschwört. Wer denkt, dass ein Profi wie Gottschalk mit jahrzehntelanger Erfahrung die Stimmung im Saal dem Zufall überlässt, der irrt gewaltig. Thomas Gottschalk betritt eine gute Stunde vor Beginn der Aufzeichnung die Arena und sucht gezielt die Nähe zum Publikum. Als Erstes

82

begrüßt er die erste Reihe per Handschlag, was schon eine ganze Weile dauert und Nachzüglern Gelegenheit gibt, ihre Plätze einzunehmen. Anschließend plaudert er über die Show und bittet die Zuschauer dann ganz offen um Unterstützung. „Wenn wir starten, werden wir etwa soundsoviel Millionen Zuschauer an den Fernsehschirmen haben. Deshalb bitte ich Sie, wenn ich dann reinkomme und mich exakt an diesen Platz stelle, geben Sie mir bitte den Applaus Ihres Lebens!" Doch damit nicht genug: „Und wenn ich dann so mache [und hier deutet Gottschalk die übliche Showmaster-Beschwichtigungsgeste an], dann legen Sie noch mal ordentlich was drauf!" Als Fernsehzuschauer wissen Sie: Das Publikum im Saal spielt dabei begeistert mit. Wird es manipuliert? Ein wenig, sicher. Aber es durchschaut den Trick und lässt sich gern als Verbündeten gewinnen.

Gottschalk umgarnt sein Publikum ganz offen – und hat Erfolg damit. Jede Frau, die Parfüm benutzt und sich anziehend kleidet, tut dasselbe. Wer ein Gastgeschenk mitbringt, will seine Gastgeber für sich einnehmen; wer Geschäftspartner zum Essen einlädt, tut das nicht um des Essens willen, sondern um persönliche Beziehungen zu stärken und weitere Geschäfte zu fördern. Niemand käme auf die Idee, die Kundinnen, die weltweit pro Jahr über 100 Milliarden Dollar für Parfüms ausgeben, die aufmerksamen Gäste, die ein persönliches Geschenk mitbringen, oder die Geschäftsleute, die zum Business Lunch einladen, der böswilligen „Manipulation" zu bezichtigen. Ein Leben ohne Manipulation im weiteren Sinne ist gar nicht möglich. Umgarnen auch Sie Ihre Kunden, sorgen Sie für gute Gefühle.

Umgarnen Sie Ihre Kunden ganz offen!

Das heißt, dem Kunden ganz direkt zu signalisieren „Sie sind mir wichtig", so wie Thomas Gottschalk es mit seinem Publikum macht. Rollen Sie Ihrem Kunden sozusagen den roten Teppich aus. Das kann für die eine Branche das noble Büro in bester Lage und der Maßanzug sein, für die andere der VIP-Service bei Veranstaltungen und für die nächste die Belohnung mit Treuepunkten. Bei manchen Theatern haben Abonnenten die Möglichkeit, einen Tag früher als alle anderen Karten für nicht abonnierte Veranstaltungen zu kaufen. Auch Clubs funktionieren nach diesem Prinzip, etwa die Business Lounge für Passagiere der 1. Klasse am Flughafen oder der Ascoli Club der Messe Frankfurt als ruhige Oase im Messetrubel, die ausschließlich Geschäftspartnern der Messege-

Emotionen, die Ihre Kundenbeziehung fördern

Besondere Wertschätzung …

sellschaft offen steht. Menschen lieben es, etwas Besonderes zu sein. Geben Sie Ihren Kunden dieses Gefühl!

... Humor

Wer seine Kunden zum Lachen bringt, hat meist schon gewonnen. Dabei muss jeder schauen, welcher Humor zu ihm und zu seinen Kunden passt. Ich selber entschärfe etwa Preisfragen mit einem witzigen Bluff. Der Kunde erkundigt sich: „Und was kostet das Buch?"; ich nenne augenzwinkernd eine astronomische Summe: „10 000 Euro" und setze nach: „Und das ist das Buch auch wert!" Der Kunde schmunzelt, und der wirkliche Preis, den ich dann nenne (meinetwegen 29,90 Euro) wirkt dann geradezu geschenkt. Auch eine Lieferzeit von sechs Wochen ist kaum noch der Rede wert, wenn es vorher um Jahre ging. Immer nur brav sein, das langweilt. Bringen Sie ruhig ein bisschen Spannung ins Gespräch!

... Dankbarkeit

Das 14-tägige Gratisabo der regionalen Tageszeitung, die Freikarte für den Zirkus, die die Eventagentur verschickt, das kostenlose Schnupper-Abendseminar, den das Weiterbildungsinstitut anbietet – natürlich haben all diese Verkäufer nicht wirklich etwas zu verschenken. Die meisten Menschen fühlen sich durch Gratisangebote verpflichtet – und kaufen.

... Überraschung

Sie dürfen Ihrem Kunden passend zu Ihrem Anliegen auch ruhig mal einen kleinen Schreck einjagen – der sich aber möglichst bald in Wohlgefallen auflöst. Denken Sie an den Sicherheitsberater in Kapitel (9) *Sie dürfen alles – nur nicht langweilen!*, der seinen Kunden und sich bewusst aussperrte, um dann zu demonstrieren, dass die Wohnungstür in wenigen Sekunden zu knacken war. Oder denken Sie an den Hacker in Kapitel (12) *Gewinner erkennt man am Start,* der seinen Vortrag bei Microsoft damit begann, dass er einige der SMS-Nachrichten auf den eingeschalteten Handys im Saal per Beamer zeigte.

... Sicherheit

Wer seinem Kunden ein Gefühl der Sicherheit vermittelt, erleichtert ihm die (Kauf-)Entscheidung. Hierher gehört zum Beispiel die „Geld-zurück-Garantie", mit der Unternehmen verschiedener Branchen arbeiten – vom Blumenhändler („Blume 2000") bis zum Management-Trainer, der bei Unzufriedenheit nach dem ersten Seminartag den Seminarpreis erstattet. Der Beruhigungseffekt ist sehr hoch, die tatsächliche Reklamationsgefahr gering.

Wer seinen Kunden entscheiden lässt, kann ihn gleichzeitig auf subtile Art und Weise lenken. Ent-scheiden kommt von scheiden, trennen – also zweiteilen. Wenn Sie Ihrem Kunden zwei Teile vorgeben, macht ihm das die Angelegenheit sehr viel leichter, als wenn er sich in der Vielfalt der Möglichkeiten verliert. Wenn Sie am Freitagabend mit Ihrer Partnerin essen gehen wollen, kommen Sie mit der Frage „Italiener oder Franzose?" auch schneller ans Ziel, als wenn Sie den Bogen weiter spannen („Wollen wir vielleicht essen gehen?"). „Power"-Experte Robert Greene hat dafür eine wunderbare Formel gefunden. Sein 31. Gesetz der Macht lautet: „Lass andere mit den Karten spielen, die du austeilst".[19]

.. Wahlfreiheit

Ein Leben ohne Manipulation ist gar nicht möglich!

... Sollten Sie daran zweifeln, überlegen Sie mal, wann Ihr kleiner Sohn oder Ihre kleine Tochter Sie das letzte Mal „manipuliert" hat. Schon Vierjährige haben da eine ganze Menge Strategien drauf – vom „Mama hat's aber erlaubt!" bis zum kalkulierten Tränenausbruch.

Manipulieren – aber richtig!

(18) Kaufen lassen statt verkaufen

Sog statt Druck – über dieses Grundprinzip erfolgreichen Verkaufens haben wir im Zusammenhang mit dem Thema „Verführung" schon gesprochen. Zu offensiv verkaufen zu wollen, zu verbissen auf den Abschluss hinzuarbeiten schreckt ab. Entweder Ihr Kunde fühlt sich in die Ecke gedrängt und sagt aus Prinzip nein – oder er kommt ins Grübeln, warum Sie diesen einen Erfolg scheinbar so bitter nötig haben. Heiner Tamsen, der weltweit einzige Autohändler, der seinerzeit alle Luxusmarken unter einem einzigen Dach vereinte, berichtete mir, dass schätzungsweise jeder zweite seiner Kunden tatsächlich einen seiner sündhaft teuren Traumwagen erstand (Interview ab Seite 149). Dabei gewann ich im Verlauf unserer Unterhaltung den Eindruck, dass ein eigentliches „Verkaufs"-Gespräch nur am Rande stattfand. Tamsen sorgte für eine „gute Show": Er baute nicht nur ein ar-

Verbissenheit schreckt Kunden ab!

chitektonisch spektakuläres Autohaus, sondern er holte viele seiner Kunden auch persönlich mit dem Helikopter vom Flughafen ab. Da er diverse Flugscheine besitzt, darunter eine „Single Licence", saß er dabei natürlich selbst am Steuerknüppel. Das anschließende Gespräch mit seinen Kunden drehte sich um alles Mögliche – ums Fliegen (kein Wunder bei dem Shuttle-Service!), um Yachten, ums Reisen, jedenfalls nicht primär um den Autokauf. Der wurde dann irgendwann auch abgewickelt – und hier wurde in diesem Ambiente natürlich nicht mehr um 5 000 Euro gefeilscht!

Verkauf
= Erlebnis
= Verführung

Wir alle wissen, dass der Kunde nicht die Bohrmaschine kauft, sondern das Loch in der Wand. Und wer einen Lamborghini, Maserati, Bentley, Rolls-Royce, Ferrari oder Aston Martin ersteht, kauft auch kein Fortbewegungsmittel, sondern sucht puren Luxus, das Exklusive und Außergewöhnliche. Um von A nach B zu kommen, reicht auch ein Golf. Tamsen bedient das tief verwurzelte Bedürfnis seiner Interessenten, (auch selbst) etwas Besonderes zu sein, virtuos – ein weiteres Beispiel für eine gekonnte „Kunden-Verführung" (siehe *3. Secret*). Hätte er seine Kunden mit technischen Details überhäuft und seine Wagen hartnäckig angepriesen, wäre er kaum so außergewöhnlich erfolgreich gewesen. Das bestätigt: Wirklich gute Verkäufer „verkaufen" nicht – sie „lassen ihre Kunden kaufen". Das gilt auch für ganz andere Branchen und Preissegmente, etwa für die Fitnesskette „McFit", deren Vermarktungskonzept auf Seite 45 vorgestellt wurde.

„Wir machen eben viele Dinge anders als andere. [...] Wir verkaufen nicht, wir sprechen Kaufeinladungen aus."
(Klaus Kobjoll, Inhaber des Schindlerhofs; Interview ab Seite 207)

Sorgen Sie also für die richtige Atmosphäre, um Ihr Anliegen zu begünstigen, und fallen Sie nicht notwendigerweise mit der Tür ins Haus. Wenn die Situation es Ihnen ermöglicht, ungezwungen eine perfekte Beziehung zu Ihrem Kunden aufzubauen, stellen sich geschäftliche Fragen plötzlich ganz anders.

Beispiel:
Storno-
Verhandlung

Vor kurzem hatte ich ein etwas heikles Gespräch mit einen Kunden zu führen. Eine große Steuerberatungskanzlei hatte signalisiert, einen Trainingsauftrag stornieren zu müssen. Just in der Woche, die wir vereinbart hatten, hatte die Steuerberaterkammer wegen der hervorragenden Umsätze eine Incentive-Reise nach Lissabon organisiert. (Bis zu diesem Zeitpunkt wusste ich gar nicht, dass Steuerberatungskanzleien und -kammern auch Wettbewerbsreisen ausloben.) Statt gleich die Stornokosten zu anzusprechen oder gar um eine bestimmte Summe zu feilschen, ergab sich ein Austausch mit dem zuständigen Partner der Kanzlei über alles Mögliche – von Incentive-Reisen kamen wir auf Dubai, von dort auf außergewöhnliche Hotels und auf Golfturniere usw. Ganz am Schluss fragte ich, wie wir nun das Stornoproblem lösen. Vor dem Hintergrund unseres angeregten Austauschs war die Frage schnell und ohne Feilscherei gelöst. Schließlich konnte man angesichts bekanntermaßen hoher – Incentive-würdiger – Umsätze mir kaum die Kosten anlasten. Ich nenne das die „Statusfalle": Wer sich selbst gerade im Premiumbereich verortet hat, kann anschließend nicht kleinlich feilschen!

Sorgen Sie für das richtige Ambiente, sprechen Sie „Kaufeinladungen" aus!

(19) Um die Ecke gedacht – Lösungen zweiter Ordnung

Nehmen wir an, Sie planten einen Berufswechsel und wollten ab morgen unter die Taschendiebe gehen. Ich weiß, dass diese Idee absurd ist, aber lassen Sie sich trotzdem einmal einen Moment auf dieses Gedankenspiel ein. Wie würden Sie vorgehen? Wahrscheinlich würden Sie sich völlig unauffällig kleiden und einen Ort aufsuchen, wo sich möglichst viele arglose Menschen tummeln. Was dagegen tut ein genialer Taschendieb? Er sucht denselben Ort auf wie Sie oder ich, aber er lässt einen Komplizen dort vorher ein Schild aufstellen, auf dem „Vorsicht Taschendiebe!" steht. Das erleichtert seine Arbeit ungemein: Instinktiv greifen viele Passanten nach ihrem Portemonnaie, wenn sie das Schild lesen. Damit ist das schwierigste Problem für unseren Profi gelöst: Er weiß, wo seine Opfer ihre Geldbörse aufbewahren.[20]

Warum die Warnung vor Taschendieben den Taschendieben nützt

Der „gesunde
Menschen-
verstand" kann
trügen ...

Unser Dieb hat eine klassische „Lösung zweiter Ordnung" entwickelt. Er tut nicht das Nächstliegende und vermeintlich „Ver-
nünftigste", sondern greift zu einer Maßnahme, die auf den ersten Blick widersinnig erscheint. Ein anderes Beispiel, dieses Mal
aus dem Verkauf.

Beispiel
Äpfelverkauf:
Wie Hagel-
flecken zum
Qualitäts-
merkmal werden

Unser Verkäufer ist ein amerikanischer Farmer, der seine Äpfel
seit Jahren im Direktvertrieb an anspruchsvolle (und zahlungskräf-
tige) Kunden vermarktet. Doch in einem Jahr macht ihm der Wet-
tergott einen Strich durch die Rechnung: Ein kräftiger Hagelsturm
führt dazu, dass viele Äpfel kleine braune Flecken aufweisen.
Auch wenn der Geschmack darunter nicht leidet, ist der Farmer
ratlos und fürchtet, Kunden zu verlieren. Was tut er nach reiflicher
Überlegung? Statt einen Entschuldigungsbrief zu schreiben oder
gar den Hauptteil seiner Ernte billig zu verhökern, legt er jeder
Apfelkiste einen Brief bei. Der erste Satz lautet: „Beachten Sie bitte die Hagelflecken auf einigen dieser Äpfel." Anschließend wird
erläutert, dass gerade das raue Klima für den hohen Fruchtzucker-
gehalt und den unvergleichlichen Geschmack der Früchte verantwortlich sei. Ergebnis: Unter den Bestellungen für das nächste
Jahr finden sich solche, bei denen vermerkt ist, „Wenn möglich,
mit Hagelflecken."

Um die Ecke
denken, wenn das
Nächstliegende
nicht weiterbringt!

Paul Watzlawick, der bekannte Philosoph, dem wir Überlegungen zu Lösungen zweiter Ordnung verdanken, wäre von so viel
Findigkeit zweifellos begeistert gewesen.[21] Watzlawick verdeutlicht das Prinzip der Lösungen zweiter Ordnung am Beispiel
zweier Segler. Lehnt sich der eine zu stark zurück, wird der andere ihm gegenüber dasselbe tun, um das Boot am Kentern zu
hindern. Dieses Spiel kann man bis zur völligen Erschöpfung immer weiter treiben – bis einer von beiden exakt das Gegenteil
tut und sich nach vorne lehnt. Lösungen zweiter Ordnung sind
genial, aber nicht einfach zu finden. Angebracht sind sie vor allem dort, wo klassische Lösungen keinen großen Erfolg haben.
Wenn ein „Mehr" dessen, was man gemeinhin tut, nicht weiterbringt, empfiehlt sich ein Wechsel der Blickrichtung.

Lösungen zweiter
Ordnung führen auf
neue
Gedankenpfade

Lösungen zweiter Ordnung haben ein leicht manipulatives Ele-
ment. Sie überraschen das Gegenüber, führen es auf einen Ge-
dankenpfad, den es normalerweise nicht eingeschlagen hätte –
zum Beispiel braune Flecken als Qualitätsmerkmal für Äpfel zu

betrachten. Alle Strategien im 6. Kapitel *Weniger Umsatz = mehr Umsatz* fallen daher in diese Kategorie: die Tür des Premium-Autohauses abschließen und Kunden zum Klingeln zu zwingen, wie Heiner Tamsen, um so die Exklusivität seiner Automobile hervorzuheben und der Eitelkeit kaufkräftiger Kunden zu schmeicheln, oder das Angebot rationieren und jahrelange Lieferfristen in Kauf zu nehmen, um so den Mythos der Marke zu pflegen, wie bei der Rolex Daytona. Und auch auf den Trick unseres Apfelbauern sind schon andere gekommen, etwa wenn im Karton Bioeier ein kleines Federchen klebt oder die Kisten mit den besonders aromatischen Mandarinen immer auch einige saftiggrüne Blätter enthalten. Die Kundenassoziation ist nicht etwa „unhygienisch" oder „unordentlich", sondern „echt und natürlich".

Übrigens: Meine Empfehlungslogik, die die Empfehlungsquote zuverlässig steigert, basiert ebenfalls auf einer Lösung zweiter Ordnung. Die traditionelle Herangehensweise an Empfehlungen lautet: Erst den Kunden zufriedenstellen und dann, am Schluss des Verkaufsgesprächs, das Thema Empfehlungen anschneiden. Ich empfehle: Machen Sie es genau umgekehrt! Sprechen Sie das Thema ganz am Anfang an, bevor Sie überhaupt in die inhaltliche Beratung eingestiegen sind, und schließen Sie gleich eine „Empfehlungsvereinbarung" mit Ihrem Kunden (Näheres siehe Kapitel (16) *Empfehlungen – ganz logisch!*). Wenn Sie diese Vereinbarung an die Qualität Ihrer Dienstleistung koppeln (Sie freuen sich, wenn Ihr Kunde Sie empfiehlt – aber *nur,* wenn er zufrieden ist!) stimmen Sie ihn damit sogar noch positiv auf das folgende „eigentliche" Verkaufsgespräch ein. Und nebenbei bestehen Sie auch gleich noch den Kompetenz-Check, denn Sie unterstreichen gleich zu Beginn: „Ich bin mir sicher, dass ich Sie zufriedenstellen werde!"

Auch bei Empfehlungen: das Unerwartete tun!

Wenn der „übliche" Weg in eine Sackgasse führt, lohnt es sich, die Gegenrichtung einzuschlagen!

7. Secret:

Warum Ihnen Marktforschung wenig bringt

Jahr für Jahr werden Abermillionen für Marktforschung ausgegeben, vorwiegend von großen Unternehmen und Konzernen. Trotzdem erweisen sich 70 Prozent aller neu eingeführten Produkte als Flops. Auf der anderen Seite erfinden Nobodys ohne jedes Marktforschungsbudget Angebote, die in Nullkommanix den Markt aufrollen – von MySpace bis Google, von Bionade bis Harry Potter. Verlassen Sie sich also lieber auf Ihre Spürnase als auf Statistiken. Und vor allem: Befreien Sie sich vom Schubladendenken klarer „Zielgruppen" und schauen Sie lieber, wo Ihrem Kunden der Kittel brennt.

(20) Vergessen Sie Ihre Zielgruppen!

Die Erfolgsgeschichte der MLP AG, die es vom Zweimannunternehmen zeitweise bis in den DAX schaffte und insgesamt fünf Mal zum Unternehmen des Jahres gekürt wurde, wird seit jeher auf geschicktes Zielgruppen-Marketing zurückgeführt. Der Finanzdienstleister konzentriert sich auf gut verdienende Akademiker, die von Vertretern ihres Fachs betreut werden – Juristen beraten hier also Juristen, Wirtschaftswissenschaftler beraten BWLer usw.

Erfolg durch Zielgruppen-Marketing?

Ich selber glaube schon seit langem nicht mehr an Zielgruppen, sondern an ähnliche *Interessen* potenzieller Kunden. Im Gespräch mit dem „L" von MLP, dem Unternehmens(mit)gründer Manfred Lautenschläger, hakte ich nach – und siehe da, was sich wie Zielgruppenmarketing anhört, ist tatsächlich Interessensmarketing: Die Berater von MLP kennen sich mit den Geschäften ihrer Kunden auf Grund ihrer eigenen Ausbildung bestens aus und bieten zudem maßgeschneiderte, attraktive und auf die jeweilige Kundensituation zugeschnittene Tarife. Ein Arztberater ist auf die Praxisfinanzierung und -absicherung spezialisiert und weiß daher genau, wo einen niedergelassenen Arzt der Schuh drückt. Er spricht die Sprache des Arztes, er kennt das einschlägige Fachvokabular und berücksichtigt alle arztrelevanten Aspekte. Mit anderen Worten: Der Berater kann die Interessen des Mediziners passgenau bedienen. Seit etwa vier Jahren schule ich bei MLP, habe dort über 70 hausinterne Trainer ausgebildet und so das Unternehmen intensiv kennen gelernt. Ich kenne kein Unternehmen, das in die Interessen seiner Zielgruppen so vollständig eingeweiht ist und sich so umfassend darauf einstellt wie MLP. Warum sind klassische Zielgruppenanalysen von gestern?

Warum Zielgruppendenken von gestern ist

Nehmen wir zum Beispiel ein Fußballstadion. Beim Bundesligaspiel trifft man hier den Vorstandsvorsitzenden ebenso wie den Hartz-IV-Empfänger. Beide haben ein gemeinsames (Fußball-)Interesse. Gehören Sie deshalb zu einer Zielgruppe? Beim verfügbaren Einkommen, beim sonstigen Konsumverhalten, bei Einstellungen und Werten trennen den Vorstand und den Arbeitslosen Welten. Ziemlich kühn, zu behaupten, Sie gehörten zu einer „Gruppe". Die klassische Zielgruppenanalyse beruhte allerdings

Zielgruppen??? Drei Gegenbeispiele!

Beispiel: Fußballstadion

exakt auf solchen demografischen und psychografischen Merkmalen, vom Alter über Gehalt und Familienstand bis zu persönlichen Vorlieben.

Beispiel: Freundeskreis

Zweites Beispiel: Wenn wir heute eine Party geben, dann stehen auf dem Parkplatz vor unserem Haus zerbeulte alte Golfs neben Familien-Vans mit zwei, drei Kindersitzen. Gleich daneben parken teure Audis oder auch mal ein Porsche. Von meinen besten Freunden sind zwei ständig pleite, eine Handvoll sind Millionäre, die kaum über Geld reden, es dafür aber in Unmengen haben, die meisten bewegen sich irgendwo dazwischen. Uns verbinden aufregende, manchmal nervenzehrende Jobs, Auf- und Umbrüche, Erfolge und Misserfolge, bestimmte Grundeinstellungen, Visionen und Werte. Vor allem aber gemeinsame Interessen – sonst würden wir uns kaum privat zusammenfinden.

Beispiel: Bankberatung

Drittes Beispiel: Wenn ein junger Mann zur Bank kommt, um sein erstes Gespartes anzulegen, trifft er dort möglicherweise auf einen Juniorberater, der für Marketingstrategen exakt zur selben Zielgruppe gehört: männlich, Anfang 20, abgeschlossene Berufsausbildung, unverheiratet, Einkommen noch überschaubar. Doch auch wenn der Kunde selbst extrem lässig angezogen ist, wäre er irritiert, wenn der Berater ihn ebenfalls in T-Shirt und mit Baggy Jeans empfangen würde. Sein Kunden-Interesse ist schließlich nicht, gemeinsam beim Bier über Sport, Autos oder Mädels zu plaudern, sondern eine solide Anlageberatung zu bekommen. Ein Spiegelbild der Zielgruppe zu sein nützt einem gar nichts, wenn man das Interesse des Kunden nicht berücksichtigt und angemessen bedient. Und die Formel Zielgruppe = Interesse geht nicht auf.

Schubladendenken bringt nicht weiter!

Verabschieden Sie sich also vom Schubladendenken – blicken Sie hinter die Kulissen! Nicht Alter, Beruf oder Einkommen machen jemanden zu einem potenziellen Kunden für Sie, sondern seine Interessen und Bedürfnisse. Wer Inline-Skates vermarktet, hat heute Kunden zwischen sieben und siebzig; eine Eventagentur muss es schaffen, ihre Angebote kleinen und großen, innovativen und traditionellen Unternehmen schmackhaft zu machen; ein Versicherungsunternehmen wäre schlecht beraten, wenn es nicht Kleinverdiener, Gutverdiener und Millionäre gleichermaßen bediente – schließlich teilen diese drei Gruppen ein gemeinsames (Sicherheits-)Interesse. Kein Wunder, dass das Wirtschaftsmagazin Brand Eins konstatiert, Marktforscher lieferten immer weniger solide Ergebnisse, weil sie mit der „Zersplitterung der Zielgruppen" zu kämpfen hätten.[22] Dazu noch ein letztes, verblüffendes Beispiel.

Beispiel: „Jugendkultur"

Selbst da, wo wenige homogene Zielgruppen selbstverständlich scheinen, tun sich bei genauer Betrachtung wahre Abgründe für zielgruppenfixierte Marketingstrategen auf. 2005 gab der britische Musiksender MTV eine Studie zu den wichtigsten Strömungen in der Jugendkultur heraus, um seine Programme darauf abzustimmen und schlagkräftige Argumente für Werbekunden zu haben. Die Studie förderte nicht weniger als 36 verschiedene Jugendkulturen zutage und ließ die MTV-Macher einigermaßen ratlos zurück.[23] Schubladendenken bringt also nicht weiter. Aber möglicherweise verbinden all die bunten, schrillen, provozierenden Jugendkulturen ja gemeinsame Interessen? Waren wir nicht alle mal 16 und wissen noch ungefähr, wie sich das anfühlt?

„Ich war einfach davon überzeugt, ein gutes Produkt zu haben. Über die Zielgruppe habe ich mir nie Gedanken gemacht. Pilates interessiert junge Frauen genauso wie Großmütter."
(Barbara Becker im persönlichen Gespräch anlässlich der Präsentation ihrer Pilates-DVD, von der in nur zwei Monaten 270 000 Exemplare verkauft wurden. Das bedeutet viermal Platin!)

Ziele statt Zielgruppen: Ziele = Defizite = Kundenbedürfnisse!

Letztlich geht es immer darum, eine zentrale Frage zu beantworten: Was will Ihr Kunde? Wofür ist er bereit, Geld auszugeben? Wo drückt ihn der Schuh? Oder: Was könnte ihn reizen? Es gibt eine unschlagbare Methode, das herauszufinden: Fragen Sie Ihren Kunden nach seinen Zielen – dann haben Sie seine Defizite. Wer sich Sicherheit wünscht, fühlt sich sehr wahrscheinlich unsicher; wer finanziellen Erfolg möchte, ist mit seinen momentanen Möglichkeiten nicht zufrieden. Wer Gesundheit als Ziel formuliert, kennt vermutlich gesundheitliche Beeinträchtigungen. Persönliche Ziele entlarven subjektive Bedürfnisse und Defizite. Deswegen frage ich Bewerber im Vorstellungsgespräch immer nach ihren persönlichen Zielen!

Auch Porsche verabschiedet sich von „Zielgruppen"

Das Unternehmen Porsche wirbt mit dem Slogan „Für die größte Zielgruppe der Welt gebaut. Menschen mit Gefühlen". Das ist nichts anderes als der Abschied vom klassischen Zielgruppendenken. Und tatsächlich: Wenn heute irgendwo ein Porsche einparkt, wissen Sie nie, was für ein Typ aussteigen wird – ein smarter Aufsteiger, ein wohlhabender Ruheständler oder eine beruflich erfolgreiche junge Frau. Eins verbindet aber alle Porschefahrer und auch ihre Kunden: Geschäfte werden unter Menschen gemacht, und Menschen haben Gefühle. Die müssen Sie treffen!

Übrigens: Mehr als die Hälfte aller neu eingeführten Produkte scheitert. Die Gesellschaft für Konsumforschung nannte anlässlich eines „GfK Consumer Scan Innovation Day" 2006 sogar eine Floprate von 70 Prozent.[24] Ich gehe davon aus, dass alle dort genannten Produkteinführungen im Markt der „Fast Moving Consumer Goods" ausgiebigst durch Marktforschungsstudien vorbereitet wurden. Konzerne geben dafür Jahr für Jahr Millionen und Abermillionen aus. In Selbstzweifel stürzt die selbst mitverursachte Floprate die Marktforscher allerdings nicht – im Gegenteil: Sie liefert Stoff für eine weitere Marktforschungsstudie, nämlich zu den Ursachen der Flops! Chapeau vor so viel Geschäftssinn.

**Die beste Methode, die Zukunft
vorauszusagen, ist – sie selbst zu gestalten!**

(21) Wo brennt Ihrem Kunden
der Kittel?

Sie alle kennen vermutlich die Fabel von den beiden Fröschen, die in einen Milcheimer fallen. Der eine ertrinkt, der andere strampelt so lange, bis er auf einem Butterklumpen Halt findet und sich so befreien kann. Was hat dem zweiten Frosch diese enorme Energie verschafft? Nun, ich vermute, er kannte sich schlicht in der „Milchwirtschaft" aus und wusste, was beim Strampeln herauskommen würde. Vom Ergebnis her zu denken setzt Energien frei. Außerdem ermöglicht es, diese Energien fokussiert einzusetzen – dort, wo sie den höchsten Wirkungsgrad erzielen. Auch das ist nicht so selbstverständlich, wie es sich anhört.

Beim Golfspiel etwa ist der Abschlag für die Show, das Putten dagegen für das Ergebnis. Nun ist gegen Show nichts einzuwenden, im Gegenteil! Aber die Show ist nur dann sinnvoll, wenn sie den Erfolg fördert – und kein Spieler gewinnt ein Golfturnier allein mit einer guten Show.

Setzen Sie Ihre Energie da ein, wo sie die stärkste Wirkung entfaltet!

In gewisser Hinsicht kann ich durchaus einsehen, warum es solche Schwierigkeiten bereitet, die wirklich verbesserungsbedürftigen Schwachstellen auszuwählen. Beim Golf jedoch gehört es zum Standardwissen, dass 70 Prozent aller Schläge im Umkreis von 90 Metern um die Fahne stattfinden. Man nennt das „kurzes Spiel", und dazu gehören alle Schläge, die dem Annähern an die Flagge oder dem Einlochen dienen, wie Pitching, Chipping, Putting, aber auch Schläge aus dem Sandbunker. Wenn Sie Ihren Score runterbringen wollten, sollten Sie sich also darauf konzentrieren, Ihr kurzes Spiel zu verbessern, denn es macht rund 70 Prozent Ihrer Schlagzahl aus. Aber schauen Sie sich mal auf einem Golfplatz um: Sie werden nur sehr wenige Spieler sehen, die ihr kurzes Spiel üben. Alle sind auf der Driving Range und dreschen mit ihrem überdimensionalen Driver den Ball, so weit sie nur können. Statistisch ist das ziemlich ineffektiv, denn auf einem Achtzehn-Loch-Platz müssen sie das Eisen 1 nur viermal benutzen.

Denken Sie vom Ergebnis her, auch beim Verkauf: Wo wollen Sie mit Ihrem Kunden landen? Und wie arbeiten Sie am konzentriertesten auf exakt dieses Ergebnis hin? Am besten gelingt Ihnen diese Ausrichtung, wenn Sie sich nicht auf ein Produkt, sondern auf ein Kundenbedürfnis fokussieren und darin einen Expertenstatus erlangen. Jeder Kunde hat mehr oder weniger drängende Bedürfnisse, die Sie befriedigen können. Und je drängender das Bedürfnis, auf das Sie sich konzentrieren, desto besser werden Ihre Geschäfte laufen. Erfolgstrainer Edgar Geffroy spricht in diesem Zusammenhang vom „Kittelbrennfaktor". Der Wunsch nach „mehr Zeit" scheint ein solcher Kittelbrennfaktor für sehr viele Menschen zu sein ...

Welches Ergebnis wollen Sie erzielen? Wo brennt Ihrem Kunden der Kittel?

Rücken Sie Kunden-
bedürfnisse in
den Mittelpunkt!

Professor Dr. Lothar Seiwert, bekannter Experte für Zeitmanagement und Life Leadership, führt seinen außergewöhnlichen Erfolg unter anderem auf die unbedingte Orientierung an den Bedürfnissen seiner Kunden zurück. „Konzentriere dich auf ein brennendes Problem einer festen Zielgruppe, löse dieses Problem besser als alle anderen und werde so zum Experten für deine Zielgruppe!" – so umschreibt Seiwert sein Erfolgsprinzip in unserem Gespräch (Interview ab Seite 159). Der Zeitexperte versteht es dabei seit Jahren exzellent, sich den gewandelten Bedürfnissen seiner Zielgruppe anzupassen. In seinen Büchern und Vorträgen geht es längst nicht mehr nur darum, seinen Tag möglichst effizient zu nutzen – heute stehen übergeordnete Themen wie Lebensbalance und bewusste Lebensführung im Mittelpunkt seiner Vorträge, Bücher und Seminare.

Werden Sie
zur Marke!

Seiwert hat geschafft, was nur sehr wenigen gelingt: Er hat sich als unangefochtener Top-Experte auf einem Gebiet etabliert. Als Speaker wie Trainer ist er längst zum hochwertigen Markenartikel geworden. Wer sich auf dem Weiterbildungsmarkt auch nur rudimentär auskennt, denkt bei Zeitmanagement reflexhaft an „Seiwert", ähnlich wie bei der Suchmaschine an „Google" oder beim Papiertaschentuch an „Tempo". Seiwert ist eine Premiummarke, ein begehrter Redner, der schon vor Bill Clinton auf Veranstaltungen sprach. Und obwohl das Angebot an Zeitmanagement-Seminaren riesig und die Konkurrenz unübersehbar ist, wird „Deutschlands führender Zeitexperte" Honorare erzielen, von denen das Gros seiner Kollegen nicht einmal zu träumen wagt.

Konzentration statt
Verzettelung

Als Person zur Marke zu werden – das klappt nur, wenn Sie sich konsequent auf ein bestimmtes Angebot, ein bestimmtes Thema konzentrieren und dort Bestleistungen bringen. So gesehen, heißt „vom Ergebnis her denken" auch, sich eine ganz zentrale Frage zu stellen: Wo will ich genau hin – und welche Aktivitäten bringen mich diesem Ziel näher? Das verhindert, dass Sie sich verzetteln. Auch Michael Schumacher konnte nur unter zwei entscheidenden Bedingungen siebenfacher Weltmeister in der Formel 1 werden:

1. Er konzentrierte sich völlig aufs Renngeschäft und betrieb nicht etwa drei Sportarten gleichzeitig.

2. Er setzte bis zum letzten Tag seiner Karriere alles daran, Höchstleistungen zu vollbringen. Selbst für sein allerletztes Rennen hat Schumacher noch „Starts geübt", war in der Presse zu lesen. Und den Gewinner erkennt man nun mal am Start – nicht nur in der Formel 1!

Beobachten Sie einmal die Top-Leute in Ihrer Umgebung: Wer überdurchschnittlich erfolgreich ist und einen gewissen Bekanntheitsgrad erreicht hat, tanzt nicht auf vielen Hochzeiten, sondern positioniert sich ganz klar am Markt. Nur so kann man ein Gebiet in seiner ganzen Breite und Tiefe beherrschen und gewinnt auf Grund überragender Expertise ein hohes Maß an Glaubwürdigkeit und Anziehungskraft für seine Kunden. Wer heute dies anbietet und morgen das, geht in der Masse unter und setzt sich zudem noch dem Verdacht aus, gar nichts „richtig" zu können. „Ich kann nichts außer Vertrieb", sage ich immer mit einem Lächeln. Bisher hat das meinem Erfolg nicht geschadet – ganz im Gegenteil!

Etablieren Sie sich als Top-Experte!

Wirksames Verkaufen basiert daher auch auf der Erlangung eines Expertenstatus. Gerade anspruchsvolle und besonders kaufkräftige Kunden wollen nicht „irgendjemanden", sondern möglichst einen der Besten seines Fachs. Arbeiten Sie daher gezielt darauf hin, zur Marke zu werden – zum Qualitätsversprechen für Ihre Kunden! Was bedeutet das konkret? Wenn Ihr Name den Nimbus einer Marke bekommen soll, wird alles, was Sie im Rahmen Ihrer unternehmerischen Arbeit tun, markenrelevant. Alles, was Sie tun, ist dann gleichzeitig Werbung und Kundenakquisition – jeder Verkauf, jeder erledigte Auftrag, aber auch Ihr persönliches Auftreten. Jedes Gespräch mit einem Kunden oder Interessenten, Ihr Verhalten am Telefon, Ihre Erreichbarkeit, Termintreue und Zuverlässigkeit – all das sollte Ihre Marke stützen und Ihren Ruf als Top-Experte weitertragen!

Kaufkräftige Kunden wollen das Beste!

Je größer die Probleme sind, die Sie als Verkäufer lösen, umso mehr werden Sie verdienen. Der ADAC gewinnt als gelber Engel bei Autopannen die meisten Mitglieder, der Schlüsselnotdienst wird trotz hoher Kosten ohne zu zögern geordert und anstandslos bezahlt. Konkursverwalter verdienen ausgezeichnet, und mit Bestattern feilscht man nicht um die Sargkosten. Finden Sie brennende Probleme, und präsentieren Sie sich als zuverlässige Feuerwehr. Ihr Geschäft wird brummen!

Je brennender ein Problem, desto besser werden Sie für die Lösung bezahlt

(22) Vom Bedarfsdecker
zum Bedarfswecker

Der ganz normale
„Null-Service"

Berliner Taxifahrer sind berüchtigt für ihre Unfreundlichkeit. Typischerweise nimmt Sie ein Berliner Fahrer mürrisch in Empfang, wuchtet Ihren Koffer nur widerwillig in den Kofferraum (begleitet von einer Miene, die Ihnen das Gefühl vermittelt, der allerschlimmste unter den vielen Sklaventreibern zu sein, die er heute zwangsweise wieder kutschieren muss), zwängt sich dann hinter das Steuer und dreht irgendeine furchtbare Musik laut auf. Alternativ beklagt er sich am Handy in ähnlicher Lautstärke wortreich darüber, wie schlecht die Geschäfte heute wieder laufen, lenkt dabei lässig mit einer Hand und widmet die verbliebene Aufmerksamkeit dem Mini-Computer, auf dem er schon die nächste Fahrt sucht. Am Ende der Fahrt steigt ein glücklicher Kunde aus – glücklich darüber, trotz all dem wieder einmal heil am Ziel angekommen zu sein.

Beispiel:
ein Taxi
der Extraklasse

Doch es gibt Ausnahmen (bzw. zumindest eine): Kürzlich traf ich auf einen Fahrer, der mich lächelnd begrüßte, sich mit einem freundlichen „Darf ich?" beherzt meinen Koffer schnappte und mir tatsächlich die Tür aufhielt. Im Wagen wurde ich gefragt, ob ich Musik hören möchte – und wenn ja, welche Richtung ich bevorzuge: Klassik? Pop? Jazz? Im Fond fand ich außerdem aktuelle Tageszeitungen und diverse Magazine zur Auswahl. Das Auto war natürlich klimatisiert, picobello sauber und tatsächlich ein echtes Nichtrauchertaxi (und nicht etwa ein Taxi, in dem zufällig gerade nicht geraucht wurde). Mein Trinkgeld war fürstlich. Nach einer Visitenkarte musste ich gar nicht erst fragen, die bekam ich gleich mit der Quittung. Sie ahnen sicher, welches Taxi ich inzwischen ordere, wann immer ich in Berlin unterwegs bin.

98

Inzwischen bin ich ehrlich enttäuscht, wenn „mein" Taxifahrer verhindert ist. Glücklicherweise expandiert sein kleines Unternehmen. Der Punkt aber ist: Bis zum geschilderten Schlüsselerlebnis wusste ich gar nicht, wie groß mein Bedürfnis nach einem freundlichen Fahrer und ein wenig zusätzlichem Komfort im Taxi ist. Heute will ich nicht mehr ohne auskommen. „Wir haben zu viele ähnliche Firmen, die ähnliche Mitarbeiter beschäftigen mit einer ähnlichen Ausbildung, die ähnliche Arbeiten durchführen", sagt der Wirtschaftsexperte Karl Pilsl. Im Umkehrschluss heißt das: Wer aus einer gleichförmigen Menge ausschert, hat die Nase vorn. Und das Erstaunliche: Dafür muss er gar nicht „alles" anders machen. Gerade in der Servicewüste genügen schon einige findige Ideen, um Kunden zu begeistern.

„Dabei reicht es nicht, wie andere irgendwo einen Wasserspender oder eine Kaffeemaschine aufzustellen", betont Oliver Reichert di Lorenzen. Echter Service heißt für den Leiter von Dental Design Reichert „überzeugen, nicht verkaufen". Dazu gehört für ihn die ausführliche, kostenlose Beratung seiner Kunden – Patienten, für die er in Kooperation mit Zahnärzten hochwertigen Zahnersatz fertigt, wie auch Klienten, die sich einfach nur „schönere Zähne" wünschen. Das bis zu einstündige Vorgespräch zahlt sich aus: Über 90 Prozent aller Beratenen arbeiten anschließend mit Dental Design Reichert zusammen. Sein Labor boomt, während etliche Mitbewerber um das wirtschaftliche Überleben kämpfen. Auch andere Top-Performer bieten einfach mehr als der Durchschnitt – siehe unten.

„Werden Sie vom Bedarfsdecker zum Bedarfswecker!"
(Klaus B. Wolf, Vorstand der Impuls AG)

Um angenehm anders zu sein als alle anderen, brauchen Sie keinen Riesenetat, keine zusätzlichen Mitarbeiter, keine kostspieligen Unternehmensberater und keine schlauen Marktforscher. Sie brauchen nur eins: ein bisschen Fantasie! Dann wird Ihr Super-Service dem Kunden bald ein echtes Bedürfnis sein. Hier einige Beispiele:

Ein Blumenhändler ...

... der beim Kauf einer teuren Pflanze fragt, ob er in zwei bis drei Monaten einmal vorbeischauen soll, um nachzusehen, ob es der Pflanze gut geht.

Ein Malermeister ...

... der nicht nur eine „Sauberkeitsgarantie" abgibt und die Wohnung sozusagen „wohnfertig" hinterlässt, sondern einem auch noch Farbe und Pinsel zum Ausbessern eventueller Einzugskratzer überreicht.

Ein Hotel ...

... das einem nach der Buchung als Extraservice Video oder DVD mit Urlaubtipps in der gebuchten Region zuschickt.

Eine Apotheke ...

... die für Kinder einen „Happy-Kids"-Touchscreen mit Spiel- und Lernprogrammen aufgestellt hat, damit sich Mutter oder Vater in Ruhe beraten lassen können.

Eine Arztpraxis ...

... in der man ein 5-Euro-Los mit der Chance auf einen Millionengewinn überreicht bekommt, wenn man länger als 15 Minuten warten muss.

Übrigens: Viele geniale Produkte befriedigen Bedürfnisse, von denen wir gar nicht ahnten, dass wir sie haben – bis uns findige Verkäufer darauf hinwiesen. Büros ohne Post-it-Klebezettel beispielsweise sind heute kaum noch vorstellbar. Und doch musste der Firmenlegende nach die Herstellerfirma 3 M, einer meiner Kunden, die erste Charge Post-its verschenken, um die Leute „anzufixen". Vorher verstaubte der Haftzettel-Klebstoff, der nicht „richtig" klebte, jahrelang als vermeintliche Fehlentwicklung in einem Laborregal – bis jemand auf die Idee kam, ein Produkt zu kreieren, von dem wir bis dahin gar nicht wussten, dass wir es so dringend brauchen. Ob „Coffee to go" oder iPod – viele Produkte sind erfolgreich, weil es gelang, schlummernde Bedürfnisse zu wecken. Eine eindeutige Zielgruppe gibt es übrigens zu keinem der Produkte – einen iPod tragen inzwischen Menschen zwischen sieben und siebzig; mit dem Pappbecher Kaffee in der Hand sieht man alle sozialen Schichten und Altersklassen durch die Stadt laufen.

Martina di Lorenzen, die aus dem Nichts ihre Marke THE WHITE ROOM als Marktführer im Bereich Bleaching in Europa etablierte, bewies ebenfalls ein Gespür für Trends und Kundenbedürfnisse. Sie hatte den Mut, ein Thema, das in Deutschland in der Zahnmedizin politisch nicht korrekt war, mit Verve zu verfolgen und als außergewöhnliche Dienstleistung mit erstklassigem Service, bestem Know-how und attraktiver Location anzubieten. „Man muss von sich und seinem Produkt einfach restlos überzeugt sein", betont sie, und: „Ich bin mit so viel Begeisterung und Euphorie bei der Sache, dass es einfach abfärbt."
Auch meine gute Freundin Martina ist eine echte „Bedarfsweckerin": „Wichtig ist, echte Dienstleistung zu bieten – nicht nur sagen, Kunde ist König, sondern das den Kunden wirklich auch spüren lassen. Ihn mit einem Glas Champagner empfangen, mit Kaffee oder Cappuccino, wenn er möchte. Außerdem viele Kleinigkeiten, zum Beispiel liegt der Patient bei uns auf einer beheizten Liege und muss nicht frieren. Wir machen unsere Arbeit perfekt und schauen immer wieder aufs Detail – und sei es nur, dass man beim Behandeln nicht gegen den Stuhl fährt und ruckelt. Es geht darum, Aufmerksamkeit zu schenken und den Besuch wirklich so zu zelebrieren, dass der Kunde das Gefühl hat, er erlebt etwas ganz Besonderes bei uns." Mit dem üblichen „Zahnarzt-Erlebnis" hat dieser Service nichts mehr gemein.

Was würde Ihre Kunden positiv überraschen und ihnen in kurzer Zeit zum Bedürfnis werden? Als Finanzberater im gehobenen Private Banking habe ich meinen Kunden beispielsweise reine Service-Termine angeboten: Zeit, um sich in Ruhe zu besprechen, auch wenn kein konkretes, drängendes Anliegen vorhanden war. Besonders beliebt war der „Lebkuchentermin" im Dezember: In der Vorweihnachtszeit, wenn die Menschen gern etwas näher zusammenrücken, brachte ich selbst gebackenen Lebkuchen mit und kleine Geschenke für die Kinder, der Kunde spendierte Glühwein oder Kaffee. Wir haben dann ganz in Ruhe Bilanz gezogen und Fragen besprochen, die im Laufe des Jahres vielleicht untergegangen waren. Ganz schön viel Aufwand für einen unterschriftsfreien Termin? Mag sein – aber auf diese Weise sorgte ich für hohe Kundenzufriedenheit, bekam zahlreiche Empfehlungen und startete Ende Dezember mit über 70 Neuterminen ins neue Jahr.

Was können Sie anders machen als alle anderen?

Angenehm anders ankommen als alle
anderen!
(Ein gern zitiertes – und viel zu selten praktiziertes –
Marketing-Motto ...)

(23) Nicht der Kunde ist König – sondern die Kundin!

Frauen – die neue
Wirtschaftsmacht

Wie viel Prozent der Kaufentscheidungen, glauben Sie, werden von Frauen getroffen? Schwer zu sagen, denn wenn man im Internet recherchiert, stößt man auf unterschiedliche Zahlen. Sind es 80 Prozent – oder doch nur 79? Von 1 000 Euro werden also 800 von Frauen ausgegeben! Meinetwegen auch „nur" 790. Wie haben Sie als Verkäufer bisher darauf reagiert? Wenn Sie gerade mit den Achseln zucken, befinden Sie sich in großer Gesellschaft. Dabei ist es schon fast zehn Jahre her, dass Trendforscherin Faith Popcorn in ihrem dritten Report unter dem beziehungsreichen Titel „**EVA**LUTION" die „neue Macht des Weiblichen" ausgerufen hat.[25] Auch Bücher mit Titeln wie „Männer sind vom Mars, Frauen von der Venus" oder „Warum Männer nicht zuhören und Frauen schlecht einparken"[26] sind Megaseller, die der Frage der Unterschiede zwischen Männern und Frauen auf den Grund gehen. Im Verkaufsalltag sind die dort geschilderten Beobachtungen noch nicht angekommen. Wahrscheinlich, weil auch hier (mindestens) acht von zehn Käufern Frauen sind?!

„Die wirtschaftliche Zukunft liegt bei den Frauen."
(Faith Popcorn, amerikanische Trendforscherin und Marketingexpertin)

„Feuern Sie alle männlichen Verkäufer. Ich mache nur Spaß. Mehr oder weniger."
(Tom Peters, Management-Guru, in seinem Buch „Re-imagine!")[27]

Frauen im
Verkaufsgespräch

Dass Frauen anders „ticken" als Männer, wissen wir alle – auch wenn man sich als Mann nicht selten ratlos fragt, wie genau. Ob man Kunden anders behandeln sollte als Kundinnen, kann daher bestenfalls eine rhetorische Frage sein. Einige meiner ganz persönlichen Erfahrungen:

- Frauen sind sachlicher: Sie lassen sich nicht so schnell ablenken, sondern wollen alle Fakten kennen und Zusammenhänge verstehen.

- Frauen sind kritischer: Sie haken nach, auch in Detailfragen.

- Frauen sind weniger statusorientiert: Sie müssen nicht erst demonstrieren, wer „mehr weiß" oder in einer Situation dominiert. Sie fragen offen nach, wenn Sie etwas nicht verstehen, während Männer sich scheuen, Unkenntnis einzugestehen.

- Frauen denken langfristiger und sicherheitsorientierter. Sie wollen nicht die Riesenrendite, und die am besten sofort, sondern solide Konzepte.

Verkaufen an Frauen heißt also nicht, Produkte „aufhübschen" oder pinkfarbenen Schnickschnack bieten. Wer mit einer Frau verhandelt, sollte ihre Kompetenz anerkennen, auf hohe sachliche Ansprüche gefasst sein und ihre Fragen sehr ernst nehmen. Männer konkurrieren gern, Frauen setzen auf Kooperation. Männer wollen bewundert werden, Frauen wollen Respekt. Auf gönnerhafte männliche Überlegenheitsgesten reagieren gerade kaufkräftige und selbstbewusste Frauen ziemlich allergisch. Und auch bei vermeintlich „männlichen" Produkten wie beim Autokauf reden Frauen längst ein gewichtiges Wörtchen mit. Merkwürdigerweise hat sich das bis in die Marketingabteilungen noch nicht herumgesprochen. Dort träumt man immer noch primär von PS und technischen Raffinessen. Möglicherweise, weil die Herren in den Top-Positionen der Werbeagenturen sich so gut mit den Herren in den Entwicklungsabteilungen verstehen ...

Männer wollen Bewunderung, Frauen wollen Respekt

Selbst von Marketingexperten wird gern behauptet, Frauen seien beim Einkauf „emotionaler", Männer „sachlicher". Ich halte das für Unsinn. Kaufentscheidungen sind generell stark emotional geprägt und fallen zu 70 bis 80 Prozent unbewusst, bei Männern wie bei Frauen. So jedenfalls ein Experte für „Neuromarketing", Dr. Hans-Georg Häusel. Das erhärtet meine These, dass Entscheidungen emotional fallen und nachträglich rational gerechtfertigt werden (siehe Kapitel (12) *Gewinner erkennt man am Start*). Für mich unterscheiden sich Männer und Frauen weniger im Grad der Emotionalität als in der Art der Emotionen,

Frauen = emotional, Männer = sachlich???

die in einem gelungenen Verkaufsgespräch befriedigt werden. Tendenziell spielen für Frauen Sicherheit, Vertrauen, gute Kommunikation eine größere Rolle, während viele Männer auf Status und Dominanz anspringen. Tendenziell bedeutet: Vorsicht vor voreiligen Verallgemeinerungen! Natürlich gibt es auch sicherheitsorientierte Männer und dominante Frauen. Das Geheimnis des Verkaufserfolgs liegt auch hier wieder darin, genau hinzuhören und sich auf sein Gegenüber einzulassen.

Das meiste Geld liegt in den Händen von Frauen!

8. Secret:

Was macht Sie kaufens-wert?

„The Best Things in Life Are Free" – die besten Dinge im Leben gibt's gratis, so Janet Jackson in einem ihrer Hits. Das gilt auch für die Mittel zur Verkaufsförderung. Die beste Sales Promotion sind – Sie selbst! Wenn Ihre Person „wirkt", be-wirkt das beim Kunden mehr als alle Displays, Rabatte, Schaufensteraktionen, Werbezettel, Gratispröbchen zusammen.

Wer weiß, wofür er steht, und das auch kommuniziert, ist glaubwürdig.

Wer weiß, wie sein Kunde tickt und entsprechend argumentiert, ist überzeugend.

Und wer weiß, wie wichtig eine Prise Herzlichkeit auch im Geschäft ist, wird unwiderstehlich.

(24) Ihr ganz persönlicher USP?!

Zur guten Show gehören auch die überzeugenden Inhalte

Spontaneität ist unterhaltsam, Kontinuität ist wirksam. Will sagen: Zur guten Show (siehe Kapitel (9) *Sie dürfen alles – nur nicht langweilen!*) muss auch die besondere Qualität Ihrer Dienstleistung kommen. Sie brauchen beides in hohem Maße, die gute Show und die überzeugenden Inhalte, wenn Sie es wirklich bis in den verkäuferischen Olymp schaffen wollen. Die Qualität Ihrer Dienstleistung wird in hohem Maße durch Ihren ganz persönlichen USP bestimmt: Was macht Sie als Person einzigartig, andersartig? Was macht Sie „kaufenswert" – wert, dass man bei Ihnen kauft? Man könnte auch sagen: Was kauft der Kunde, wenn er bei Ihnen kauft, losgelöst von dem Produkt oder der Dienstleistung?

„In einer Zeit, in der sich die Produkte immer ähnlicher werden und das Fachwissen der Kunden immer größer wird, zählt in letzter Konsequenz nur noch die Persönlichkeit des Einzelnen."
(Alexander Streeb, Vorstand der German Capital Management AG)

Sprechen Sie Ihren persönlichen USP deutlich an!

Ich empfehle Ihnen, Ihren persönlichen USP gegenüber dem Kunden offensiv zu kommunizieren. Ich habe als erfolgreicher Finanzberater meinen Kunden immer wieder gesagt: „Sie kaufen mit meiner Beratung mein Rückgrat gleich mit dazu: Wann immer etwas ist, vertrete ich Ihre Interessen gegenüber den vermittelten Produktpartnern." Natürlich sollten Sie das, was Sie sagen, auch ausstrahlen. Punkten Sie gezielt mit Ihrer Persönlichkeit! Ein Kollege, menschlich ein eher ruhiger Typ, stellte sich daher glaubhaft so auf: „Worauf Sie sich bei mir verlassen können: Ich handele immer aus der Ruhe heraus, egal, wie turbulent da draußen die Märkte sein mögen." Ein Dritter bekam öfter gesagt, er wirke wie ein echtes Schlitzohr. Auch er warf genau das gezielt in die Waagschale und betonte seine besondere Findigkeit: „Ich bin ein Schlitzohr. Und mit dieser Schlitzohrigkeit werde ich die bestmöglichen Konditionen für Sie aushandeln!" Seinen persönlichen USP kennen und ihn deutlich herausstreichen – das erhöht die eigene Glaubwürdigkeit!

USP = Kundennutzen

Als USP zählt natürlich nur, was Ihrem Kunden tatsächlich einen Mehrwert verschafft. Und Sie sollten alles daran setzen, dieses einzigartige Verkaufsversprechen dann auch mit Leben zu füllen. Für mich ist das Tagungshotel „La Villa" bei mir zu Hause am Starnberger See dafür ein exzellentes Vorbild – ein Ausnahmehotel, mit dem wir gern und viel zusammenarbeiten. Im „La Villa" verspricht man nicht nur, seinen Gästen jeden Wunsch von den Augen abzulesen, sondern setzt das hauseigene Motto „Service unlimited" auch jeden Tag aufs Neue in die Tat um. Das reicht vom Einkaufs- bis zum Schneeabräumservice und umfasst noch tausend andere Kleinigkeiten, die man sich als Gast oder Seminarleiter von einem wirklich serviceorientierten Hotel wünscht. Das Haus ist als „Tagungshotel zum Wohlfühlen" inzwischen vielfach preisgekrönt, und das hat die Leiterin, Frau Benz, auch mehr als verdient.

„Service unlimited", das La Villa-Motto, ist zweifellos ein super Leitspruch. Wie lautet Ihrer? Einen persönlichen Claim zu formulieren ist gleichzeitig eine gute Methode, den eigenen Business-USP auf den Punkt zu bringen. BMW verspricht „Freude am Fahren", mein preisgekröntes Training „Endlich Empfehlungen" ist „... der einfachste Weg, neue Kunden zu gewinnen!" und „FlowSelling®" ist „... die abschlusssicherste Form des Verkaufens!" Und Ihr Claim lautet:

Wie lautet Ihr Claim?

. . . .

Top-Verkäufer verkaufen auch ihre Person top!

(25) Wertschätzung = die Werte des anderen schätzen

Ihren eigenen Wert, Ihren persönlichen USP zu kennen, verleiht Ihnen beim Verkauf mehr Schubkraft. Genauso wichtig für Ihren Verkaufserfolg ist aber das Wertesystem des jeweiligen Kunden. Ein simples Beispiel: Was macht ein Sportmuffel, wenn der Arzt ihm gegen Übergewicht und Kurzatmigkeit ab sofort „fünfmal die Woche Joggen" verordnet? Je nach Naturell winkt er gleich ab (zumindest im Geiste) – oder aber er versucht es ver-

Wer anderen seine Sicht aufzwingen will, scheitert!

107

geblich und gibt nach wenigen Tagen von Muskelkater geplagt und frustriert auf. In beiden Fällen wechselt der Patient mit hoher Wahrscheinlichkeit lieber den Arzt, als jeden Tag durch den Stadtpark zu rennen. Dass der Arzt mit seiner Empfehlung scheitert, ist eigentlich nicht verwunderlich: Er hat seinem Kunden eine Maßnahme verkauft, die vielleicht in seinem eigenen Wertesystem funktioniert, nicht aber im Wertesystem des Patienten. Wäre der für sehr viel Sport zu begeistern, hätte er bislang nicht ein Leben als Couch-Potato geführt.

„Wenn es ein Erfolgsgeheimnis gibt, liegt es in der Fähigkeit, die Ansicht des anderen zu hören und die Dinge aus dem seinen wie auch aus dem eigenen Blickwinkel zu sehen."
(Henry Ford, Gründer der Ford Motor Company)

Schlüpfen Sie in die Haut des anderen!

Wer jemandem etwas verkaufen will, tut gut daran, im Wertesystem des Kunden zu argumentieren. Einen Kunden, für den Bequemlichkeit ein hoher Wert ist (und Gesundheit ein eher nachgeordneter), werde ich mit Marathon-Training nicht hinter dem Ofen hervorlocken. Was könnte ihm Spaß machen? Was hält er für realistisch? Diese simplen Fragen hätte der Arzt stellen können. Vielleicht wären dabei Spaziergänge in der Mittagspause herausgekommen, vielleicht per Fahrrad statt mit dem Auto die eineinhalb Kilometer zur Arbeit fahren, vielleicht ein Mal die Woche Schwimmen gehen – und all das wäre besser als nichts, auch wenn es den hohen eigenen Fitnessansprüchen des Arztes nicht genügt.

Beispiel: Die Burger-Diät

In den USA wurde kürzlich ein extrem übergewichtiger Burger King-Fan von seinem Arzt zu einer völlig neuartigen „Diät" verdonnert: Der Patient solle dreimal am Tag einen Burger essen – aber eben immer nur einen! – und dabei die Strecke zum nächsten Burger King-Restaurant zu Fuß gehen. Unglaublich, aber wahr: Der Mann nahm tatsächlich drastisch ab. Wer einmal in den USA war und gesehen hat, welche Blüten Übergewicht und Bewegungsmangel dort treiben, wird nicht zweifeln. Der Arzt hatte es geschafft, aus der Position des Patienten heraus einen Weg zu entwickeln, der zum (Diät-)Erfolg führte.

Jeder hat Recht!

Jeder sieht die Welt mit seinen Augen – und jeder hat (in seinem Wertesystem) „Recht". Wenn also ein eher unsportlicher

Mensch sagt, „das pack ich nicht", ist es absurd, darauf hinzuweisen, dass täglich eine halbe Stunde Joggen „doch wohl kein Problem" sei und andere das ja auch packen. Und ein Verkäufer, der sich ratlos fragt: „Wieso hat der Kunde nicht gekauft? Ich hab' ihn doch wie jeden anderen beraten … !" legt ungewollt den Finger auf die Wunde. Eben deshalb hat der Kunde nicht gekauft!

In meinem Buch „Das OSKAR-Prinzip" habe ich diese simple Tatsache mit einem einfachen Bild verdeutlicht. Vier Freunde sitzen um einen Tisch, auf dem eine Flasche Wein und eine Karaffe Wasser stehen. Der erste der Freunde sagt: „Ich sehe die Flasche Wein und rechts davon steht eine Karaffe mit Wasser". Sein Gegenüber behauptet: „Wieso, das Wasser steht doch links vom Wein." Der Nebenmann kontert: „Ihr habt beide nicht Recht – die Karaffe steht vor der Weinflasche!" Und der Vierte schließlich stutzt: „Moment mal, ich sehe gar keine Karaffe!" Das Problem: Bei Weinflaschen und Wasserkaraffen mag es uns noch auffallen, dass unser Gegenüber eine andere Perspektive

Jeder argumentiert in seinem Wertesystem

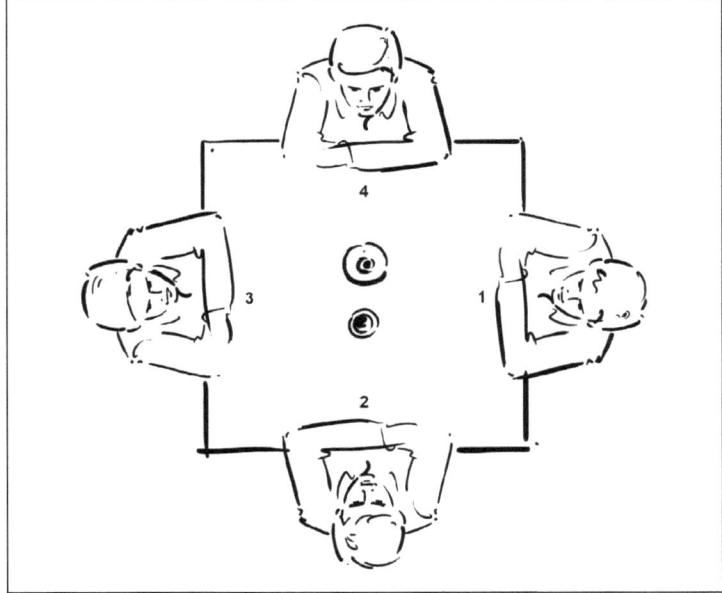

Alles eine Frage der Perspektive (Quelle: Christoph Semmelrodt)

einnimmt, bei Sportfragen oder auch bei der Notwendigkeit einer Altersvorsorge fällt uns das schon schwerer (wer da nicht so viel tut wie wir, ist eben „faul" und „träge"), von anderen Fragen der Lebensführung und Lebenseinstellung ganz zu schweigen. Jeder argumentiert eben in seinem Wertesystem und verhält sich entsprechend.

Wenn Sie Ihren Kunden also überzeugen wollen, sollten Sie in seinem Wertesystem argumentieren. Ein sicherheitsbewusster Anleger verhält sich anderes als jemand, der nach dem Prinzip „no risk, no fun" lebt. Ein technikverliebter Kunde, der gerne Trendsetter ist und ohne zu zögern viel Geld dafür ausgibt, einer der Ersten zu sein, der ein innovatives Produkt besitzt, kauft anders als jemand, der Tradition und Beständigkeit hochhält. Je besser Sie Ihre Kunden kennen, desto angemessener können Sie auf deren Bedürfnisse eingehen.

Sprechen Sie also ganz gezielt das Wertesystem Ihres Kunden an. Einen traditionsbewussten Kunden werden Sie mit Äußerungen wie der folgenden für sich gewinnen:

Beispiel

„Schauen Sie, Herr Kunde, wenn Sie Beständigkeit wollen, dann kommen Sie nicht an uns als Traditionsfirma vorbei!"

Nach diesem Grundmuster –

„Wenn Sie .... [Wert(e) des Kunden] möchten, dann .... [das eigene Angebot als passend präsentieren]."

– legen Sie die Basis für einen erfolgreichen Abschluss. „Wenn Sie Sicherheit wollen, dann sollten wir ... einbeziehen"; „Wenn Sie Wert auf ein wirklich innovatives, ganz besonderes Produkt legen, dann ist ... das Richtige für Sie!"

„Wozi-Konfis": Wie sich Werber in die Welt ihrer Kunden versetzen

Um sich umfassend in Endverbraucher hineinzudenken, haben die Werber der bekannten Agentur Jung von Matt in ihrer schicken Agentur in Hamburg sogar ein statistisch abgesichertes „Durchschnittswohnzimmer" eingerichtet. Zwischen Schrankwand und Zimmerefeu, auf einer Polstergarnitur „in mediterranen, warmen, hellen Farben" vor hellgelber Raufasertapete finden regelmäßig „Wozi-Konfis" (Wohnzimmerkonferenzen) statt.[28] „Die Werber sollen hier Einkehr halten und lernen, dass nicht alle da draußen von Flatscreens und Smartphones umgeben sind", spottete das Magazin Spiegel.[29]

110

„Kundenkenntnis ist die Voraussetzung, um im Wertesystem des Kunden verkaufen zu können. Damit erkennen Verkäufer die offene Tür, statt mit dem Kopf durch die Wand zu wollen."
(Ralf China, Verhaltenstrainer und Experte für Menschenkenntnis im Verkauf)

Wer Menschenkenntnis besitzt – und anwendet! – verkauft erfolgreicher. Kunden wollen auf individuelle Art und Weise angesprochen werden, deswegen verkaufen exzellente Verkäufer dasselbe Produkt an verschiedene Kunden auf unterschiedliche Weise. Und auch wenn jeder Mensch einzigartig ist, gibt es verbindende Präferenzen. Wer die durchschaut, ist im Vorteil. Ralf China ist Experte für Kundenkenntnis. Sein Training „Schlüssel zum Kunden" unter dem Dach der Roger Rankel Vertriebstrainings hilft Verkäufern, ihre Kunden sicher einzuschätzen. Ist ein Kunde eher harmonieorientiert und sicherheitsbewusst, ist er dominant und extravertiert oder sachlich und rational? Solche Fragen stehen für China im Mittelpunkt. „Werte geben uns Halt", betont er, und „durch Halt entsteht Haltung, und Haltung äußert sich im Verhalten – auch im Kaufverhalten." Einen sanften Kontaktmenschen überzeugen ganz andere Argumente als einen nüchternen Rechner. Während der Kunde also ist, wie er ist, entwickeln Ausnahmeverkäufer ein flexibles Verhaltensrepertoire, um optimal auf unterschiedliche Kundentypen einzugehen. Das fordert enorm, denn natürlich hat auch der Verkäufer persönliche Werte und Präferenzen. Das hat auch Herbert Nißel, Vorstandsvorsitzender der impuls AG, im Sinn, wenn er betont, Verkauf sei ein Beruf, der jeden ambitionierten Verkäufer persönlich stark fordere:

Der Schlüssel zum Kunden: Menschenkenntnis!

„Wer es im Verkauf zu etwas bringen will, muss sich ganz darauf einlassen und ständig bereit sein, sich weiterzuentwickeln. Begeisterung und Leidenschaft, aber auch die Bereitschaft, konzentriert auf jeden Kunden und seine Bedürfnisse einzugehen, gehören unbedingt dazu!"
(Herbert Nißel, Vorstandsvorsitzender der impuls AG)

Je mehr Sie Ihre Menschenkenntnis trainieren, je rascher und zuverlässiger Sie Ihre Kunden einschätzen, umso erfolgreicher werden Sie verkaufen. Was Übung bewirken kann, machen Spitzensportler uns immer wieder vor. Timo Boll, einer der weltbesten Tischtennisspieler und mehrfacher Europameister, hat Tage über Tage mit einer Ballmaschine geübt, den blitzschnellen

Lernen Sie, Ihre Kunden zu „lesen"!

Tischtennisball zu „lesen". Boll kann tatsächlich am Ballaufdruck ablesen, wie er einen heransausenden Ball am besten pariert. Mit seiner verblüffenden Reaktionsschnelligkeit hält er sich als einziger Nicht-Asiate unter den Top 5 der Weltrangliste. Warum ich Ihnen das erzähle? Lernen Sie, Ihre Kunden zu „lesen" – achten Sie auf kleine verbale und nonverbale Signale. Und ziehen Sie nach jedem Gespräch kurz Bilanz: Was lief optimal, was nicht? Wo haben Sie möglicherweise etwas übersehen? Auf diese Weise werden Sie Ihr Gegenüber immer rascher und zuverlässiger einschätzen.

Was allerdings kein Geheimnis ist: Unabhängig von ihren persönlichen Kernwerten, möchten alle Kunden fair behandelt, sinnvoll informiert und verantwortungsbewusst beraten werden. Das ist für jeden guten Verkäufer eine Selbstverständlichkeit und wird hier deshalb nicht weiter ausgeführt.

Kunden sind verschieden – deswegen sind erfolgreiche Verkäufer flexibel!

(26) Herzenssache(n)

Interessiert Sie der Mensch hinter dem Umsatz?

Mich hat schon immer der Mensch hinter dem potenziellen Umsatz interessiert. Und ich bin sicher: Kunden spüren das. Auch das macht Sie kaufens-wert! Keiner von uns mag es, wenn er als Person nicht wahrgenommen wird. Den Unternehmen, die ihre Mitarbeiter wie wandelnde Personalnummern behandeln, laufen die Leute davon. Und Verkäufern, die sich nicht wirklich für ihre Kunden interessieren, eben die Kunden – in den allermeisten Marktsegmenten gibt es schließlich genügend Alternativen.

Schlüssel- qualifikation Empathie

Sich für andere interessieren, ein Gespür dafür entwickeln, wie es dem anderen geht – dazu braucht man keine neuen Fertigkeiten, kein spezielles Training. Es genügt, wenn Sie Ihre natürlichen Fähigkeiten in die Verkaufssituation mitnehmen. Hier meine ich insbesondere Empathie, die Fähigkeit, sich in andere einzufühlen. Antennen dafür haben die meisten von uns. Wenn Sie einen guten Freund anrufen, wissen Sie schon nach seinem „Hallo", wie er heute „drauf ist". Aber auch wenn Sie ein Geschäft oder ein Restaurant das erste Mal betreten, spüren Sie nach den ersten Sekunden, ob hier ein gutes Klima herrscht oder nicht. Wem Empathie völlig abgeht, der interessiert sich weniger für andere Menschen und wird im Allgemeinen nicht Verkäufer, sondern (hoffentlich) eher Buchhalter, Programmierer oder Entwicklungsingenieur. Denn nur wer dem Kunden signalisiert, dass er ihn versteht, gewinnt seine Sympathie. Deshalb kann ein „Ich hab' das Gefühl, das waren jetzt schon fast zu viele Infos" oder ein „Ich erwische Sie in einem ungünstigen Moment, oder?" Wunder wirken.

„Ich habe kein Marketing gemacht. Ich habe immer nur meine Kunden geliebt."
(Zino Davidoff, Schweizer Unternehmer)[30]

Einer meiner Nachbarn in Starnberg ist Professor Reichart, Direktor der Herzchirurgischen Klinik am Klinikum Großhadern der Universität München. Der bekannte Herzchirurg ist eigentlich ein eher nüchterner, ja fast schon reservierter Mensch. Doch wenn er mit seinen Patienten über die bevorstehende – und im Falle einer Herztransplantation bis heute risikoreiche – Operation spricht, gibt es einen echten magischen Moment, in dem er aus seiner sachlichen Expertenrolle heraustritt: Er legt dem Patienten für einen kurzen Moment die Hand auf den Arm, schaut ihm in die Augen und sagt aufmunternd: „Das wird schon!" Patienten haben mir versichert, dass ihnen das mehr Zuversicht gegeben habe als alle fachlichen Erläuterungen. Man könnte sagen, der Herzchirurg hat in diesem Moment im wahrsten Sinne des Wortes ihr Herz erreicht!

Beispiel: Professor Dr. Bruno Reichart, Herzchirurg

Verkaufsexperte Hans-Uwe L. Köhler hat mit seinem LoveSelling®-Projekt die Aufmerksamkeit darauf gelenkt, dass exzellentes Verkaufen nichts anderes ist als eine gute Form der Beziehungsgestaltung: „Wer mit einem Liebespartner umgehen kann, der kann auch mit einem Kunden-Partner umgehen", schreibt Köhler und betont: „Erst mit Liebe und Begeisterung wird Verkaufen zur Passion!"[31] Köhler legt überzeugend dar, dass man aus dem Umgang mit einem geliebten Menschen eigentlich alle zentralen Maximen für den Umgang mit Kunden ableiten kann: sich interessieren, sich gegenseitig Freude bereiten, eine positive

Exzellente Verkäufer „lieben" ihre Kunden

Vision für die Zukunft haben, immer wieder Neues am Partner entdecken, um nur einige wesentliche Punkte zu nennen.

Aus dem Herzen heraus handeln

Empathie wird seit Daniel Golemans Bestseller der „Emotionalen Intelligenz" zugeordnet.[32] Der Harvard-Professor war einer der ersten, der die Bedeutung der Gefühle für unser vermeintlich so rationales Handeln unterstrich. Zur emotionalen Intelligenz zählt er auch die Fähigkeit, die eigenen Gefühle wahrzunehmen und sicher einzuschätzen. Viele Prominente berichteten mir, dass sie gerade in herausfordernden kritischen Situationen auf ihre innere Stimme achten. Zu ihnen zählt beispielsweise meine liebe Freundin und dreifache Olympia-Medaillengewinnerin Christa Kinshofer, die in den Achtzigerjahren nach Verletzungen und Auseinandersetzungen mit dem Deutschen Skiverband vor der Entscheidung stand, noch einmal eine zweite Karriere zu starten – oder eben nicht. Sie sagt, dass es ihr im Herzen schmerzte, wann immer sie ans mögliche Aufhören dachte. Sie entschied sich weiterzumachen – und gewann 1988 in Calgary noch zwei Medaillen. Was immer Sie tun, tun Sie es aus dem Herzen heraus!

„Ich kann nur das schreiben, was ich für wichtig halte. (...) Weil ich ganz nah bei mir bin, entsteht in der Regel aber ein Song, der von den Leuten einfach emotional aufgenommen wird und ankommt."
(Leslie Mandoki, Musiker und international erfolgreicher Musikproduzent)

„Hand aufs Herz ..."

Das Herz guter Verkäufer schlägt für den Verkauf. Machen Sie die Dinge aus dem Herzen heraus! Und gehen Sie noch einen Schritt weiter: Sagen Sie Ihrem Kunden das auch! In unserer technisierten, nüchternen Welt wirkt es geradezu wohltuend, wenn jemand mal glaubhaft sagt: „Lieber Herr Kunde, das liegt mir jetzt wirklich am Herzen, dass wir da eine gute Lösung für Sie finden!" Der Automakler im Kapitel (11) *Warum das Wetter sch...egal ist* fragt sicher nicht zufällig potenzielle Kunden: „Welcher Autokauf wäre für Sie eine echte Herzensangelegenheit?" „Hand aufs Herz", sage ich oft zu meinen Kunden, wenn ich leise Skepsis spüre und ihre ehrliche Meinung hören will. Allein diese Formel wirkt Wunder.

114

(27) Beruflich Profi –
gesundheitlich Amateur?

Top-Verkäufer verdienen deutlich sechsstellig, Spitzenverkäufer verdienen Millionen. Dafür erbringen sie tagtäglich Höchstleistungen: im Verkaufsgespräch hundertprozentig präsent sein, klug argumentieren, sich flexibel auf jeden Kunden einstellen, durch Humor und Ausstrahlung punkten, sich stetig weiterentwickeln, neue Ideen einbringen, den Mitbewerbern einen Schritt voraus sein, ein hohes Tagespensum bewältigen, nicht selten aus dem Koffer leben, pro Jahr mit dem Auto in Kilometern gerechnet einmal um den Globus fahren. All das „packt" man auf die Dauer nur, wenn man auch körperlich in Top-Form ist. Dazu passt, dass viele meiner Gesprächspartner aktiv Sport treiben. Heiner Tamsen etwa ist nicht nur aktiver Pilot, sondern joggt regelmäßig. Leslie Mandoki rudert, Manfred Lautenschläger ist Golfer und Radsportler.

Das Geheimnis dauerhafter Spitzenleistungen

Eigentlich ist diese Erkenntnis banal und schon Jahrtausende alt – *Mens sana in corpore sano* (ein gesunder Geist in einem gesunden Körper) ist nicht zufällig seit der Antike ein geflügeltes Wort. Doch in der Praxis treffe ich nur wenige Verkäufer, die professionell auf ihre Fitness achten. (Das haben Sie übrigens mit anderen Leistungsträgern im Management gemeinsam; auch um deren Gesundheit ist es häufig schlecht bestellt.)

Sport macht auch geistig fit!

„Während der Rennsaison halte ich Diät, trinke keinen Alkohol und gehe nicht aus. Als Profi musst du dir der Verantwortung bewusst sein."
(Nico Rosberg, Formel-1-Pilot)

Was für den neuen Stern am Formel-1-Himmel, Williams-Pilot Nico Rosberg, selbstverständlich ist, bewährt sich für jeden, der dauerhaft Spitzenleistungen bringen will. Inzwischen gilt als wissenschaftlich erwiesen, dass sportlich aktive Menschen

- besser mit Stress umgehen,

- ein stabileres Immunsystem besitzen,

- seltener mit typischen Zivilisationskrankheiten (Bluthochdruck, Herz-Kreislauf-Erkrankungen, Diabetes) zu kämpfen haben,

- besser denken können (Sport fördert nachweislich auch die geistige Leistungsfähigkeit. „Sport trainiert das Gehirn", meldet beispielsweise das Magazin Focus unter dem Stichwort „Brain-Fitness"; das ARD Wissenschaftsmagazin „W wie Wissen" sekundiert: „Sport steigert die kognitiven Leistungen des Gehirns"[33]) und sogar

- mehr Geld verdienen, wenn man einer Studie der Universität St. Gallen glaubt. Der Ökonom Michael Lechner wertete sozio-ökonomische Befragungsergebnisse des Deutschen Instituts für Wirtschaftsforschung (DIW) aus den Jahren 1984 bis 2006 aus und kam zu dem Schluss, dass Menschen, die regelmäßig trainieren, ein höheres Einkommen erzielen.

Behandeln Sie sich selbst so gut wie Ihr Auto!

Dabei will ich kein Moralapostel sein und auch niemandem den Spaß am Glas Wein oder am guten Essen verderben. Es geht mir um das Übermaß. Und es stimmt mich nachdenklich, dass viele Männer zwar ihr Auto regelmäßig zur Inspektion bringen, es selbst aber nie zur Vorsorgeuntersuchung schaffen (das versäumen über 80 Prozent). Dr. Michael Spitzbart, Spezialist für Präventivmedizin, will das ändern. Er hat die erste „Praxis für Gesunde" gegründet und geht hart mit dem Schulmediziner ins Gericht. Der „lernt im Laufe seines Studiums über 3 000 Krankheiten kennen, aber leider keine einzige Gesundheit", mokiert sich der Gesundexperte und Fitnesscoach für Führungskräfte.

„Man kann seine Gesundheit fast so gestalten, wie man sein Bankkonto planen kann. Wenn Sie mit einem cleveren Sparplan jeden Monat den Betrag X zum Zinssatz Y anlegen, dann wissen Sie heute schon ganz genau, wie viel Geld inklusive Zins und Zinseszins in 20 Jahren auf der hohen Kante liegen wird. Ganz ähnlich verhält es sich mit Ihren Blutwerten: Anhand einer ausführlichen Blutuntersuchung kann man heute schon voraussagen, ob Sie mit Ihren heutigen Blutwerten aller Wahrscheinlichkeit nach gesund bleiben oder ob Sie diese Konstellation langfristig krank macht."
(Dr. Michael Spitzbart, Spezialist für Präventivmedizin und international gefragter Gesundheitsexperte)

Spitzbart lenkt die Aufmerksamkeit auf Sport und gesunde Lebensführung, aber er betont auch die Bedeutung mentaler Faktoren und unterstreicht, dass permanentes negatives Denken und Rastlosigkeit krank machen: „Wenn man seinen Großrechner Gehirn ständig mit negativen Informationen füttert, dann kann im täglichen Leben nichts Positives herauskommen."[34] Auch Lebensfreude wirkt eben gesundheitsfördernd! (Siehe auch Kapitel (31) *Wo bleibt das Positive?*)

Körperliche Fitness ist sicher eine Voraussetzung für dauerhafte Spitzenleistungen, und das nicht nur im Sport. Doch wie steht es mit Ihrer mentalen Fitness? „Das Match wird zwischen den Ohren gewonnen", betont einer, der es wissen muss: Boris Becker. Auch Oliver Kahn betreibt seit Jahren mentales Training. „Gerade wir Torhüter leben in ganz besonderen Maße von unserer mentalen Stärke", sagte er dem Sportmagazin Kicker.[35] In seinem neuen Buch „Ich" beschreibt er seinen „mentalen Erste-Hilfe-Koffer", zu dem auch die Vorstellung eines „Ent-Emotionalisierungssprays" gehört, das ihm in heiklen Situationen die nötige Ruhe gab.[36] Im Untertitel heißt Kahns Buch übrigens „Erfolg kommt von innen".

Nicht nur für Spitzensportler: Mentaltraining

Wie stark die Kraft der Gedanken ist, zeigen einfache Beispiele: Denken wir an unser Lieblingsessen, läuft uns das Wasser im Mund zusammen. Stellen wir uns dagegen eine saure Zitrone vor, zieht sich prompt der Gaumen zusammen. Unser zentrales Nervensystem unterscheidet nicht zwischen Erlebtem und Vorgestellten. Deswegen können negative Gedanken wie mentale Sperren wirken, die den Erfolg verhindern. Umgekehrt hilft das gedankliche Durchspielen von herausfordernden Situationen, diese im Ernstfall souverän zu bewältigen.

Ihre Gedanken sind viel stärker als Sie (vielleicht) denken!

Alle Leistungsträger, die ich persönlich etwas näher kenne, Christa Kinshofer, Rainhard Fendrich, Lothar Matthäus oder Oliver Kahn, arbeiten gezielt an ihrer mentalen Fitness. Und nach der erfolgreichen Fußball-WM 2006 sind auch die letzten Spötter verstummt, die sich anfangs darüber mokierten, dass Bundestrainer Jürgen Klinsmann auch einen amerikanischen Mentaltrainer ins Team geholt hatte. Im Verkauf allerdings scheint diese Erkenntnis noch nicht angekommen zu sein. Eine verschenkte Chance! Ich selbst spiele wichtige Gesprächszüge im Verkauf gedanklich durch, etwa wie ein Skiläufer die Abfahrt

Warum nicht im Verkauf die NASA-Technik nutzen?!

oder ein Fußballer Spielzüge. Was man gedanklich Dutzende Male bewältigt hat, klappt dann auch in der Echtsituation.

Entwickelt wurden mentale Techniken übrigens von NASA-Psychologen. Sie bereiteten die Astronauten damit auf gefährliche Situationen im All vor, in denen besonnenes Handeln lebenswichtig ist. Im Ernstfall konnten die Raumfahrer so routiniert „Spielzüge" abrufen, die sie in Gedanken schon vielfach durchgespielt hatten.[37]

Erfolg kommt von innen.
(Oliver Kahn)

9. Secret:

Warum Tiger Woods mehr verdient als Sie

Wieso ich mir da so sicher bin? Nun, Eldrick („Tiger") Woods war 2007 der bestverdienende Sportler der Welt mit einem Jahreseinkommen von 100 Millionen Dollar. (Sollte ich mich irren und Ihr Einkommen liegt drüber, hätte ich gerne ein Autogramm von Ihnen!) Tiger Woods ist 33, er spielt seit etwa 30 Jahren Golf. Nein, das ist kein Druckfehler: Woods begann wirklich schon im Kindergarten mit dem Training. Er hat inzwischen alle Rekorde gebrochen, die man im Golfsport brechen kann. Auf der anderen Seite hat kaum jemand so hart trainiert und so konsequent an sich gearbeitet wie Woods. Was mich zurück zu unserem eigentlichen Thema führt: Wie oft trainieren Sie eigentlich? Was tun Sie, um in der Königsdisziplin im Verkauf stetig besser zu werden – im Verkaufsgespräch?

(28) Kein Profi spielt immer nur Turniere

Verkäufer =
„Maulwerker"

Entscheidend für Ihren Erfolg als Verkäufer ist am Ende eines: die Fähigkeit, im Verkaufsgespräch zu überzeugen. Gelingt es Ihnen, auf den Punkt präsent, überzeugend, humorvoll, clever, herzlich zu sein? Alle anderen Faktoren sind wichtig und müssen stimmen. Aber das Gespräch – und nichts anderes – entscheidet im Endeffekt über hopp oder top. Keine noch so ausgeklügelte schriftliche Bewerbung wird jemals ein Vorstellungsgespräch überflüssig machen, keine E-Mail kann ein Mitarbeitergespräch ersetzen – und kein Verkaufsprospekt oder Mailing das Verkaufsgespräch. „Wir sind Maulwerker", sagt mein geschätzter Kollege, der Erfolgsautor und Verkaufstrainer Klaus-J. Fink. Er trifft damit den Nagel auf den Kopf.

Sie haben nur
einen Schuss frei!

Über Marketingstrategien können Sie lange nachgrübeln und Experten zu Rate ziehen, Werbefachleute werden Ihnen die wunderbarsten Hochglanzprospekte gestalten. All das gehört zum professionellen Verkauf dazu. Trotzdem werden Sie nur erfolgreich sein, wenn Sie im direkten Gespräch mit Ihrem Kunden überzeugen. Und bei diesem Gespräch gibt es keine Generalprobe, keine Brainstorming-Pause und kein Vertagen, sondern nur eine einzige Chance, und zwar hier und jetzt. Und weil nur wenige diese Kunst des Verkaufsgesprächs wirklich exzellent beherrschen, kann man im Verkauf so viel verdienen, wie zwei DAX-Vorstände zusammen.

Exzellenz ist das
Ergebnis von
Training, auch
beim
Verkaufsgespräch!

Die Beherrschung des Handwerkszeugs „Sprache" sollte aus meiner Sicht genauso geübt werden wie jedes andere Handwerk. Jeder angehende Arzt muss dutzende Male einem Schwein den Bauch aufschlitzen, bis er an einen lebendigen Patienten darf. Und die Sprache ist ein ähnlich scharfes Instrument wie das Skalpell. Ein falsches Wort kann Millionen kosten. Die Deutsche Bank weiß das spätestens, seitdem ihr Vorstandsvorsitzender Hilmar Kopper Ausstände zahlreicher Mittelständler in der Schneider-Pleite wegwerfend als „Peanuts" bezeichnete. Der Imageschaden für die Bank war gewaltig. „Peanuts" wurde zum Unwort des Jahres 1994 gewählt, 1996 kam ein Film mit dem spöttischen Titel „Peanuts – Die Bank zahlt alles!" in die Kinos, und Hilmar Kopper ist bis heute der „Peanuts-Kopper". Und

120

selbst mit Körpersprache kann man Schaden anrichten: Denken Sie nur an Koppers Nachfolger Josef Ackermann und sein unglückliches Victory-Zeichen beim Mannesmann-Prozess.

Wie oft üben Sie, um Ihr wichtigstes Werkzeug noch besser zu beherrschen? Schulungsteilnehmer entgegnen auf diese Frage gern: „Täglich, im Verkaufsgespräch!" Doch das zählt nicht. Auf diese Weise werden Sie nie Ihr volles Potenzial ausschöpfen. Kein Profisportler, nicht einmal ein Hobbysportler, der seine Freizeitbeschäftigung ernst nimmt, spielt nur Turniere. Beide trainieren zwischendurch, und beide ziehen nach jedem Spiel Bilanz. Es zahlt sich aus, das auch zu tun und sich vom „Learning by doing" zu verabschieden. Trainieren Sie Ihre Gesprächsführung!

Lecrning by doing?

„Jeder kann reden, wie ihm der Schnabel gewachsen ist. Aber treffend formulieren, klug argumentieren, charmant überzeugen – dafür muss man an sich arbeiten! Am häufigsten wird dabei unterschätzt, wie wichtig es ist, an seiner Stimme zu arbeiten."
(Ulrich Wickert, Journalist, Buchautor und langjähriger Moderator der „Tagesthemen" im persönlichen Gespräch bei der Verleihung des Prix Veuve Clicquot an die „Unternehmerin des Jahres 2008" in München)

Profis überlassen das Verkaufsgespräch nicht dem Zufall oder ihrer Tagesform. Während wir im Alltag einfach drauflos reden können (und uns selbst da gelegentlich eine blutige Nase holen), setzen Profi-Verkäufer auf eine durchdachte Strategie, eine Methode, die sie immer weiter ausfeilen und perfektionieren. Natürlich kann auch das beste System nicht perfekt auf jeden einzelnen Fall passen. Das ist aber kein Argument dafür, auf eine Gesprächsstrategie zu verzichten. Es geht schlicht darum, die eigene Erfolgswahrscheinlichkeit zu steigern. Auf den folgenden Seiten lüften wir daher einige sprachliche „Secrets".

Profis haben eine Strategie, Laien vertrauen auf Freestyle

Freestyle im Verkaufsgespräch ist Blindflug. Profis steuern einen klaren Kurs!

121

(29) OGAS –
ist nichts Unanständiges ...

OGAS – für einen
optimalen
Gesprächsaufbau

Haben Sie bemerkt, wie geschickt der Automakler („Wünsche-Erfüller") beim Gesprächseinstieg auf der Vernissage seine Worte gewählt hat (siehe Seite 62)? Er beherrscht intuitiv eine Gesprächsstrategie, die ich den OGAS-Trichter nenne. Der OGAS-Trichter verändert jedes Verkäuferleben, denn er schärft den Blick für einen optimalen Gesprächsaufbau. Er steht für:

O ffene Frage
  („Welches ist denn Ihr
  Wunschauto?")

G eschlossene Frage
  („Aha, ein Bentley?")

A ufklärung und/oder
  Aufforderung
  („Wissen Sie, ich bin
  sozusagen Wünsche-
  Erfüller. Als Auto-
  makler biete ich meinen Kunden ...")

↓

S chluss (oder salopper: „Sack zu")
  („Und deshalb macht es Sinn, dass Sie
  Ihren Bentley über mich beziehen!")

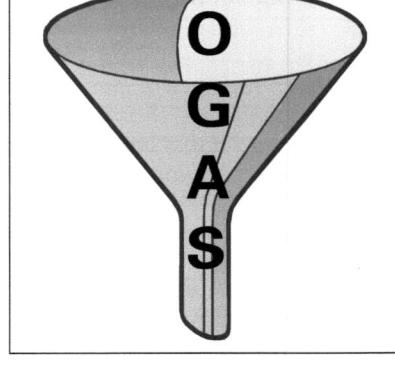

Wer einen Fisch
fangen will ...

Vielleicht kennen Sie den alten Verkäuferspruch: „Wer einen Fisch fangen will, muss dafür sorgen, dass er das Maul aufmacht." Will sagen: Wer Kunden überzeugen will, muss dafür sorgen, dass sie den Mund aufmachen – und anschließend die richtigen Köder dabei haben. Deshalb beginnen Sie ein Kundengespräch am besten mit einer offenen Frage – so „öffnen" Sie den Kunden. Mit einer anschließenden geschlossenen Fragen fokussieren Sie das jeweilige Thema. Ihre Aufklärung liefert dem Kunden konzise Hintergrund-Informationen; sie wird ergänzt

122

durch eine konkrete Aufforderung. Am Ende spitzen Sie mit einer Abschlussfrage die Angelegenheit zu. So sieht eine ideale Vertriebssequenz aus! Zwei weitere Beispiele:

O ffene Frage
„Frau Kundin, wie sind Sie denn mit mir, mit meiner Beratung zufrieden?"

Beispiel 1: Empfehlungen vorbereiten

↓

G eschlossene Frage
„Empfehlenswert zufrieden?"

↓

A ufklärung und/oder Aufforderung
„Wissen Sie, Hintergrund ist, ich arbeite in erster Linie auf Empfehlungsbasis.
Und so würde ich mich freuen, Frau Kundin, dass, wenn auch Sie mit mir und meiner Beratung zufrieden sind, dass auch Sie mich weiterempfehlen."

↓

S chluss („Sack zu")
„Frau Kundin, wäre das für Sie vorstellbar?"

O ffene Frage
„Herr Kunde, wie ist denn Ihre Meinung zur Altersvorsorge?"

Beispiel 2: Produktverkauf

↓

G eschlossene Frage
„Sie haben also eher ein schlechtes Gefühl?"

↓

A ufklärung und/oder Aufforderung
„Wissen Sie, da gibt es jetzt folgende Möglichkeiten …"

↓

S chluss („Sack zu")
„Herr Kunde, käme das für Sie grundsätzlich in Betracht?"

OGAS =
die perfekte
Gesprächs-
vorbereitung

Wie schon gesagt: „Freestyle" im Verkaufsgespräch birgt immer ein Risiko. Spontan und ad hoc zu reagieren, kann zum Erfolg führen, aber ebenso gut auch misslingen. Außerdem machen Sie sich abhängig von Ihrer momentanen Tagesform. Bevor Sie Bruchlandungen riskieren, setzen Sie lieber auf bewährte Strategien! OGAS ist so simpel wie effektiv und wird Ihnen in Windeseile in Fleisch und Blut übergehen. Wann immer Sie ein neues Produkt einführen, ist die Erarbeitung eines entsprechenden OGAS die perfekte Vorbereitung!

**Wer seinen Kunden überzeugen will,
muss ihm die Gelegenheit geben,
den Mund aufzumachen!**

(30) Wer viel fragt, will nichts geben!

Wer fragt, führt???!

„Wer fragt, der führt!" – auch das gehört zu den Glaubenssätzen, die in Verkäuferschulungen gerne verbreitet und nicht mehr hinterfragt werden. Aber das ist nur die halbe Wahrheit. Ich behaupte: Wer viel fragt, will nichts geben! Fragen ziehen Energie, im schlimmsten Fall fühlt der andere sich regelrecht „ausgefragt." In einem guten Verkaufsgespräch kommt es darauf an, dem Kunden die nötige Sicherheit zu vermitteln, sein Vertrauen zu gewinnen. Dafür muss der Verkäufer die Balance wahren zwischen Geben (= Informationen mitteilen) und Nehmen (= Informationen einholen). In meinem Verkaufstraining „FlowSelling®" setzen wir daher auf eine Gesprächsstrategie, in der sich beides konsequent ergänzt. Ich gebrauche dafür gern das Bild eines Pendels, das vom „Fragen" zum „Sagen" schwingt und wieder zurück.

Zur Verdeutlichung hier zwei kurze Gesprächssequenzen (ich beschränke mich auf die Rolle des Verkäufers):

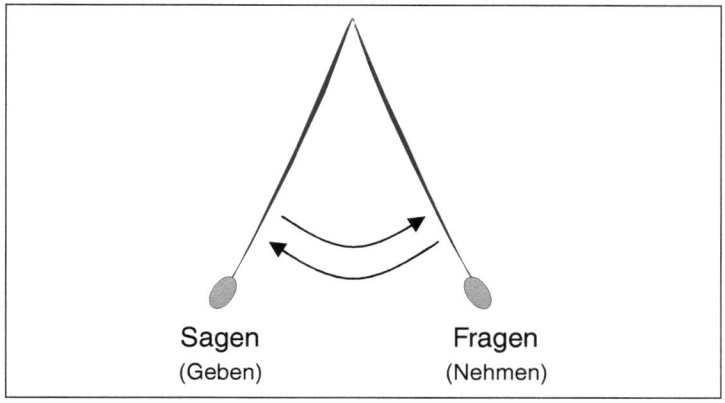

Das Gesprächspendel

Sagen
(Geben)

Fragen
(Nehmen)

1. Eine telefonische Terminvereinbarung

Beispiele: eine Balance zwischen „Geben" und „Nehmen"

[Sagen] „Guten Tag, Herr Kunde, ich melde mich auf Empfehlung von ..."

[Fragen] „Inwiefern hat Sie denn Herr ... über mich und meine Dienstleistung informiert?"

[Sagen] „Dann stelle ich mich gern kurz vor. Es geht darum, wie Sie beispielsweise ... Vorteile, die sich daraus für Sie ergeben könnten, sind ..." [Verbale Visitenkarte abgeben]

[Fragen] „Wann ist denn für Sie ein guter Tag?"

[Sagen] „Gerne bestätige ich Ihnen den gemeinsamen Termin am ... um ..."

2. Beim persönlichen Zusammentreffen/ Gesprächseinstieg

[Sagen] „Guten Tag, Herr ... Geben Sie mir gerade noch zwei Minuten ..."

[Sagen] „Ich empfehle Ihnen, dass Sie links von mir sitzen, dann können Sie meine Notizen am besten mitverfolgen. ... Schön, dass wir heute zusammengefunden haben!"

[Fragen] „Wie viel Zeit haben Sie sich denn mitgebracht?"

[Sagen] „Am besten, ich gebe Ihnen erst einmal meine Visitenkarte mit den Kommunikationsdaten ... Was zeichnet nun unsere Vorgehensweise aus ...“

[Fragen] „Wie denken Sie denn über ...? Wie gehen Sie im Augenblick damit um?“

[Fragen] „Wie darf ich das verstehen?“

[Sagen] „Bei allem Respekt, Herr Kunde, das beides geht kaum zusammen, denn ...“

„Flow“ im Verkaufsgespräch = Ausgewogenheit von Fragen und Aussagen

Sie sehen, dass in beiden Gesprächspassagen das Pendel zwischen Aussagen und Fragen hin- und herschwingt. Der Verkäufer fragt, aber er fragt eben nicht *nur* – er gibt auch Informationen über sich und das Unternehmen, er kommentiert und erläutert. Er kommuniziert auf Augenhöhe und vermeidet es, den Kunden mit Fragen zu „löchern“. Er vermittelt ihm vielmehr das Gefühl, den Gesprächsablauf mitzusteuern, fordert ihn einerseits und gibt ihm andererseits die nötige Sicherheit. Genau das ist die Basis für „Flow“.

Verkaufen Sie auf Augenhöhe!

Auch Manfred Lautenschläger, Mitgründer von MLP und durch das neuartige Vertriebskonzept zum mehrfachen Millionär geworden, sieht die Beratung „von Gleich zu Gleich“ als eine Ursache des grandiosen Wachstums seines Unternehmens. Schwer vorstellbar auch, dass MLP-Berater ihre Kunden mit durchsichtiger Fragetechnik traktieren. Schließlich kommen sie aus derselben „Branche“ (Juristen beraten Juristen, Mediziner beraten Mediziner) und können so nicht nur nehmen (fragen), sondern auch nützliche Informationen geben. „Bei MLP kennt ein erfahrener Zahnärzteberater sämtliche Geräte in der Zahnarztpraxis“, betont Lautenschläger, und ergänzt: „Da weiß jeder Berater genau, worauf es da ankommt.“ (Interview mit Manfred Lautenschläger ab Seite 187)

Verabschieden Sie sich von primitiven Fragetricks!

Doch was wird in klassischen Verkäuferschulungen trainiert? Im schlimmsten Fall, wie man eine ganze Salve von Fragen auf einen arglosen Kunden abfeuert. Der müsste allerdings schon sehr naiv sein, wenn er nach einer Reihe von Fragen, die er nur mit Ja beantworten kann, auch die letzte, entscheidende Frage willenlos bejaht – oder wenn er platten Suggestivfragen („Sind Sie nicht auch der Meinung, dass Sicherheit wichtig ist?“) auf den

Leim geht. Vergessen Sie solche angestaubten Tricks, setzen Sie besser auf Fairness und Transparenz. Das Erfolgsprinzip heißt: Geben, um nehmen zu können!

„Viele Verkaufstrainings arbeiten mit vermeintlich bewährten, immergleichen Tipps. Wer den Verkauf revolutionieren und Spitzenleistungen ermöglichen will, geht dagegen alte Fragen auf neue Weise an!"
(Jens Geiger, Manager Business Sales Circle, Microsoft AG)

Das gilt übrigens auch umgekehrt: Als Verkäufer sollten Sie nicht über jedes Stöckchen springen, das Ihnen ein Kunde hinhält. Der Standardfall: Ihr Kunde überhäuft Sie mit Fragen. Viele Verkäufer setzen alles daran, jede dieser Fragen wie aus der Pistole geschossen zu beantworten, um Kompetenz zu demonstrieren. Damit laufen sie geradewegs in die Beantworterfalle: Sie provozieren nur immer neue Fragen, zum Beispiel so ...

Die „Beantworterfalle"

Kunde: „Hat das Gerät auch eine xyz-Schnittstelle?"

Verkäufer: „Ja, natürlich, sehen Sie hier ..."

Kunde: „Ist das Ganze auch ABC-fähig?"

Verkäufer: „Ja, vorausgesetzt, Sie verfügen über einen DEF-Adapter."

Kunde: „Und wie ist es, wenn sich in drei Jahren die GHI-Technik durchsetzt? Komme ich dann mit meinem JKLM-Gerät noch klar?" usw. usw. usw.

Beispiel

So entspinnt sich im Extremfall ein kleiner Machtkampf. Und Sie können sicher sein: Irgendwann wird der Kunde den Verkäufer schon auf unsicherem Terrain erwischen. Tappen Sie gar nicht erst in diese Falle, gestalten Sie das Gespräch aktiv. Möglichkeiten, das Frage-Antwort-Ping-Pong zu unterbrechen:

Unterbrechen Sie das Frage-Antwort-Ping-Pong!

1. Verkäufer: „Eine interessante Frage. Die haben wir uns hier auch schon gestellt. Und deshalb empfehlen wir ..." oder

2. Verkäufer: „Interessanter Punkt. Was steckt hinter dieser Frage?"

Beispiel

Auf diese Weise positionieren Sie sich wieder auf Augenhöhe mit dem Kunden.

(31) Wo bleibt das Positive?

High Performer glänzen durch die herausragende Fähigkeit, aus einer Situation das für sie Wichtige, Positive herauszuziehen und dem Rest keine Bedeutung zu schenken. Ein Paradebeispiel dafür ist Oliver Kahn, der seine Torwart-Karriere nach sagenhaften 557 Bundesligaspielen im Mai 2008 beendete.

Beispiel: Die Torwartfrage bei der WM 2006

Als die Torwartentscheidung für die WM 2006 zugunsten von Jens Lehmann gefallen war, redeten sich Fans, Sportjournalisten, Freunde, Feinde und Neider Kahns die Köpfe heiß darüber, was das für den „Titan" wohl bedeuten müsse. Nur Kahn selbst blieb cool und teilte stoisch mit: „Ich sehe das große Ganze." Im Spiegel-Interview zwei Jahre später ergänzt er: „Ich habe 2006 viel gelernt. (...) Die Erfahrung, dass man nicht immer nur da unten auf dem Platz stehen und gewinnen muss, um wirklich erfolgreich zu sein, war sehr befreiend." Kahns Fazit: „Während der WM auf der Bank zu sitzen, das war für mein Leben im Nachhinein sehr wichtig, wichtiger vielleicht, als selbst zu spielen."[38]

Wie Sie den Oliver-Kahn-Tunnelblick für sich nutzen können ...

Die Dinge sind eben nicht, wie sie sind, sondern sie sind, was wir aus ihnen machen. Das gilt auch im Verkaufsgespräch: *Sie* entscheiden, wie viel Bedeutung Sie Einwänden und Kritik geben wollen. Der Kahn'sche Tunnelblick zur richtigen Zeit macht Sie unschlagbar! Viele Kundeneinwände bekommen erst dadurch Gewicht, dass Verkäufer sich so ausführlich mit ihnen beschäftigen. Mit jedem Wort der Verteidigung wiegt die Kundenkritik dann schwerer. Lenken Sie stattdessen Ihre Aufmerksamkeit (und die Ihres Kunden!) auf das Positive. Mit anderen Worten: Machen Sie das Plus groß und verkleinern Sie das Minus!

Ein Finanzberater möchte mit einem Kunden über steueroptimierte Geldanlagen sprechen. Der Kunde reagiert abwehrend: „Ja, aber dafür habe ich doch meinen Steuerberater!" Die Standardreaktion vieler Verkäufer ist, lang und breit zu erklären, was Steuerberater alles nicht leisten (können). Was beim Kunden hängen bleibt, ist entweder „Da habe ich wohl einen wunden Punkt getroffen!" oder „Der macht ja meinen tollen Steuerberater mies!" Auf jeden Fall redet sich der Verkäufer um Kopf und Kragen. Ziehen Sie sich lieber gezielt das Positive heraus. Beispiel: „Das hoffe ich doch, Herr Kunde, dass Sie einen guten Steuerberater haben! Und damit Ihr Steuerberater in der nächsten Steuererklärung noch mehr absetzen kann, sollten wir uns zusammensetzen."

Ein Beispiel aus der Finanzberatung

Nehmen wir an, jemand verkauft hochwertige Kosmetik im Direktvertrieb und möchte eine treue Kundin zu einer Empfehlung veranlassen. Die Verkäuferin fragt ihre Kundin also, ob sie zufrieden ist mit ihr als Beraterin und erzählt ihr, dass sie überwiegend auf Empfehlungsbasis arbeitet. Anschließend fragt sie ganz direkt: „Wäre das denn für Sie vorstellbar, dass auch Sie mich weiterempfehlen?" (Eine detaillierte Einführung in diese Gesprächsstrategie gibt meine Empfehlungslogik.[39]) Viele Kunden werden in dieser Situation spontan zustimmen: „Ja, klar!" Andere reagieren mit einem typischen „Ja, aber …": „Ja, aber mir fällt keiner ein", beispielsweise, oder: „Ja, aber die sind schon alle Kunde bei Ihrer Firma." Die Lösung: Machen Sie auch hier das Plus groß, relativieren Sie das Minus. Schließlich sagt die Kundin „Ja", bevor sie einen Einwand nachschiebt. In der Praxis kann das so aussehen:

Beispiel „Ja, aber"-Kunden

Kundin: „Ja, aber mir fällt keiner ein!" (Oder: „Ja, aber die sind schon alle Kunde bei Ihrer Firma.")

Beraterin: „Frau Kundin, wenn ich Sie richtig verstanden habe, ist es an sich für Sie vorstellbar, dass sie mich empfehlen [= Ja der Kundin herausarbeiten]. Jetzt geht es dann nur noch darum, an wen, oder?"

Verstärken Sie Wichtiges, Positives, überhören Sie Negatives. Beachtung schafft Verstärkung, sagt eine alte Rhetorik-Weisheit. Je mehr Beachtung Sie dem „Aber" schenken, desto größer machen Sie es. Das können Sie bei sich selbst antesten. Wenn ich zu Ihnen sage, „Denken Sie jetzt nicht an den Eiffelturm!", was tun Sie gerade? Natürlich genau das. Dieser „Eiffelturmeffekt"

Überhören Sie bewusst und verstärken Sie Wichtiges!

wirkt in jedem Gespräch und natürlich auch im Verkaufsgespräch. Sie haben die Wahl, ob Sie sich auf das Positive oder Negative konzentrieren wollen. Sinnbildlich gesprochen: Halten Sie es wie der leckere Speisepilz. Der zieht sich nur die Nährstoffe aus dem Boden und wird zur teuren Delikatesse. Der Giftpilz daneben nimmt nur die Giftstoffe auf, und alle machen einen weiten Bogen um ihn.

„Mit der Zeit nimmt die Seele die Farbe der Gedanken an."
(Mark Aurel, römischer Kaiser)

Deuten Sie Angriffe positiv um!

Nach diesem Prinzip können Sie übrigens auch persönliche Angriffe problemlos kontern. Ziehen Sie sich das Positive aus einem Vorwurf und ignorieren Sie den Stachel, der Sie treffen sollte. Bill Gates beispielsweise wurde in einem Interview einmal gefragt, ob er tatsächlich so ein Streber sei, wie man ihm nachsage. Gates deutete diesen Angriff ganz souverän um: „Wenn Sie mit ‚Streber' meinen, dass ich gewissenhaft bin und eben nicht oberflächlich, dann haben Sie Recht!" Mit dieser Umdeutungsstrategie können Sie die unterschiedlichsten Vorwürfe ins Leere laufen lassen („Wenn Sie mit ‚arrogant' meinen, dass ich sehr selbstbewusst bin, haben Sie Recht." „Wenn Sie mit ‚Workaholic' meinen, dass ich viel bewegen will, haben Sie ganz Recht.")

Chancen sehen – statt Hindernisse

Wie unterschiedlich das Leben sich darstellen kann, je nachdem, ob man es grundsätzlich positiv oder eher skeptisch betrachtet, verdeutlicht eine kleine Geschichte: Zwei Schuhverkäufer werden nach Afrika geschickt, um dort den Markt für Schuhe einzuschätzen. Der eine von ihnen telegrafiert postwendend nach Hause: „Keine Chance – niemand trägt Schuhe!" Zeitgleich trifft das Telegramm des anderen in der Schuhfabrik ein. Dort steht: „Grenzenlose Möglichkeiten – keiner hat Schuhe!"

ꝶ **Beachtung schafft Verstärkung!**

130

(32) Die Kraft der Beobachtung

Manchmal stelle ich meinen Seminarteilnehmern folgende Frage: „Stellen Sie sich vor, einige meiner Studenten von der Fachhochschule Worms wären anwesend. Stellen Sie sich weiterhin vor, sie würden Sie beobachten und später einen Bericht über Sie schreiben, in dem auch der Eifer berücksichtigt wird, mit dem Sie sich hier im Seminar Notizen machen. Glauben Sie, dass Sie in diesem Fall aufmerksamer mitschreiben würden?" Gewöhnlich grinsen alle und nicken: Ja, wenn ihre Mitschriften bewertet würden, wären sie viel stärker darauf bedacht, sich Notizen zu machen. Sie würden es viel bewusster tun und wesentlich leistungsorientierter, als wenn sie nicht beobachtet würden.

Was passiert, wenn wir beobachtet werden?

Das ist ein schlichtes, aber sehr aussagekräftiges Beispiel. Dabei gilt: Man kann diesen Effekt auch durch Eigenbeobachtung erzielen. Sobald man sich selbst bei seinem Tun beobachtet, ist man sich seiner Tätigkeit stärker bewusst und erledigt die Dinge gründlicher. Wenn man einem bestimmten Verhaltenselement Aufmerksamkeit widmet, erbringt man in diesem Bereich tendenziell bessere Leistungen, als wenn man ihn gedankenlos abarbeitet. Eine der großen Stärken erfolgreicher Menschen ist, dass sie sich selber reflektieren und aus ihren Selbstbeobachtungen Schlüsse ziehen, ihr Verhalten optimieren.

Ihr ganz persönlicher KVP

„Sobald ich von der Bühne bin oder sobald ich eine Produktion abgeschlossen habe, ist Manöverkritik angesagt. Was kann man besser machen? Dazu setze ich mich mit meinem Team zusammen. (...) Das nächste Stück muss immer noch besser gelingen als das letzte. Ich finde es normal, dass man sich selbstkritisch reflektiert ..."
(Leslie Mandoki, Musiker und international erfolgreicher Musikproduzent, Interview ab S. 217)

KVP, ein kontinuierlicher Verbesserungsprozess, ist also nichts, was man nur den großen Unternehmen überlassen sollte. Wer sich wie Mandoki nach jedem Verkaufsgespräch Zeit für Manöverkritik nimmt, kann gar nicht anders als besser zu werden!

Ein ebenso wichtiger Faktor bei der Selbst-Optimierung ist die Beobachtung anderer. Was macht High Performer erfolgreich? Wo kann man sich etwas abschauen? Nicht jedes Rad muss man schließlich selbst erfinden. Manche Menschen verbauen sich die-

„Modelling of Excellence"

sen wirksamen Lernweg nur deshalb, weil es ihnen schwerfällt anzuerkennen, dass andere ihnen im einen oder anderen Punkt (noch) überlegen sein könnten. Schade eigentlich – und völlig überflüssig, schließlich kann niemand auf allen Gebieten perfekt sein. Unternehmensberater nennen dieses Abschauen übrigens „Modelling of Excellence", und da klingt es doch gleich viel stärker nach einer Profi-Strategie.

Beispiel: Herr Ackermanns geniale Antwortstrategie

Gerade in punkto Gesprächsstrategien kann man von Personen des öffentlichen Lebens (die häufig genug professionell geschult sind) immer wieder lernen. In den ARD Tagesthemen gab Deutsche Bank-Chef Josef Ackermann kürzlich ein Interview. Ackermann steht quasi seit Jahren unter Dauerbeschuss: vom Victory-Zeichen im Mannesmann-Prozess über die Verquickung von Entlassungen und Rekordgewinnen in einer Rede auf der Hauptversammlung bis zur amerikanischen Immobilienkrise, die auch bei der Deutschen Bank für hohe Verluste sorgte. Im fraglichen Interview präsentierte sich der Banker allerdings in Top-Form. Heikle Fragen parierte er äußerst geschickt. Mit einem gelassenen Lächeln behauptete er: „Interessanter Punkt. Aber die eigentliche Frage ist doch …", um anschließend elegant genau die Frage zu beantworten, die er gerade selbst ins Spiel gebracht hatte! Das funktionierte selbst bei der routinierten Moderatorin mehrfach – und es bewährt sich durchaus auch im Kunden- oder Seminargespräch.

Beobachtetes auch verwerten & umsetzen!

Ich bin sicher nicht der Einzige, dem diese Strategie aufgefallen ist. Der eigentliche Punkt ist nicht, solche Aspekte zu sehen; der eigentliche Punkt ist, sie für sich selbst anzuwenden! Die Ausbremser-Strategie für heikle Fragen mag nur ein kleiner Baustein Ihres Könnens sein – aber je mehr solcher Bausteine Sie zusammentragen, desto sicherer legen Sie das Fundament für Ihren Erfolg. Für mich ist das schlicht eine Frage der Wahrscheinlichkeitserhöhung. Lohnende Beobachtungsfelder gibt es viele: jeder Vortrag, den Sie besuchen, jedes Seminar, aber auch jeder Empfang, jede Veranstaltung, zu der Sie eingeladen sind. Wie präsentieren sich andere?

„Es gibt schlechte Verkäufer, Durchschnittsverkäufer und Top-Verkäufer. Von den Spitzenverkäufern kann man unglaublich viel lernen – man muss nur bereit sein, genau hinzuschauen!"
(Achim Wilhelm-Wittschier, Vorstand der SHB AG)

Fazit: Die Kraft der Beobachtung wirkt auf zweierlei Weise – über die Selbstbeobachtung und die Beobachtung anderer. Und es gibt noch ein drittes Moment: Anders als andere Berufsgruppen stehen Sie als Verkäufer sehr stark unter Beobachtung. Ihr Verkaufserfolg hängt unmittelbar davon ab, ob Sie im Verkaufsgespräch eine überzeugende Performance bieten. Mit Produkt und Preis allein kann man wenig ausrichten, wenn die persönliche Performance nicht stimmt.

„Schaulaufen": Models und Verkäufer

Einmal hatte ich die besondere Gelegenheit, mich mit Heidi Klum zu unterhalten. Wir sprachen über Werbung und Marketing, übers Präsentieren und Verkaufen. Ob für Katjes oder die eigene Schmuckkollektion, für Birkenstock oder McDonald's – Heidi Klum spielt nach Einschätzung der Hamburger Agentur Jung von Matt in der Top-Liga und verdient pro Marke „eine hohe fünfstellige Summe bis zu einer Million". Gerade deshalb war es für mich so wichtig, herauszufinden, nach welchen Kriterien Heidi in ihrer Casting-Show „Germany's Next Topmodel" den potenziellen Nachwuchs auswählt. Heidi & Co. bewerten die Mädels nicht nur nach ihrem Äußeren, sondern vor allem danach, wie sie sich geben, wie sie sich verhalten, ob sie dem harten Model-Business standhalten werden. Viel reisen, ständig neue Menschen und immer unter Beobachtung – wenn man so will: ein klassisches Verkäuferleben. Nur wer bei dem Stress diszipliniert und professionell sei und mit Ausstrahlung punkte, habe das Zeug für eine Karriere. Lena Gercke, Siegerin unter den 18 000 Mädchen der ersten Staffel, auf die Frage, welche überraschenden Fähigkeiten sie sich angeeignet habe: „Vor allem Mut und Selbstbewusstsein, Schlagfertigkeit und Improvisationstalent." So spricht jemand, der weiß, dass er ständig unter Beobachtung steht!

Wenn Sie die Kraft der Beobachtung für sich nutzen wollen, lautet die Kernfrage: Was ist merkwürdig – mit anderen Worten: „würdig sich zu merken"?

Schulen Sie Ihren Blick!

133

Die folgenden Fragen schärfen den Blick:

1. Was wird zum Ausdruck gebracht?
2. Wodurch wird das zum Ausdruck gebracht?
3. Warum – welches Motiv steckt vermutlich dahinter?
4. Wie kann dieses Motiv befriedigt werden? Wie kann ich beispielsweise im Verkauf darauf eingehen?

Wenn wir einem Menschen begegnen, wirkt dieser durch Stimme und Körperbau, Kleidung und Verhalten/Körpersprache auf uns. Wir treffen unsere Einschätzungen normalerweise intuitiv und ordnen jemanden als schüchtern oder dominant, zugewandt oder kühl ein. Schulen Sie Ihren Blick, indem Sie Ihre Eindrücke bewusst analysieren. Dabei gilt: Hinter jedem menschlichen Handeln steckt ein Motiv. Idealerweise befriedigen Sie im Verkaufsgespräch Grundmotive Ihres Kunden: Wer nach Status strebt, ist für andere Argumente zugänglich, als jemand, dessen Kernwerte „Kompetenz" oder „Harmonie" lauten.

Was ist „merkwürdig" – würdig, sich zu merken?!

134

10. Secret:

Warum Sie Abschlussfragen vergessen sollten

Abschlusssicher verkaufen? Vielen Verkäufern kommt da als Erstes das Thema Abschlusstechniken in den Sinn. Dahinter verbirgt sich die Hoffnung auf den ultimativen rhetorischen Kniff, der auch dann noch den Erfolg sichert, wenn der Kunde am Ende der Beratung meint: „Vielen Dank! Ich werde mir das überlegen." Wer als Verkäufer die Situation jetzt noch drehen will, muss schon kräftig rudern. Investieren Sie lieber von vornherein in eine optimale Gesprächsführung, statt am Ende des Verkaufsgesprächs rhetorische Reparaturen vorzunehmen. Wenn Ihre Strategie im Verkaufsgespräch stimmt, ist der Abschluss keine Frage der Technik, sondern die logische Konsequenz!

(33) Wer einbezogen wird, steigt nicht aus

Beispiel:
Der Gast
„kocht" mit

Eine der erfolgreichsten Neugründungen der letzten Jahre in der Gastronomie ist die Restaurantkette „Vapiano". Stilvolle, in klassisch-nordischem Design eingerichtete Restaurants gibt es unter anderem in Antwerpen, Berlin, Budapest, Hamburg, Istanbul, München, Stockholm, Washington, Wien, Zürich und über 20 weiteren Städten weltweit. Die Restaurants befinden sich in exzellenten Lagen und bieten exzellente Pizza, Pasta und Salate zu überraschend günstigen Preisen. Das Besondere in den Vapianos: Der Kunde erhält am Eingang eine Chip-Karte und stellt sich an der Bar, an einer Salatbar und der Pastatheke selbst sein Menü zusammen. Dabei kann er nicht nur den Köchen bei der Zubereitung auf die Finger schauen, sondern auch sein Menü völlig selbst kreieren – welche Soße zu welcher Pasta soll's denn sein? Beim Verlassen des Restaurants wird seine Chip-Karte, die an jeder seiner „Bestellstationen" zum Einsatz kam, an der Kasse gelesen. Das Vapiano-Konzept ist ungeheuer erfolgreich; die Kette expandiert. Das Ganze „Selbstbedienung" zu nennen wäre ein schnödes Missverständnis. Die Vapianos setzen auf „Mitwirkung", und den Kunden macht das erkennbar Spaß: Sie gestalten Ihren Restaurantabend, und im geschmackvollen Ambiente verbietet sich jeder Vergleich mit herkömmlichen Fast-Food-Ketten.

Die Identifikation
mit dem Produkt
stärken

Was reizt die Vapiano-Fans? Dass die gut verdienenden Business People, die sich hier nach Feierabend treffen, einfach nur Geld sparen wollen, ist unwahrscheinlich. Offenbar stärkt es die Identifikation der Kunden mit dem Anbieter (und dem Angebot), dass man irgendwie „selbst mitmachen" kann. Diese Grundidee lässt sich nahtlos auf andere Bereiche übertragen. Das beginnt beim Beschriften des eigenen Namensschildes beim Start eines Seminars, geht weiter beim Mitrechnen des Kunden in der Finanzberatung (Was ist glaubwürdiger als selbst ermittelte Zahlen?) und endet beim elektronischen Buchen, Einchecken und der Wahl des späteren Menüs vor der Flugreise. Wenn der Kunde das Endprodukt selbst mit beeinflussen kann, wird er kurz vor dem Abschluss kaum noch sagen, er müsse „noch mal überlegen".

136

Wenn Sie Ihrem Kunden ein zu detailliertes, ausgearbeitetes Konzept zeigen, lehnt er es wahrscheinlich (zumindest innerlich) ab. Warum? Sie haben ihn vor vollendeten Tatsachen gestellt, und er fragt sich, „Was habe ich damit zu tun?" Denn es sind Ihre Gedanken, es ist Ihre Arbeit – nicht seine. Er fühlt sich nicht mit einbezogen. Der Sprung zwischen dem Gespräch, in dem er seine Vorstellung geäußert hat, und Ihrer Präsentation „seiner" Lösung war zu weit, war zu schnell. Entweder gibt es nun zu viel, das sein Misstrauen weckt – oder aber zu wenig. Beides ist schlecht. Er versteht den Weg zur Lösung nicht, den Sinn, die „big idea"! Es ist schwer für ihn, sich etwas anders vorzustellen, wenn das, was Sie ihm zeigen, schon zu konkret ist, zu endgültig – also noch „am Ende gültig".

Ihr Konzept ist fix und fertig?

Was hat Ihr Kunde dann damit zu tun?

Stellen Sie Ihren Kunden mit Ihrem Angebot vor vollendete Tatsachen, hat er kein Spiel mehr, keinen Raum für eigene Vorstellungen und Ideen. Gehen Sie deshalb den Weg mit dem Kunden gemeinsam. Beziehen Sie ihn mit ein! Kurzum: Arbeiten Sie mit ihm, statt ihn mit Ihrer „ultimativen" Idee zu konfrontieren. So bleibt genügend Raum für Inspirationen, um die Idee gemeinsam weiterzuentwickeln und zu verändern. Nur so sieht er das große Ganze, die „big idea". Das funktioniert beim Möbelkauf genauso wie bei der Finanzberatung oder der Website-Gestaltung.

Den Weg mit dem Kunden gemeinsam gehen

In meinem Training „FlowSelling®" sprechen wir in diesem Zusammenhang vom „Maßanzug", der dem Kunden in einer optimalen Beratung angepasst wird. Ein guter Maßschneider lotet zunächst die Vorstellungen seines Kunden bei Stoff, Schnitt und Verarbeitung aus. Er hört aufmerksam zu, macht Vorschläge und nimmt sorgfältig Maß. So tastet er sich gemeinsam mit dem Kunden Schritt für Schritt an das Endprodukt heran. Der Kunde probiert den Anzug mehrfach an, hier und da werden noch Kleinigkeiten verändert, um die Passform zu optimieren. Der Käufer ist die ganze Zeit stark involviert, und es ist überhaupt keine Frage, dass er den Anzug am Ende nehmen wird. Schließlich ist es „sein" Anzug! Gute Verkäufer bieten ihren Kunden Maßanzüge, weniger gute Verkäufer bieten Konfektionsware von der Stange. Keine Frage, wozu ein Kunde eher Ja sagt!

Das Prinzip „Maßanzug"

Apropos Maßanzug: Gute Schneider halten dieses Prinzip des sehr persönlichen Verkaufs bis zum Schluss durch und setzen am

137

Ende noch eins drauf. Ich nenne es das „Finish mit dem Kunden". Beim Maßanzug ist es die Wahl der Knöpfe und das fingerfertige Annähen per Hand; im Restaurant das Filettieren des vorher durch den Gast ausgewählten Fisches direkt am Tisch; beim Italiener um die Ecke zumindest die obligatorische Frage „Un poco di pepe?", mit der Pfeffermühle im Anschlag. Beim Autohändler gibt es als letzten Schliff das Anmontieren der Kennzeichen vor den Augen des Kunden. Der Effekt ist ebenso subtil wie wirksam: „Speziell für Sie, lieber Kunde!" Wie sieht Ihr Kunden-Finish aus?

ℜℜ *Top-Verkäufer passen Maßanzüge an!*

(34) Der Abschluss ist die logische Konsequenz

Tennisprofi Roger Federer sagt, er kämpfe nicht um das Turnier, nicht um das Match, auch nicht um den Satz. „Ich kämpfe um den Ball!" Auch beim Kunden muss ich um jeden „Ball" kämpfen, um das große Ganze zu gewinnen. Der Verkaufsabschluss ist dann die logische Konsequenz einer ganzen Kette richtiger Schritte – und nicht eine Frage irgendwelcher Techniken, die man am Gesprächsende noch schnell aus dem Hut zieht wie der Zauberkünstler das weiße Kaninchen.

Es gilt also, sich beim Verkauf immer auf den wirkungsvollsten Punkt zu konzentrieren, den aktuellen Gesprächsschritt. Wer diesen Punkt zu seinen Gunsten entscheidet, wer aus jedem Moment das Optimum herausholt – und aus dem nächsten natürlich auch! – steuert souverän auf den Abschluss zu. In Kapitel (5) habe ich das Verkaufsgespräch mit einer Treppe verglichen, die man Stufe für Stufe mit dem Kunden geht:

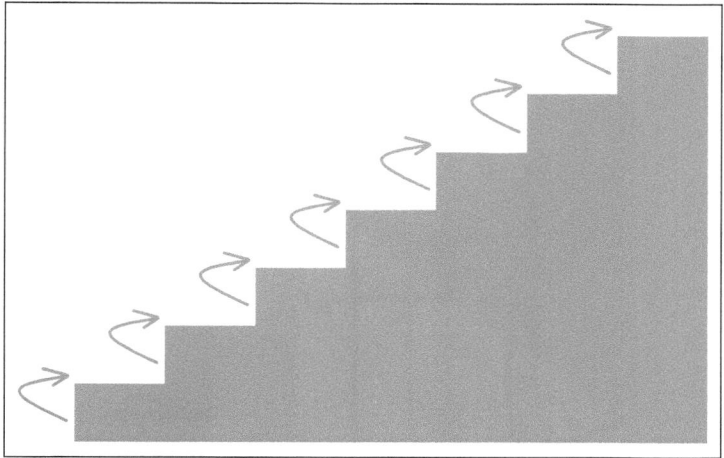

Die Stufen im Verkaufsgespräch: Schritt für Schritt zum Abschluss

In jedem Moment voll konzentriert sein, Punkt für Punkt im Verkaufsgespräch erzielen, das kann ich nur, wenn ich vollkommen sicher bin, welchen Kurs ich steuere und wie es weitergehen wird. Wenn die Gesamtstrategie klar ist, kann ich jeden Augenblick „voll da sein". Eine solche Gesamtstrategie, ein stabiles Grundgerüst für jedes Verkaufsgespräch, bietet „FlowSelling®". Dieses Trainingssystem beschränkt sich nicht auf mehr oder weniger vage Erläuterungen zu den einzelnen Gesprächsphasen, sondern zerlegt jede Phase in Gesprächsschritte, für die Sie als Verkäufer Ihr eigenes Wording entwickeln können. Anregungen dazu geben zahlreiche Formulierungsvorschläge und fundiertes Hintergrundwissen über menschliche Kommunikation. Sie navigieren mit Ihrem Kunden sicher durchs Verkaufsgespräch, das so für Sie selbst zum „Flow"-Erlebnis wird – aber auch für Ihren Kunden, den Sie inhaltlich immer wieder fordern, dem Sie aber auch die nötige Sicherheit vermitteln:

Das Geheimnis der Gelassenheit: eine Gesamtstrategie

139

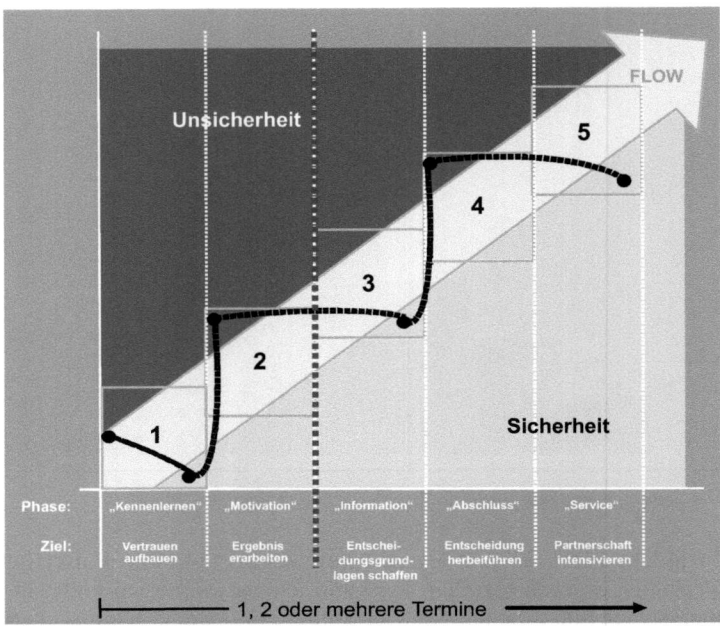

FlowSelling®: „Flow" im Verkaufsgespräch durch klare Strategien und eine klare Gesprächstruktur

Phase 2, die Motivationsphase, lässt sich beispielsweise in folgende Schritte zerlegen:

Beispiel: die Motivations-phase

1. Schritt: **Positionierung** (Firma, Dienstleistung, Vorgehen)
„Was zeichnet unsere Vorgehensweise aus ... Viele Kunden schätzen dabei ..."

2. Schritt: **Perspektive des Kunden einnehmen**
„Wie denken Sie denn über ...?" „Wie gehen Sie im Augenblick mit ... um?"

140

3. Schritt: **Persönliche Zielsetzung konkretisieren**
(Defizite bewusst machen, Motiv erarbeiten)
„Wie soll das aus Ihrer Sicht aussehen?"

⇓

4. Schritt: **Motiv hinter dem Motiv herausarbeiten**
„Was für ein Grund steht da dahinter?"

⇓

5. Schritt: **Einfühlend zuhören und Kunden mit der Wahrheit konfrontieren**
„Sind Sie offen für ein ehrliches Feedback?"

⇓

6. Schritt: **Den „Maßanzug" so gut wie möglich anpassen**
„... wäre also Ihre Wunschvorstellung?"

⇓

7. Schritt: **Vorabschluss: den Kunden in die Pflicht nehmen**
„Helfen Sie mir, wie geht es dann weiter?"

⇓

8. Schritt: **Den persönlichen USP herausstellen**
„Wenn Sie sich auf eines bei mir verlassen können ..."

Ob ein Verkaufsgespräch zum Abschluss führt, entscheidet sich zu 80 Prozent schon in dieser frühen Gesprächsphase: Wer sich hier gut positioniert und die Motive des Kunden sauber herausarbeitet (den „Maßanzug" anpasst), hat den Verkaufserfolg wirksam vorprogrammiert. Erst am Ende des Gesprächs zu Höchstform aufzulaufen, bringt nichts – investieren Sie lieber in eine gute Strategie für den Kompetenz-Check in den ersten Minuten (siehe Kapitel (12) *Gewinner erkennt man am Start*) und in einen sauberen Vorabschluss! Wenn Sie sicher durchs Gespräch navigieren, ist der Abschluss so zum Greifen nah. Dann

Der Abschluss entscheidet sich weit vor dem Gesprächsende!

141

heißt es aber auch Nägel mit Köpfen machen: Wenn der Kunde Bedarf hat und die Absicht zu kaufen, ist es meine Pflicht zu verkaufen. Das ist wie beim Fliegen: Ab einer bestimmten Geschwindigkeit (V1) muss der Pilot durchstarten, da gibt es kein Zurück, keine Möglichkeit zum Start-Abbruch mehr.

„Ein guter Vorabschluss ist wie ein verbaler Handschlag. Darauf können Sie sich in der Abschlussphase verlassen. In 95 Prozent aller Fälle wird Ihr Kunde abschließen, ohne zu zögern. Wer braucht da noch Abschlusstechniken?"
(Andreas Fritsch, Top-Verkäufer und ehemaliges Vorstandsmitglied bei einem internationalen Finanzdienstleister, heute Trainer für „FlowSelling®")

Tipp:
Der optimale
Zeitpunkt, um die
Gesprächs-
ergebnisse im
Kundengedächtnis
zu verankern

Zum eigentlichen Gesprächsabschluss dennoch ein Tipp. Tony Buzan, der bereits weiter vorne zitierte berühmte Gedächtnisforscher, hat unseren Eindruck, das Gedächtnis sei ein Sieb, wissenschaftlich untermauert (siehe auch Kapitel (10)). In der Tat vergessen wir enorm schnell, wie die Buzan'sche Gedächtniskurve in der folgenden Abbildung zeigt: Nach nur einem Tag sind bereits mehr als 80 Prozent der übermittelten Informationen vergessen. Kurz nach einem Gespräch steigt die Merkfähigkeit erstaunlicherweise jedoch etwas an. Ich habe daraus den Schluss gezogen, gemeinsam mit dem Kunden am Ende des Verkaufsgesprächs kurz Bilanz zu ziehen, die wichtigsten Ergebnisse noch

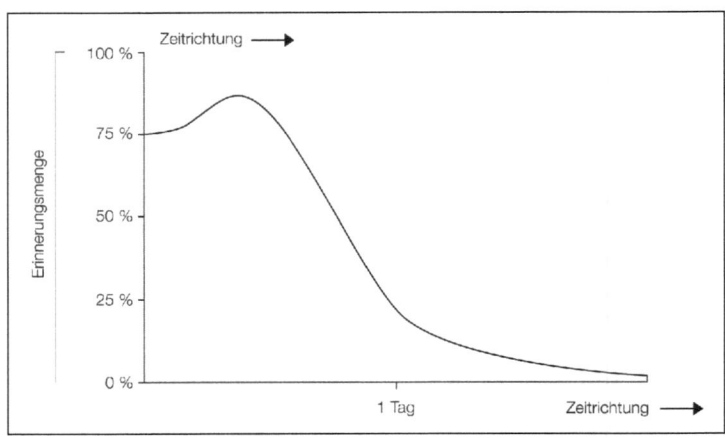

Die Kurve zeigt den Verlauf des Erinnerns nach Buzan. Bereits nach 24 Stunden sind 80 Prozent vergessen.

einmal zusammenzufassen. Anschließend gebe ich ihm etwas Zeit zum „Durchschnaufen", verlasse vielleicht auch für einen Moment den Raum. Auf diese Weise können sich die Informationen setzen und verankern sich besser im Gedächtnis.

Wer um jeden Ball kämpft, gewinnt das Match!

(35) Stellen Sie *keine* Abschlussfrage!

Starfriseur Udo Walz behauptet, er könne Ihnen auch einen Sack Laub als Tischdekoration verkaufen, wenn er nur wolle. Da er aber nur Produkte verkauft, hinter denen er persönlich steht, besuchen Sie seinen Salon ruhig auch im Herbst. Sie laufen nicht Gefahr, ihn mit einem Sack auf der Schulter zu verlassen. Sein verkäuferisches Erfolgsrezept: Sagen statt fragen! Wo andere zögerlich nachhaken: „Möchten Sie vielleicht noch ..., Herr Kunde?" oder „Wie wäre es mit ..., Frau Kundin?" sagt der Starfriseur ganz einfach: „Ich empfehle Ihnen dieses Shampoo. Nehmen Sie es mit! Ich stelle es schon mal nach vorn an die Kasse." Das funktioniert nicht nur bei Shampoo.

Nehmen Sie es mit!

In meinem Lieblingsrestaurant am Starnberger See, dem Häring's (das mit der Promi-Galerie, Sie wissen schon ...), gibt es einen Kellner, der zugleich ein begnadeter Verkäufer ist. Das Häring's ohne Alexander ist kaum vorstellbar – er gehört quasi zum Inventar und kümmert sich dort seit vielen Jahren mit Verve um die Gäste. Alexander versteht es genial, einem die fangfrische Forelle oder die Pfifferlinge von der Tageskarte schon beim Erzählen auf der Zunge zergehen zu lassen: „Ich habe heute einen ganz frischen ... (Punkt!) Und danach gibt es ... (Punkt!)" Ein Fragezeichen sucht man in dieser kulinarischen Verführung vergeblich. Und etwas anderes zu bestellen, als das, was Alexander empfiehlt, käme einem schlicht nicht in den Sinn. Am Schluss, wenn seine Gäste längst wohlig satt in ihren Stühlen dämmern, setzt er im Allgemeinen noch eins drauf: „So, und den Apfelkuchen mit

Unwiderstehliche Versuchung statt fragendes Angebot

143

den knusprigen Mandeln, den wir gerade fertig haben, den pack ich euch auch noch ein!"

Voraussetzung: die Gesprächs-Chemie stimmt

Wer hinter seinem Produkt steht, kann es auch so selbstbewusst präsentieren, dass es nicht als unverbindliches Angebot daherkommt, sondern als etwas, das der Kunden sich nicht entgehen lassen sollte. Der Verkäufer fragt nicht vorsichtig, er preist auch nicht plump an – er tut seinem Kunden schlicht etwas Gutes. Voraussetzung ist natürlich, dass die Gesprächsatmosphäre, die viel zitierte „Chemie", stimmt. Und stimmt die am Ende des Verkaufsgesprächs nicht, ist schon vorher irgendetwas falsch gelaufen.

Den Kunden in seiner Entscheidung bestärken ...

Nach einem guten Gespräch ist die Beziehung zum Kunden normalerweise in einer Hochphase. Das ist die Gelegenheit, den Abschluss oder Kauf noch einmal zu bestärken: „Dann sage ich jetzt auf gute Zusammenarbeit!", „Ich freue mich sehr auf uns und unsere Zusammenarbeit!" oder „Ich bin mir sicher, dass Sie viel Freude mit dem ... haben werden!" Um dem Kunden zusätzlich Sicherheit zu geben, bietet sich auch ein Blick in die Zukunft an: „Schauen wir uns doch gerade an, wie unsere nächsten Schritte aussehen ..." oder auch als Frage: „In welcher Form und Häufigkeit möchten Sie von mir betreut werden?"

... und upsellen!

Hat der Kunde sich mit einem guten Gefühl zum Kauf entschlossen, schlägt auch der Moment des Upselling. Wer genau das Hemd gefunden hat, das er gesucht hat, kauft auch gern noch eine Krawatte dazu, wer gerade seine Traumschuhe erstanden hat, spart nicht an der Schuhcreme, und wer erst einmal für ein Automodell entflammt ist, gönnt sich dann auch eine schöne Ausstattung.

 Zum Abschluss: Sagen statt fragen!

(36) Nach dem Abschluss ist vor dem Abschluss!

Leider meinen etliche Unternehmen, nach dem Abschluss könne man sich beruhigt zurücklehnen. Der Kunde hat über 40 000 Euro in einen Neuwagen investiert – und der nächste Kontakt mit dem Händler ist erst die Inspektion oder gar eine ärgerliche Reparatur. Nur wenige Verkäufer erkundigen sich nach ein paar Monaten persönlich beim Autokäufer, wie er denn mit dem Wagen zufrieden ist. Dahinter steckt eine wichtige Erkenntnis: Wachstum ergibt sich durch eine gute Kundenbeziehung. Im Klartext: Um mehr zu verdienen, muss man eine höhere Wertschöpfung (und Wertschätzung!) pro Kunde erreichen. Ein anderes Beispiel: Viele Banken locken Neukunden mit interessanten Zinskonditionen. Ihren Bestandskunden verweigern Sie genau diesen Zinssatz, der ausdrücklich nur für „neues Geld" gilt. Stößt ein Bestandskunde auf so ein Angebot, weiß er wenigstens, dass er ab jetzt als Geschäftspartner zweiter Klasse behandelt wird! Drittes Beispiel: Jede Tageszeitung wirbt ständig um neue Abonnenten und belohnt Werber mit Geschenken. Wer seit fünf, zehn oder gar zwanzig Jahren treuer Abonnent ist, hört dagegen nichts von seinem Blatt. Warum hat eigentlich noch niemand an „Jubiläumsgeschenke" oder andere Aufmerksamkeiten für treue Abonnenten gedacht?

Was kümmert mich mein Bestandskunde??

„Jemand, der nur einmal kommt, ist relativ leicht zu begeistern, aber beim hundertsten Mal immer noch zu begeistern – da müssen Sie richtig Gas geben ..."
(Klaus Kobjoll, Gründer & Leiter des vielfach preisgekrönten Tagungshotels „Schindlerhof"; Interview ab Seite 207)

Alle drei Beispiele basieren auf einer krassen Fehleinschätzung. Denn was für Fußballspiele stimmt, gilt auch im Verkauf: Nach dem Abschluss ist vor dem Abschluss! Wer sich auf seinen Abschluss-Lorbeeren ausruht, versäumt den letzten Schritt zur verkäuferischen Exzellenz – den Schritt, aus seinen Kunden Fans zu machen. Dafür muss ich als Verkäufer dranbleiben, meinem Kunden auch nach dem eigentlichen Verkauf noch Wertschätzung und Interesse spenden. Das ist bei Produkten, die man weder sehen noch anfassen kann, noch wichtiger als beim Verkauf konkreter, dinglicher Produkte. An meinem neuen Traumwagen

Kunden zu Fans machen!

kann ich mich jeden Morgen beim Betreten der Garage freuen. An eine Geldanlage oder eine Versicherung dagegen werde ich als Kunde allenfalls durch monatliche Zahlungen erinnert. Das Produkt selbst „vergilbt" schneller als das Papier, auf dem es gedruckt steht, wie Torsten Deckert, Direktor Consus Limited, es formuliert. Als Berater habe ich meine Kunden daher regelmäßig mit Informationen versorgt, die solche Papierprodukte „aufhübschen" – Zeitungsartikel verschickt, Studien zitiert, auf günstige Kursentwicklungen hingewiesen usw. Das bot nebenbei auch die Gelegenheit, weiteren Gesprächsbedarf auszuloten.

„Wir sind hier, um Fans vom Chefsessel bis hin zum winzigsten Büro zu gewinnen."
(Aus der Website von UPS)

Etwas mehr tun als „das Übliche"! Unternehmen, die es schaffen, aus ihren Kunden Fans zu machen, lassen sich etwas einfallen, um ihrer Fangemeinde ihre Wertschätzung zu zeigen. Sie rufen Clubs ins Leben, sie bitten um Feedback, sie erweisen persönliche Aufmerksamkeiten, sie veranstalten besondere Stammkunden-Events usw. Einer meiner langjährigen Auftraggeber, die Feri Wealth Management, veranstaltet beispielsweise „Herbstabende" mit Dinner und Vorträgen auf höchstem Niveau, die Informationen zu Anlagestrategien des kommenden Jahres bieten. Kurz: Sie tun etwas mehr als das Übliche. Das beginnt beim Optiker, der daran erinnert, dass der letzte Sehtest bereits zwei Jahre zurück liegt, und einen kostenlosen Nachtest anbietet, und endet noch längst nicht beim persönlichen Geburtstagsgruß des Finanzberaters. Warum eigentlich verschwindet das Geburtsdatum, das doch überall erfragt wird, zu 99,9 Prozent „ungenutzt" in Aktenordnern?

Früher genügte es, sich auf einen neuen Zustand einstellen zu können. Heute geht es darum, den Wandel und die ständigen Erneuerungen erfolgreich zu nutzen.

146

Teil II

Interviews:
Erfolgs-„Verkäufer"
und ihre Geheimnisse

Heiner Tamsen

Nach den Sternen greifen

... um nicht „in den Schmutz zu langen"

Heiner Tamsen

+ + + + Dienstag, 11. Dezember 2007
Hamburg, Elbchaussee + + + +

Wer hier wohnt, hat es geschafft. Die Hamburger Elbchaussee ist eine der feinsten Adressen der Hansestadt; Villa reiht sich an Villa. Großzügige Gärten und der Blick auf die Elbe, dazu Stadtnähe und Abgeschiedenheit gleichermaßen, das macht den besonderen Reiz dieser Straße aus. Heiner Tamsen bezieht gerade sein neues Domizil, ein repräsentatives Landhaus, ausgestattet mit edlen Hölzern und jahrhundertealten Böden. Kurz noch letzte Anweisungen an die zahlreichen Handwerker und ein paar Telefonate, dann ist der Hausherr bereit für ein Gespräch.

Der Name Tamsen steht für Autos der Luxusklasse: In der Hamburger Niederlassung des Autohauses (www.tamsen.de) werden „alle sechs Hersteller des automobilen Olymps" präsentiert – Aston Martin, Bentley, Rolls-Royce, Ferrari, Lamborghini und Maserati. Angefangen hat der gebürtige Bremer nach einer Ausbildung zum Kfz-Mechaniker als freier Handelsvertreter für Motorradteile. Keine zehn Jahre später ist Tamsen weltweit größter Ferrari-Händler mit Sitz in Bremen; 2003 eröffnet er eine zweite Filiale in Hamburg. Die Überraschung ist groß, als der Top-Verkäufer zwei Jahre später seine Autohäuser an den US-Amerikaner Roger Penske und dessen United Auto Group verkauft. Auch wenn er das längst könnte: Zur Ruhe setzt sich der Erfolgsunternehmer damit nicht. Sein neuestes Projekt: Bau und internationaler Vertrieb exklusiver Luxusyachten. Die erste Tamsen 40 M ist bereits vom Stapel gelaufen. Was ist das Geheimnis dieser beispiellosen Verkaufskarriere?

Roger Rankel *Heiner, wir sind hier in der noblen Hamburger Elbchaussee in deinem großzügigen neuen Anwesen. Vor wenigen Jahren hast du mit Anfang 40 dein Autohaus verkauft. Von dem Erlös hättest du dich bequem zur Ruhe setzen können. Wie kam es zu diesem beeindruckenden Erfolg?*

Heiner Tamsen Ursprünglich wollte ich eigentlich Fahrzeugbau studieren, entschied mich aber zunächst für eine Ausbildung zum Kfz-Mechaniker. Studiert habe ich dann nicht mehr. Die Jahre bis 30 sind im Job die wichtigsten. Irgendwann habe ich gemerkt: Im Studium lerne ich Dinge, die brauche ich für das, was ich will, nicht mehr, das kostet alles nur meine Zeit. Nebenbei habe ich schon damals viel gearbeitet, Fahrzeuge repariert nach Feierabend, von 17:00 Uhr bis Mitternacht, und vor Arbeitsbeginn von 05:00 bis 08:00 Uhr, dazwischen von 08:00 bis 17:00 Uhr die Lehre. So bekam ich mein erstes Startkapital zusammen. Ich habe wirklich mit nichts angefangen aus einfachen bürgerlichen Verhältnissen heraus.

Ich habe schnell mein Talent zum Verkaufen entdeckt und gebrauchte Waren gehandelt. Mit knapp 19 Jahren machte ich mich dann selbstständig als freier Handelsvertreter und verkaufte zunächst Motoradersatzteile und -zubehör für eine Schweizer Aktiengesellschaft. Ich habe den Vertrieb aufgebaut, von Flensburg bis München alle Motorradhändler abgegrast und damit schon in jungen Jahren viel Geld verdient.

Dann kam die Idee, Fahrzeugexport in die USA zu betreiben. Ich habe also einen gelben Porsche gekauft und bin damit nach Florida – mit nichts als meinem Schulenglisch und ohne drüben jemanden zu kennen. Fort Lauderdale, Miami, St. Petersburg, alle wollten das Auto haben, aber das Ganze scheiterte am Umbau auf US-Normen, von dem keiner genau wusste, wie es geht. Ich bin sogar selbst zum Government Printing Office in Washington gefahren, um mir die Gesetzestexte für den Umbau zu beschaffen. Schließlich habe ich doch noch ein Umbauunternehmen gefunden und über die Jahre insgesamt etwa 2 000, 3 000 Autos in die USA verkauft – gebrauchte Porsche, BMW, Jaguar, Mercedes. So verdiente ich meine ersten Millionen.

Mit 24 Jahren habe ich dann durch den Betrug eines Amerikaners knapp zwei Millionen verloren. Heute sage ich lieber ein Mal öfter Nein als Ja zu einem Geschäft. Man lebt oft ja auch von Geschäften, die man *nicht* macht. Ich habe den Verlust aber gut überstanden: In guten Zeiten kann jeder Kaufmann sein, in schlechten muss er sich beweisen. 1985 habe ich dann die Tamsen Leasing gegründet und als einer der ersten Luxusfahrzeuge im Inland verleast.

Und wie kamst du vom Leasing zum Handel mit Luxusautomobilen? Roger Rankel

1988 infizierte mich der Ferrari-Virus mit dem Testarossa – ich wollte Ferrari-Händler werden. Da hatte ich schon einen florierenden Autohandel mit Schwerpunkt Leasing hochwertiger Fahrzeuge. Trotzdem war es ein bisschen verrückt, sich um eine Ferrari-Vertretung zu bewerben und womöglich 100 Wagen jährlich geliefert zu bekommen. Heiner Tamsen

Ferrari machte mir ohnehin wenig Hoffnung. Ich habe dann den ersten Schritt auf eigenes Risiko getan und ohne Zusage von Ferrari ein Autohaus gebaut. Zur Einweihung schickte ich eine Einladung nach Italien. Es kam tatsächlich jemand – und Ferrari war völlig begeistert: Man hatte dort noch nie erlebt, dass jemand so weit in Vorleistung geht. Außerdem hatte ich vorher ganz Deutschland bereist, mir alle anderen Ferrari-Händler angeschaut und konstruktive Kritik geübt. Das war der zweite Punkt, der Ferrari veranlasste zu sagen: „Jawohl, wir machen das in Bremen."

In der Branche traute man dem Gebiet nichts zu. „Da können Sie höchstens zehn Autos absetzen", hieß es. Im ersten Jahr verkaufte ich 30 Autos, danach 130 und war damit weltweit größer Ferrari-Händler im zweiten Jahr. Das sprach sich ganz schnell herum auf den großen Messen, Genfer Autosalon, Frankfurter IAA, und plötzlich kamen die großen Marken auf mich zu: Rolls-Royce, Bentley, später dann Aston Martin und Maserati. 2003 wurde dann die Hamburger Niederlassung eröffnet, und Lamborghini kam hinzu. Diese sechs Marken unter einem Dach, das war weltweit einmalig.

Würdest du sagen, dein heutiger Wohlstand ist das Ergebnis guten Verkaufens? Roger Rankel

Ja, absolut. Das sind die Früchte, die man erntet, wenn man als Verkäufer erfolgreich ist. Für jeden wirklich guten Verkäufer steht aber an erster Stelle nicht der finanzielle Aspekt, sondern Heiner Tamsen das Erfolgserlebnis – das Erlebnis, den Kunden überzeugt zu haben. Denn nur jemand, der überzeugt ist, kann überzeugen; nur wer selber begeistert ist, kann begeistern. Verkaufen bedeutet überzeugen, begeistern. Dass man als vernünftiger Kaufmann so kalkuliert, dass man dabei was verdient, ist völlig klar.

Roger Rankel

Was machst du anders als andere? Wodurch dieser ungewöhnliche Verkaufserfolg?

Heiner Tamsen

Erlebnis-Shopping – ich habe die Türen im Autohaus abgeschlossen. Alle anderen versuchen die Leute reinzukriegen, bei mir mussten sie klingeln.

Roger Rankel

Das heißt, Sog statt Druck erzeugen.

Heiner Tamsen

Richtig, Pull-Strategie nicht Push-Strategie – Türen geschlossen halten, neugierig machen. Der Riesenvorteil: Wer diese kleine Hemmschwelle überwindet, der will auch was. Darum wähle ich auch immer eine Stadtrandlage. Wenn du in der Stadt die Türen geöffnet hast bei Produkten wie meinen, gibt es einen Durchlauf wie im Museum. Die Verkäufer sind genervt und schaffen es nicht mehr, mit der nötigen Konzentration und Kraft auf die echten Kunden einzugehen. Bei meinem Konzept war die Erfolgsquote hoch, ungefähr fünf von zehn Interessenten, die klingelten, kauften auch.

Roger Rankel

Wie viel Prozent deiner Zeit denkst du an den Job?

Heiner Tamsen

Du siehst mich sprachlos, weil ich da gar nicht unterscheide. Für mich gibt es das Wort „Job" nicht, sondern das ist mein Leben – das ist Freude, also nur positiv. Dabei stecke ich mir hohe Ziele und bin konsequent in der Umsetzung. Man kann Ziele gar nicht hoch genug stecken. Lieber setze ich mir ein ehrgeiziges Ziel und verfehle das knapp, als dass ich das Ziel zu niedrig stecke. Ich schaffe es aber fast immer, das eigentliche Ziel zu erreichen.

Roger Rankel

Wie erreicht man außergewöhnliche Ziele?

Heiner Tamsen

Die wichtigste Voraussetzung ist, Träume zu haben. Außerdem muss man sich wirklich am Ziel *sehen*, man muss das Ziel vor seinem geistigen Auge haben. Und dann muss man unbeirrt, aber nicht blind, an der Umsetzung arbeiten. Ich habe mit 15 einen Film gesehen über Fliegerei und habe mich gesehen, wie ich als Erwachsener ein Flugzeug steuere. Mit 20 habe ich mir vorgestellt, wie ich mit 30 eine eigene Motoryacht fahre und es auch

sonst geschafft habe. Und heute sehe ich Dinge, die darf ich dir
gar nicht sagen ...

Auf welche Eigenschaften führst du deinen Erfolg zurück? Roger Rankel

Erstens: Multitasking, die Fähigkeit, viele Dinge gleichzeitig tun Heiner Tamsen
zu können. Das ist geboren aus meiner Leidenschaft Fliegen. Ich
habe diverse Flugscheine, Verkehrsflugzeug, Hubschrauber,
Kunstflug, und bin auch Fluglehrer. Zweitens: Selektive Wahr-
nehmungsfähigkeit – wenn ich in einem Raum mit 20 Leuten
bin, höre ich zielsicher das heraus, was für mich wichtig ist. Drit-
tens: Die Fähigkeit, auf ganz unterschiedliche Menschen zuzuge-
hen. Dadurch, dass ich aus normalen Verhältnissen komme und
einen Handwerksberuf gelernt habe, kann ich mit einem Handwerker schnacken. Und hier kann ein Professor reinkommen,
und plötzlich fallen mir Fremdwörter ein, die ich vorher selbst
gar nicht kannte. Der Umgang mit Menschen verschiedener
Couleur macht mir also Freude und ist immer wieder spannend.
Es ist immer wieder spannend, herauszufinden, was mein Vis-à-
vis bewegt – vor allem, was andere erfolgreiche Menschen für
Träume und Wünsche haben – und sie darin zu bestärken, diese
auch umzusetzen.

Wieso eigentlich der Verkauf deiner Autohäuser an Roger Penske Roger Rankel
2005?

Das haben mich viele gefragt: „Wie kannst du deine Autohäuser Heiner Tamsen
verkaufen, tut es dir nicht leid?" Das sehe ich ganz anders, für
mich ist das der Lohn der Arbeit. Wenn man so entlohnt wird,
dann kann man doch stolz darauf sein und vor allen Dingen
kann man mal wieder etwas Neues anfangen. Ich bin ein
Mensch, der immer neue Aufgaben braucht.

Der schwärzeste und der glücklichste Tag in deinem Business? Roger Rankel

Der glücklichste Tag war die Eröffnung der Hamburger Nieder- Heiner Tamsen
lassung, ein sehr emotionaler Tag, an den ich mich immer wieder
gern erinnere. Das war ein Highlight. Und der Tag, an dem ich
mit 24 Jahren knapp zwei Millionen verloren habe, war wohl
mein schwärzester Tag.

Wie wird man mit so etwas fertig? Roger Rankel

153

Heiner Tamsen	Das ist eine Kopfsache, eine Einstellungssache. Ich ziehe im Nachhinein etwas Positives daraus, und ein anderer zerbricht daran und guckt immer nur nach hinten.
	Ich hasse Leute, die im Gestern leben und ständig von der Vergangenheit erzählen. Ich lebe heute, denke am liebsten schon an morgen. Ich kann das Jetzt bestimmen, aber die Sekunde, die eben vorbei ist, die kann ich schon nicht mehr ändern. Viele Menschen schauen permanent nach hinten. Das lohnt sich nur, um daraus zu lernen, wenn man etwas falsch gemacht hat.
Roger Rankel	*Was treibt dich an?*
Heiner Tamsen	Erfolgserlebnisse treiben mich an. Die Freiheit und die Unabhängigkeit in meinen Entscheidungen treiben mich an. Unternehmer zu sein heißt, frei zu sein. Ich bin überhaupt kein Herdentier.
Roger Rankel	*Dein nächstes geschäftliches Ziel?*
Heiner Tamsen	Das nächste geschäftliche Ziel ist, Superyachten zu bauen und zu vertreiben (www.tamsen.com). Alle sechs Monate wird eine Tamsen 40 M fertig werden. Schiffsbau ist also mein neues Segment, auf das ich mich sehr freue, weil ich hier meine kreative Seite einbringen kann und das Produkt selbst gestalte. Beim Verkauf von Fahrzeugen geben dir die Konzerne ja vieles vor. Ich bin immer ausgebrochen, wo ich nur konnte, um meinen eigenen Weg zu finden. Jetzt bin ich völlig frei, auch in meinem Marketing, in der Werbung etc. Vor allen Dingen kann es nicht passieren, dass wir beraten, und ein Kollege, der mehr Rabatt gewährt, macht dann das Geschäft. Mein neues Produkt kann man nur bei mir kaufen – und das weltweit. So ist es strategisch zu dem neuen Geschäftsfeld gekommen, abgesehen davon, dass Yacht fahren, Motorboot fahren schon immer eines meiner Hobbys war.
Roger Rankel	*Dein **Sales Secret?***
Heiner Tamsen	Vielleicht eines meiner Hobbys: Zauberei, Magie. Das hat mir bei meinen Kontakten oft sehr geholfen. Wenn ich irgendwo war, wo man mich noch nicht kannte, kam ich durch Zauberei am Tisch ins Gespräch. Beim nächsten Treffen gab es dann schon von weitem ein großes Hallo und die Frage nach „any magic?"

154

Roger Rankel

Trotzdem: Was machst du anders als andere?

Heiner Tamsen

Ich bin Autodidakt, ich finde mich sehr schnell in jedes Thema rein. Ich bin der glücklichste Mensch der Welt, seitdem es Internet und Google gibt. Früher musste man viel telefonieren, mit Fachleuten sprechen, Bücher lesen. Heute, mit dem Internet, hat jeder alle Möglichkeiten und Informationen, es ist so einfach geworden.

Außerdem versuche ich immer, den kürzesten Weg zu gehen. Ich habe mir auch die Bundeswehr gespart und war schon sehr erfolgreich im Geschäft, als andere noch studierten.

Fliegerei ist ein weiteres Stichwort. In der Fliegerei muss man immer einen Schritt voraus sein. Du musst beim Triebwerkanlassen schon ans Rollen denken, beim Rollen an den Start, beim Start an den Steigflug. Wenn du da nicht voraus bist, machst du Fehler. Dabei machst du nichts doppelt: Du hast einfach alles nur zeitversetzt gemacht, diesen einen Schritt voraus alles schon geistig abgearbeitet. Es passiert mir häufiger, dass mich Leute gar nicht verstehen, weil ich schon einen Schritt weiter bin. Aber dieser berühmte Schritt voraus, der ist es ganz einfach. Das beobachte ich auch bei anderen erfolgreichen Menschen immer wieder.

Roger Rankel

Dein Lieblingszitat?

Heiner Tamsen

„Wer nach den Sternen greift, erwischt vielleicht keine, er langt aber auch nicht in den Schmutz."

Roger Rankel

Vielen Dank für das Gespräch, Heiner, auch im Namen der Leser!

Sales Secrets – Gesetze der Erfolgreichen
Resümee von Roger Rankel

Selfmade-Karrieren wie die von Heiner Tamsen bringen immer wieder zum Staunen. Sie sind der lebende Beweis: Auch ohne Startvorteile wie Elite-Universität oder stattliches Familienerbe kann man es zu etwas bringen – gerade im Verkauf. Was macht ein Mann wie Tamsen anders als andere? Hier die wichtigsten **Sales Secrets***, die ich aus unserem Gespräch mitgenommen habe:*

155

Risiken eingehen

Nichts könnte Heiner Tamsen fremder sein als die heute verbreitete Vollkasko-Mentalität. Statt zu warten, dass andere aktiv werden, geht er selbst in Vorleistung – selbst wenn es der Bau eines Autohauses sein muss, um Ferrari zur Vergabe einer Lizenz zu bewegen. Das ist mutig, aber nicht übermütig. Schließlich bewegt er sich in einem Geschäft, das er viele Jahre kennt und in dem er bereits beachtliche Erfolge erzielt hat.

→ Kapitel (3)
Wie man
umsatzstärkster
Ferrari-Händler wird

Mehr tun als andere

Außergewöhnliche Erfolge beruhen meistens auch auf außergewöhnlichem Einsatz. Wie viele Auszubildende sind bereits vor Arbeitsbeginn und nach Feierabend aktiv? Wie viele potenzielle Vertragshändler schauen sich bundesweit alle Häuser der Mitbewerber an, bevor sie selbst loslegen – um es einfach (noch) besser zu machen? (Dieser Punkt trifft auf alle meine Gesprächspartner zu. Erfolg auf Hängemattenbasis gibt's tatsächlich nicht ...)

Sich auf das Positive konzentrieren

Auch wenn mittlerweile jeder Zweitliga-Fußballer nach einem verlorenen Match betont, jetzt „müsse man nach vorne schauen", ist diese Maxime alles andere als banal. Denn leicht gesagt heißt noch lange nicht: umgesetzt. Die Sekunde, die gerade verstrichen sei, könne er schon nicht mehr ändern, betont Heiner Tamsen, und: Die Vergangenheit interessiere ihn allenfalls, wenn er daraus lernen könne. So überwand er sogar einen Verlust von zwei Millionen Mark zu Beginn seiner Karriere. Jeder Mensch hat nur eine begrenzte Energie zur Verfügung. Kluge Menschen verwenden diese Energie, um in der Gegenwart etwas zu bewegen, nicht, um mit der Vergangenheit zu hadern.

→ Kapitel (31)
Wo bleibt das
Positive?

Gut mit Menschen sein

„Menschen überzeugen können", dieses Erfolgsrezept zieht sich wie ein roter Faden durch alle Gespräche. Wer vorwärts kommen will, muss andere gewinnen können – für sich, für seine Ideen, für seine Produkte. Das erfordert Offenheit, ein Gespür für die Befindlichkeit anderer und die Flexibilität, sich auf unterschiedliche Gesprächspartner einzustellen. „Verständigungskompetenz" habe ich diese Schlüsselfertigkeit für Erfolg in meinem Buch „Das Oskar-Prinzip" genannt.

→ Kapitel (25)
Wertschätzung
und Kapitel (26)
Herzensache(n)

Einen Schritt vorausdenken

Schneller sein als andere, einen Schritt weiter denken – wer diese Fähigkeit gezielt trainiert, legt eine wichtige Basis für den Erfolg. Ein Teil dieser Fähigkeit mag einem in die Wiege gelegt worden sein, doch wer wie Heiner Tamsen einen Flugschein nach dem anderen macht, nebenbei zaubert und sich „in jedes Thema reinfuchst", tut zweifellos eine Menge für seine geistige Beweglichkeit. Was tun Sie? Mir fällt immer wieder auf, dass Erfolgsmenschen viele Interessen pflegen.

Ehrgeizige Ziele setzen (und sie visualisieren)

„Wer nach den Sternen greift, erwischt vielleicht keine, er langt aber auch nicht in den Schmutz", so das bezeichnende Motto des Top-Verkäufers. Wer sich hohe Ziele setzt, kommt im Allgemeinen weiter, als jemand, der von vornherein kleine Brötchen bäckt. Ebenso wichtig: Seine Ziele auch tatsächlich ernst zu nehmen. Erfolgsmenschen „sehen" sich am Ziel – sie sagen: „Da werde ich sein!" (Und nicht: „Eigentlich wäre es ganz schön, wenn ich dorthin käme!")

→ Kapitel (3)
Wie man
umsatzstärkster
Ferrari-Händler wird

Prof. Dr. Lothar Seiwert

Wer aufhört, besser zu werden, hat aufgehört, gut zu sein

Wie man der Zeitmanagement-Experte Nummer 1 wird und bleibt

Prof. Dr. Lothar Seiwert

+ + + + Sonntag, 9. Dezember 2007
Parkschlösschen Traben-Trarbach + + + +

In der Abgeschiedenheit des Moselstädtchens Traben-Trarbach treffen wir einen der erfolgreichsten Vortragsredner unserer Tage: Professor Dr. Lothar Seiwert, laut Focus „Deutschlands führender Zeitmanagement-Experte", für managerSeminare „Europas bekanntester Zeitmanagement-Experte". Vor wenigen Wochen wurde er mit dem Life-Achievement-Award für sein Lebenswerk geehrt; einen Monat zuvor wählten ihn die Mitglieder der renommierten German Speakers Convention in ihre „Hall of Fame". 2008 erhielt er den Conga-Award (der Deutschen Veranstaltungsbranche) als bester Business Speaker. In das noble Ayurveda-Hotel Parkschlösschen zieht sich Lothar Seiwert einmal im Jahr für 14 Tage zur Entspannung für Körper und Seele zurück. Damit setzt der „Zeitpapst" konsequent das um, was er selbst seit Jahren predigt: Lebensbalance. Und die kann nur erreichen, wer aktiv die Regie übernimmt und dafür sorgt, dass alle Lebensbereiche zu ihrem Recht kommen. „Life-Leadership" nennt Seiwert diesen Ansatz, mit dem er über reines Zeitmanagement längst hinausgeht. Noch vor der großen Work-Life-Balance-Welle war der Bestseller-Autor allen anderen wieder einmal den (erfolgs)entscheidenden Schritt voraus.

Was steckt hinter über vier Millionen verkauften Büchern? Hinter einem wahren Preisregen – darunter der internationale Trainingspreis der American Society for Training and Development, den Seiwert als erster Deutscher 1999 erhielt? Und hinter einer Kundenliste, die sich liest wie das Who is Who der deutschen Wirtschaft? Lothar Seiwert lädt zunächst einmal zum ayurvedischen Büffet. Doch Entspannung hin oder her: Er ist bestens vorbereitet – und bereit, seine **Sales Secrets** zu lüften.

Roger Rankel	*Ihr Thema ist der Umgang mit der Zeit, und das seit über 20 Jahren. Wie sind Sie überhaupt dazu gekommen?*
Lothar Seiwert	Ganz „zu-fällig". Meine erste Begegnung mit dem Thema *Zeitmanagement* hatte ich Ende der Siebzigerjahre auf einer Tagung. Dort hantierten viele Teilnehmer mit dicken Zeitplanbüchern, und ich dachte nur: „Was soll das bringen?" Bald darauf trat ich einen neuen Job als Management-Trainer bei einem großen Unternehmen an. Als Neuling bekam ich das Thema, das keiner haben wollte – Zeitmanagement! Doch: Schon bald merkte ich, dass ich meine ganz persönliche Passion gefunden hatte. Je mehr ich mich mit Zeitmanagement beschäftigte, desto mehr faszinierte es mich. Und bis heute hat das Thema *Zeit* nichts von seiner Faszination für mich verloren. Man kann Zeit immer wieder neu entdecken – Tag für Tag.
Roger Rankel	*Sie haben inzwischen über vier Millionen Bücher verkauft. Worauf führen Sie diesen sensationellen Erfolg zurück?*
Lothar Seiwert	Mein Erfolgsgeheimnis hat nur drei Buchstaben: EKS! Schon während meiner Studentenzeit hat mir ein väterlicher Freund EKS, die *Engpass-Konzentrierte Strategie* nach Wolfgang Mewes, empfohlen. Ein EKS-Lehrgang kostete damals 800 Mark – für einen Studenten einfach unbezahlbar! Doch eines Tages stieß ich auf eine Zeitungsanzeige: „EKS-Lehrgang günstig abzugeben." Ich erstand den Kurs für 170 Mark – das war die wertvollste Investition meines Lebens.
Roger Rankel	*Wie hat EKS Ihren Erfolg geprägt? Wie setzen Sie die Strategie um?*
Lothar Seiwert	Die zentrale EKS-Empfehlung lautet: „Konzentriere dich auf ein brennendes Problem einer festen Zielgruppe, löse dieses Problem besser als alle anderen und werde so zum Experten für deine Zielgruppe!" Bei mir hieß das brennende Problem: „Zeitmanagement für Führungskräfte!"

Konzentration nach EKS bedeutet, ein Thema konsequent zu besetzen. Deshalb habe ich mich auch später, als ich bei einer Unternehmensberatung arbeitete, auf den Verkauf von Zeitmanagement-Seminaren spezialisiert. Der Effekt: Nach meinem Ausscheiden vermittelten mir meine ehemaligen Kollegen viele Aufträge – immer, wenn es um Zeitmanagement ging, wurde „der Seiwert" angesprochen.

Um meinen Bekanntheitsgrad weiter zu steigern, habe ich alles daran gesetzt, dass mein erstes Buch, *„Mehr Zeit für das Wesentliche"*, veröffentlicht wird. Ich schickte mein Manuskript an unzählige Verlage. Doch ich bekam nichts als Absagen. Schließlich habe ich einen Verleger gefragt, wie viele Exemplare ich abnehmen muss, damit mein Buch gedruckt wird. Die Antwort: 500 Stück! Mir blieb nichts anderes übrig, als einen Kredit aufzunehmen, und nach einiger Zeit wurde eine große Palette Bücher in meine Drei-Zimmer-Wohnung geliefert. Doch: Nach einem halben Jahr waren alle Bücher verkauft, und ich hatte sogar noch ein bisschen Gewinn gemacht.

Was muss noch geschehen, damit man zu „dem" führenden Zeitexperten wird?   Roger Rankel

Wenn man sich erst einmal einen guten Namen bei seiner Zielgruppe gemacht hat, konsequent seine Problemlösungskompetenz verbessert und *Nutzen bietet*, dann beginnt die Erfolgsspirale sich ganz allein zu drehen. So kam beispielsweise 1999 ein Focus-Redakteur wegen einer Titelstory auf mich zu und meinte: „Egal, wo ich recherchiere, ich stoße immer wieder auf den Namen *Lothar Seiwert*. Sie müssen beim Thema Zeitmanagement wohl der Wichtigste sein." Später nahm Microsoft Kontakt zu mir auf: Es ging um elektronische Zeitplanung – und eine Weltfirma wandte sich ganz gezielt an mich!   Lothar Seiwert

Und das Prinzip der Konzentration trägt über Jahrzehnte?   Roger Rankel

Ja – unter einer Voraussetzung: Man muss sich permanent weiterentwickeln. Für mich heißt das, immer am Puls der Zeit zu sein, aktuelle Entwicklungen aufzugreifen und neue Trends in Sachen Zeitmanagement zu setzen. So ging es zu Beginn meiner Arbeit um *„Mehr Zeit für das Wesentliche"*, heute steht *„Mehr Zeit fürs Glück"* im Mittelpunkt, um zwei meiner Bücher zu zitieren. Die Entwicklung geht also vom „Immer-Mehr-Schaffen" hin zu *Work-Life-Balance*.   Lothar Seiwert

Wie schlägt sich das in Ihrem eigenen Leben nieder?   Roger Rankel

Lothar Seiwert	In meinem Unternehmen gab es schon eine Vier-Tage-Woche, bevor das Thema anderswo überhaupt diskutiert wurde: Bei uns ist der „Frei-tag" tatsächlich ein „freier Tag". Die Balance zwischen Leistung und Entspannung ist für mich zentral. So habe ich „Terminwochen", in denen ein Termin den nächsten jagt. Dann macht es mir auch nichts aus, von früh bis spät zu arbeiten. Aber danach gönne ich mir einige freie Tage oder Wochen, um meine Batterien wieder aufzuladen und Energie für neue Aufgaben und Projekte zu gewinnen.
Roger Rankel	*Welche Eigenschaften tragen zu Ihrem Erfolg bei?*
Lothar Seiwert	Das kann man ganz leicht in drei „i" zusammenfassen:

Ich bin *innovativ* – immer auf der Suche nach neuen Ideen, neuen Produkten. Wenn ein Buch fertig ist, habe ich schon das nächste in Planung und das übernächste im Hinterkopf.

Ich bin *intuitiv* – ich schätze wirtschaftliche Chancen und Risiken meist richtig ein. Ich brauche keine Zahlen und Excel-Tabellen, um zu wissen, was läuft.

Und ich bin *initiativ* – ich warte nicht, bis etwas passiert, sondern ich sorge dafür, dass etwas passiert. Ich habe kein Problem damit, Leute anzusprechen und Dinge anzustoßen. So gehe ich bis heute auf meine Verlage zu und „nerve" die Lektorinnen, sobald absehbar ist, dass wir eine Neuauflage in Angriff nehmen sollten.

Roger Rankel	*Bei all Ihren Aktivitäten: Was treibt Sie da an, was ist das Motiv?*
Lothar Seiwert	Ich möchte andere von meinen Ideen *begeistern*. Ich möchte ihnen helfen, aus dem Hamsterrad des Alltags auszubrechen. Mir geht es darum, den Menschen zu zeigen, dass Zeit weit mehr ist, als die Uhr anzeigt. Für mich gibt es nichts Schöneres, als von meinen Seminarteilnehmern, Zuhörern oder Lesern zu erfahren, dass ich sie angeregt habe, Zeitmanagement ganz neu zu entdecken – *als Wegweiser zu mehr erfüllter Zeit, zu mehr Glück und Lebensfreude.* Und: Wenn ich mich entschieden habe, ein neues Buch zu schreiben oder einen Vortrag bzw. ein Seminar zu halten, dann mache ich es aus ganzem Herzen. Dann gebe ich immer mehr als 100 Prozent. Auf der Buchmesse habe ich mir jahrelang die Hacken abgelaufen, um Lizenzen für meine Bücher zu verkaufen. Und wenn ich mir bei 25 Verlagen eine Absage

162

eingehandelt habe, bin ich eben zum 26. gegangen. Und: Irgendwann hat es dann auch geklappt!

Das heißt, sich zu verkaufen gehört dazu.

Roger Rankel

Auf jeden Fall. Man muss immer erster Verkäufer in eigener Sache sein. *Augustinus* formulierte einmal sehr treffend: „In dir muss brennen, was du in anderen entzünden willst."

Lothar Seiwert

Was bedeutet für Sie „verkaufen"?

Roger Rankel

Verkaufen ist für mich ein Abbild des Lebens – und immer wieder eine Herausforderung. Ich muss meine Leser und vor allem mein Vortragspublikum immer wieder neu erobern. Und: Nirgendwo bekomme ich so schnell Feedback wie auf der Bühne. Wenn ich einen Vortrag halte, „verkaufe" ich meine Botschaft und kann sofort spüren, ob meine Ideen bei meinem Publikum ankommen!

Lothar Seiwert

Wie kann man Lothar Seiwert als Kunden begeistern?

Roger Rankel

Bei mir ist die *emotionale Ebene* sehr wichtig. Ich kaufe gern, und wenn man es versteht, mich in Kauflaune zu versetzen, kann man wirklich gute Geschäfte mit mir machen. Ein guter Verkäufer muss auf mich eingehen, aber auch selbstbewusst sein. Denn: Ein gelungenes Verkaufsgespräch findet immer auf Augenhöhe statt. Ich werde nie vergessen, wie ich mein erstes selbstverdientes Geld in ein Auto investiert habe – einen Renault 5 Alpine mit stolzen 105 PS. Ich ging zu einem Renault-Händler, und dort stand ein Vorführwagen in Blaumetallic mit weißen Rallye-Streifen. Der Verkaufsleiter, der übrigens auch der einzige Verkäufer in dem kleinen Laden war, kam auf mich zu und sagte ganz direkt: „Ich möchte Ihnen heute dieses tolle Auto verkaufen. Denn das ist genau Ihr Wagen!" Da konnte ich gar nicht anders und entschied mich spontan, den Renault zu kaufen.

Lothar Seiwert

Was macht einen Ausnahmeverkäufer aus?

Roger Rankel

Ich denke, das Erfolgsgeheimnis guter Verkäufer ist, dass sie mit viel Fingerspitzengefühl auf ihre Kunden eingehen. Es gibt unter den Menschen „Rennpferde", die gerne mit höherer Drehzahl laufen, und „Schildkröten", die es lieber ruhiger angehen und ziemlich schnell gestresst sind. Wenn in einer Verkaufssituation ein Rennpferd auf eine Schildkröte trifft, wird es schwierig. Doch ein wirklich guter Verkäufer kann sich auch auf einen

Lothar Seiwert

Kunden einstellen, der völlig anders „tickt" als er selbst. Das heißt: Wer heute im Verkauf erfolgreich sein will und es auch in Zukunft bleiben möchte, muss nicht nur über hohe fachliche Kompetenz, sondern auch über überdurchschnittliche emotionale Fähigkeiten *(EQ)* verfügen. Denn: Verkaufserfolg entscheidet sich immer auf der zwischenmenschlichen Ebene.

Roger Rankel *Wird man als Verkäufer geboren? Oder kann man das lernen?*

Lothar Seiwert Es gibt sicher geborene Verkäufer, und es gibt auch große kulturelle Unterschiede. So versteht es jeder italienische Wirt meisterhaft, einem die Tagesempfehlungen schmackhaft zu machen. Er malt Ihnen die Seezunge oder die hausgemachte Pasta in den leckersten Farben aus, und Sie können gar nicht mehr anders, als zu bestellen. Auch die Amerikaner sind in Sachen Verkauf wesentlich lockerer als wir. Selbst Politiker bringen ihr Parteiprogramm spielerisch leicht an den Mann. Ich hatte einmal die Ehre, Vorredner von Bill Clinton zu sein, der ein unglaubliches Charisma besitzt, mit dem er sein Publikum begeistert und seine Botschaft souverän „verkauft". Doch auch wer nicht so ein charismatisches Verkaufstalent wie Bill Clinton ist, kann ein guter, selbstbewusster Verkäufer werden.

Roger Rankel *Wo sollte man ansetzen, um das nötige Selbstbewusstsein zu entwickeln?*

Lothar Seiwert Am besten bei den eigenen *Glaubenssätzen*, den *„belief systems"*. Der Kerngedanke: Man kann eine Situation, die man zunächst negativ sieht, auch völlig anders interpretieren. Ich selbst habe das Konzept der *„belief systems"* in einem Seminar von Anthony Robbins in den USA näher kennen gelernt. Und: Schon am ersten Abend hatte ich die Gelegenheit, das Gelernte umzusetzen: Ich war verabredet, doch die Dame ließ mich über eine halbe Stunde warten. Natürlich kann man da wütend werden oder gewaltige Selbstzweifel bekommen. Doch im Sinne der *„belief systems"* habe ich mich entschieden, davon auszugehen, dass meine Verabredung einfach etwas länger braucht, um sich ganz besonders hübsch für mich zu machen. Und ich wurde nicht enttäuscht!

Roger Rankel *Funktioniert das wirklich immer? Nehmen wir an, ein Kunde lässt mich eine Viertelstunde warten. Wie kann ich diese Situation positiv sehen?*

Ganz einfach: Diese Viertelstunde gibt mir Gelegenheit, mich noch besser auf den Kunden vorzubereiten. Außerdem ist der Kunde in einer strategisch schwächeren Position, wenn er das Gespräch mit einer Entschuldigung für seine Verspätung beginnen muss. Und das verbessert meine Verhandlungsposition gleich von Beginn an.

Lothar Seiwert

Gibt es noch andere Dinge, die Ihren Erfolg ausmachen?

Roger Rankel

Um erfolgreich zu sein, muss man sich eine zentrale Frage stellen: *„Wo will ich hin?"* Um Antworten zu finden, ist es hilfreich, *seine Ziele zu visualisieren.* So sehe ich Auflagenzahlen und Bestsellerlisten bereits vor meinem geistigen Auge oder stelle mir vor, wie herrlich es ist, auf großen Bühnen zu stehen und den Applaus des Publikums zu genießen.

Lothar Seiwert

Ein weiterer Erfolgsfaktor: *Tun* – und nicht nur reden. Ständig erzählen mir Bekannte oder Kollegen, dass sie ein Buch schreiben wollen. Doch wenn ich sie ein Jahr später wieder treffe, ist in den meisten Fällen nichts passiert.

Und schließlich: *Durchhaltevermögen.* Winston Churchill wurde einmal gebeten, in einer Rede die Quintessenz seiner Lebenserfahrung zusammenzufassen. Sein Vortrag bestand nur aus exakt fünf Worten: *„Never, never, never give up!"*

Gilt das alles eins zu eins auch für den Verkaufserfolg?

Roger Rankel

Natürlich! Es macht keinen Unterschied, ob man Zeitmanagement-Trainer und Bestseller-Autor ist oder andere Produkte verkauft. Auch beim Verkaufen muss man konsequent dranbleiben, zielstrebig handeln, den eigenen Stärken vertrauen und mit den Herausforderungen wachsen. Wer etwas bewegen will, muss die eigene Komfortzone verlassen. Denn: *Erfolg ist nun einmal kein Zufall!*

Lothar Seiwert

Auf eine Formel gebracht: Wie lautet Ihr **Sales Secret?**

Roger Rankel

Auf den Punkt gebracht lautet mein persönliches **Sales Secret:** *„Wer aufhört, besser zu werden, hat aufgehört, gut zu sein."* Egal, wie viele Bücher ich verkauft, egal, wie viele Vorträge ich gehalten oder wie viele Seminarteilnehmer ich trainiert habe: Ich ruhe mich niemals auf meinen Erfolgen aus. Ich versuche immer, mich noch ein wenig zu verbessern. Mein Ziel ist es, meinen Lesern und Seminarteilnehmern immer ein bisschen mehr zu bieten, als

Lothar Seiwert

sie erwartet haben. Denn ich möchte meine Kunden positiv überraschen und von meinen Ideen begeistern. Dafür gebe ich wirklich alles. Ich weiß: Ich muss mein Publikum immer wieder aufs Neue erobern – genau wie ein guter Verkäufer seine Kunden!

Roger Rankel

Vielen Dank für dieses Gespräch, Herr Professor Seiwert, auch im Namen der Leser!

Sales Secrets – Gesetze der Erfolgreichen
Resümee von Roger Rankel

Ausnahmeerfolge werden von Ausnahmepersönlichkeiten erzielt – je mehr Interviews wir führten, desto häufiger bestätigte sich dieser Zusammenhang. Weitermachen, wo andere aufgeben; handeln, wo andere nur reden; zu Hochform auflaufen, wo anderen vor Lampenfieber das Wort im Halse stecken bleibt – dies sind nur einige der außergewöhnlichen Eigenschaften Lothar Seiwerts. Werfen wir noch einmal einen Blick auf seine **Sales Secrets***:*

Ein Thema konsequent besetzen

→ Kapitel (21)
Wo brennt Ihrem
Kunden der Kittel?

Lothar Seiwert hat sich seinen Status als absoluter Top-Experte über die Jahre mit bewundernswerter Konsequenz und Zielstrebigkeit aufgebaut – durch Publikationen, durch Seminare, durch Vorträge. Sein Name ist längst zur Marke geworden: Wer „Zeitmanagement" hört, denkt „Seiwert". Wer sich verzettelt, geht in der Menge unter, wer seine Kräfte bündelt und sich auf ein Thema konzentriert, ragt aus der Menge heraus.

Sich auf Bedürfnisse, nicht auf Produkte konzentrieren

→ Kapitel (20)
Vergessen Sie Ihre
Zielgruppen!

Ein kluger Mensch hat einmal gesagt, beim Kauf einer Bohrmaschine ginge es eigentlich nicht um die Maschine, sondern um das Bild am eingedübelten Haken an der Wand. Wer die Bedürfnisse seines Kunden optimal befriedigt, wird dauerhaft Erfolg haben. Lothar Seiwert erfüllt seit mehr als zwei Jahrzehnten das Bedürfnis vieler Menschen nach Orientierung beim Umgang mit der eigenen Zeit.

166

Trends erspüren und ihnen möglichst vorangehen

Von mehr Effizienz zu Sinnfragen, von Zeitmanagement zu Lebensautonomie – Lothar Seiwert ist nie stehen geblieben, er hat sein Thema konsequent weiterentwickelt. Er ist aktiv auf der Suche nach neuen Ideen und Produkten und geht Trends voran, statt ihnen nachzulaufen.

→ Kapitel (5)
Im richtigen
Moment:
Just do it!

Handeln statt reden

Anpacken, die Dinge angehen – das ist ein gemeinsamer Zug aller Erfolgreichen. „Just do it!", so lautet der Slogan von Nike. Er ist eines der Mottos, das Lothar Seiwert als handlungsleitend beschreibt.

→ Kapitel (5)

Erster Verkäufer in eigener Sache sein

Verkauf ist für den Zeitpapst ein Lebensprinzip – sein Erfolg basiert darauf, andere von seinen Ideen zu überzeugen, sein Anliegen zu verkaufen. Dafür läuft er im entscheidenden Moment zur Höchstform auf und geht das Risiko des Scheiterns ein.

Einen Funken auf der Beziehungsebene entzünden

Ein erfolgreicher Verkäufer ist für Lothar Seiwert ein Menschenkenner, der es versteht, sich flexibel auf den jeweiligen Kunden einzustellen. Erfolgreicher Verkauf läuft über Emotionen, nicht über Fachkenntnisse. Ein Verhaltensrepertoire zu entwickeln, das jedem Kundentyp gerecht wird – das ist die eigentliche verkäuferische Herausforderung, die auch im Mittelpunkt meines Trainingssystems „Schlüssel zum Kunden" steht.

→ 3. Secret:
Was macht Sie
kaufens-wert?

167

Dr. Georg Kofler

Panta rhei – alles fließt

... und die Kraft der kreativen Zerstörung

Dr. Georg Kofler

+ + + + Mittwoch, 30. Januar 2008
München, Bavariaring + + + +

Im Spätsommer 2007 überschlugen sich die Meldungen: Georg Kofler, einer der bekanntesten Medienmanager Deutschlands, verlässt Premiere. Fünf Jahre zuvor, beim Zusammenbruch des Kirch-Imperiums, hatte Kofler den Pay-TV-Sender vor der Insolvenz bewahrt, ihn erfolgreich saniert und als Vorstandsvorsitzender 2005 an die Börse geführt. Damit schrieb Kofler schon zum zweiten Male eine spektakuläre Erfolgsgeschichte: 1988 hatte Leo Kirch ihm die Leitung des erfolglosen Münchener Fernsehsenders Eureka Television übertragen. Kofler machte daraus mit ProSieben ein profitables Unternehmen, dessen Aktien beim Börsengang 1997 fünfzigfach überzeichnet waren. Neben diesen beiden Coups baute er noch den ersten Teleshopping-Sender in Deutschland auf (HOT, ab 1995), startete den Nachrichtensender N24 (2000) und gestaltete tm3 zum Quizsender NeunLive (2001) um.

Kofler und Medien – das schien zusammenzugehören wie Brot und Butter. Und nun die Nachricht: Georg Kofler gründet ein eigenes Unternehmen außerhalb der Medienbranche. Wir treffen ihn in den Räumen der neu gegründeten „Gruppe Georg Kofler", einer Beteiligungsholding, die in Wachstumsbranchen wie Sport, Gesundheit und erneuerbare Energien investieren will. Auch wenn hier noch die Büros eingerichtet werden: Das erste Unternehmen, ein westfälischer Maschinenbauer, ist bereits gekauft. Seinen Pioniergeist wolle er sich bewahren, erklärt der umtriebige Manager: Schließlich habe er in der Medienbranche alles erreicht, was zu erreichen sei. Lesen Sie, was es mit der „kreativen Zerstörung" des Unternehmertums auf sich hat und worauf der Multimillionär seine Verkaufserfolge zurückführt.

Roger Rankel	*Herr Kofler, bis zu Ihrem Ausstieg bei Premiere im August 2007 waren Sie über zwei Jahrzehnte einer der erfolgreichsten Manager in der Medienbranche: Sie haben unter anderem ProSieben aufgebaut und an die Börse gebracht, den ersten Teleshopping-Sender in Deutschland gegründet, den Pay-TV-Kanal Premiere vor der Insolvenz bewahrt und wieder auf Erfolgskurs geführt. Welche Eigenschaften tragen zu Ihrem außergewöhnlichen Erfolg bei? Was haben Sie, was andere nicht haben?*
Georg Kofler	Erstens: Risiko macht mich nicht nervös, ganz im Gegenteil – Risiko spornt mich an. Unsichere Situationen empfinde ich nicht als Bedrohung, sondern als Herausforderung. Das unterscheidet mich von den meisten Menschen, die Unsicherheit hassen. Zweitens: Entscheidungsfreudigkeit. Ich entscheide schneller als andere und bin ihnen dadurch im Geschäft häufig einen Schritt voraus. Die Sanierung von Premiere beispielsweise wäre ohne schnelle Entscheidungen völlig unmöglich gewesen. Drittens: Leidenschaft. Wenn ich einen Entschluss gefasst habe, arbeite ich mit großer Leidenschaft an der Umsetzung. Außerdem kann ich mich sehr rasch auf neue Situationen einstellen und bin nicht frustriert, wenn eine Sache nicht geklappt hat.
Roger Rankel	*Das heißt, Sie messen Misserfolgen keine große Bedeutung bei, legen sie schnell ad acta?*
Georg Kofler	Ja. Was in der Vergangenheit liegt, ist Vergangenheit, abgehakt. Ich habe ein eher spielerisches Verständnis zu Erfolg und Misserfolg: Unternehmen heißt für mich, *etwas zu unternehmen*. Dabei wetten Sie immer auf den Erfolg, ob Sie nun ein Buch herausgeben oder einen Sender leiten. In beiden Fällen gibt es einen Unsicherheitsfaktor. Insofern ist eine unternehmerische Lebensweise bis zu einem bestimmten Grad auch eine spielerische Lebensweise, und gerade das reizt mich.
Roger Rankel	*Wo sehen Sie Schwächen bei sich, welche Eigenschaft kann Ihren Erfolg gefährden?*
Georg Kofler	Dass ich zu viel auf einmal will, zu viel zu schnell.
Roger Rankel	*Was bedeutet für Sie Erfolg?*

Erfolg ist ein Schlüssel zur Freiheit. Ich bin Südtiroler, und wir legen traditionell großen Wert auf Autonomie. Die Chips selber wählen zu können, mit denen man spielt, ist für mich das höchste Ziel im Berufsleben.

Georg Kofler

Was treibt Sie an?

Roger Rankel

Knapp gesagt: die Neugierde auf Neues und die Freude am Spiel. Ich habe das Privileg, Hobby und Beruf zu vereinen. Deshalb habe ich meine Arbeit nie als Belastung empfunden, sondern als positive Verwirklichung von Interessen. Ich habe nie Dinge gemacht, nur um Geld zu verdienen.

Georg Kofler

Ihre wichtigste Erkenntnis in den letzten Geschäftsjahren?

Roger Rankel

Die Unterschiede zwischen den Menschen sind größer, als man annimmt. Nur wenige Menschen bringen die letzten fünf Prozent mit, die über den ganz großen Erfolg entscheiden. Ich habe viele Leute innerhalb einer halben Stunde eingestellt und mich dabei sauber geirrt. Man muss sich Zeit nehmen bei der Auswahl der Menschen, auf die man setzt oder setzen muss. Für eine wichtige Position sollte man mindestens fünf Kandidaten sehen. Dabei betrachte ich jeden Mitarbeiter als Unternehmer, der für das, was er zu tun hat, geradestehen muss. Und wenn er das nicht schafft, muss ich auch den Mut haben, ihn auszutauschen.

Georg Kofler

Wie wichtig ist Mut für den Geschäftserfolg?

Roger Rankel

Mut ist eine zentrale unternehmerische Eigenschaft, schon weil Sie selber mutig sein müssen, um andere zu mutigerem Handeln zu *er-mutigen*. Mutiges Handeln bedeutet, Verantwortung zu übernehmen, sich ein Stück weiter vorzuwagen. Nur mutige Leute trauen sich an neue Projekte heran, und Mut ist auch die Voraussetzung für Planungen und Entscheidungen. Das Gegenteil ist Zaudern.

Georg Kofler

Wie ist bei Ihnen der Begriff „Verkauf" belegt?

Roger Rankel

Absolut positiv. Gutes, seriöses Verkaufen ist die höchste Kunst im Geschäft. Ich habe großen Respekt vor Menschen, die sich täglich beweisen im Gespräch mit den Kunden, die das Produkt präsentieren, die das Unternehmen auch als Botschafter repräsentieren.

Georg Kofler

Verstehen Sie sich selbst auch als Sales-Mann?

Roger Rankel

Georg Kofler	Jeder Unternehmenschef sollte zugleich auch der Chefverkäufer seines Unternehmens sein.
Roger Rankel	*Was macht ein richtig guter Verkäufer anders als ein Durchschnittsverkäufer?*
Georg Kofler	Jedes gute Verkaufsgespräch ist auch ein emotionales Gespräch. Und die Verbindung herzustellen zwischen einer positiven emotionalen Atmosphäre und dem fachlichen Know-how gelingt nicht jedem. Viele Verkäufer sind fachlich ausgezeichnet, präsentieren ihr Anliegen aber sehr trocken. Zum exzellenten Verkaufen gehören Humor und ein paar Geistesblitze; dazu haben Sie, Herr Rankel, ja sogar ein Buch herausgegeben.[40] Es gehört die Fähigkeit dazu, einen Raum zu füllen, eine angenehme Atmosphäre zu erzeugen. Verkaufen können bis zu 90 Prozent viele, aber diese letzten 10 Prozent machen den eigentlichen Unterschied. Sie entscheiden darüber, ob es gelingt, eine echte Verbindung zum Gesprächspartner herzustellen.
Roger Rankel	*Wie kann man Sie als Kunden begeistern?*
Georg Kofler	Ich bin eigentlich ein dankbarer Kunde. Wenn das Produkt überzeugend ist und der Mensch, der das umsetzen soll, einen unternehmerischen und durchsetzungsfähigen Eindruck macht, dann bin ich dabei. Allerdings: Das Produkt kann noch so gut sein, wenn die Person, die es präsentiert, nicht überzeugt, dann kaufe ich nicht.
Roger Rankel	*Ihr Rat an den Nachwuchs?*
Georg Kofler	Sich durch anfängliche Misserfolge nicht das Selbstvertrauen nehmen zu lassen. Selbstvertrauen ist der Schlüssel zum Erfolg, auch im Verkauf. Wenn man sich selbst nicht vertraut, wie soll man dann das Vertrauen der anderen gewinnen?
Roger Rankel	*Ihr ganz persönliches* **Sales Secret?**
Georg Kofler	Humor – die Leute auch zum Lachen bringen. Das wird häufig unterschätzt: Da wird ein Chart nach dem anderen runtergerasselt. Humor ist wichtig, weil er die Gesprächssituation auflockert und weil er Herzen öffnet.
	Außerdem das Gefühl für die richtige Dosierung. Langsamkeit zum Beispiel kann sich heute niemand leisten, schnelle Entscheidungen sind wichtig. Aber man muss auch wissen, wann es Zeit

ist, das Tempo zu drosseln, einen Schritt zurückzutreten und zu überlegen. Ich gehe immer ein hohes Tempo, aber ich kann auch sagen: Hoppla, jetzt mal langsamer. Dazu gehört auch das Gefühl für Timing. Auf eine Formel gebracht: Mein **Sales Secret** ist das Gefühl für den richtigen Augenblick und das Gefühl für die richtige Dosierung.

Was kann man von Georg Kofler in Zukunft erwarten? Roger Rankel

Ein aktives, unternehmerisches, selbstbestimmtes Leben, durchaus mit radikalen Wenden. Georg Kofler

Warum „radikal"? Roger Rankel

Ein radikales Vorgehen ist manchmal die einzig richtige Lösung. Alle wesentlichen positiven Veränderungen in meinem Berufsleben verdanke ich radikalen Entscheidungen – radikal im positiven Sinne von „an der Wurzel packen". Das beginnt bei meinem Wechsel vom ORF zur Kirch-Gruppe. Beim ORF war ich mit 29 internationaler Referent beim Generalintendanten, wäre bald Abteilungsleiter geworden und hatte meine Pension praktisch schon in der Tasche. Mehr Absicherung geht gar nicht. Kaum jemand hat verstanden, dass ich zu Kirch ging. Das gilt genauso für die Gründung von ProSieben mit 31 Jahren. Und meine radikalste Entscheidung war sicherlich, beim Zusammenbruch der Kirch-Gruppe Premiere zu übernehmen, in einer Tiefphase, in der alle prophezeit haben, das könne nicht gutgehen. Georg Kofler

Wie kam es zu dieser Übernahme? Roger Rankel

Premiere ist das Paradebeispiel dafür, dass ich gerne da anfange, wo andere aufgehört haben, und dass ich Entscheidungen getroffen habe, die im Moment der Entscheidung radikal waren. Die Kirch-Media hatte bereits Insolvenz angemeldet, es gab einen Insolvenz-Geschäftsführer und einen Insolvenzverwalter, und die meldeten vor laufenden Kameras bei n-tv, die Holding sei insolvent. In der Situation bin ich in meinem Büro zweimal um den Tisch gegangen und habe dann zu meinem Pressesprecher gesagt: „Premiere dementiert." Zwei Minuten später wurde das als News-Ticker eingeblendet, was dazu führte, dass die Journalisten in der laufenden Pressekonferenz nachhakten: „Ja, aber hören Sie, Premiere dementiert." Georg Kofler

In der laufenden Pressekonferenz? Roger Rankel

173

Georg Kofler	Ja, genau. Live. Und das war natürlich eine ganz radikale Entscheidung, weil wir uns gegen die mächtige Kirch-Media gestellt haben und mächtig unter Druck gesetzt wurden, weil es hieß, ohne die geht doch bei Premiere gar nichts.
Roger Rankel	*Wie sind Sie damit klargekommen?*
Georg Kofler	Mein Lieblingszitat stammt von Heraklit: „Panta rhei – alles fließt." Das relativiert vieles im Tagesgeschäft. Auch wenn irgendetwas zusammenbricht: Es geht doch immer wieder weiter.
Roger Rankel	*Und das gilt selbst für ein so spektakuläres Ereignis wie den Zusammenbruch der Kirch-Media?*
Georg Kofler	Ja. Damals herrschte eine richtige Untergangsstimmung, auch in der Presse. Man sollte aber sehen: Okay, es gibt viel Staub, wenn so ein Imperium zusammenbricht, aber aus den Ruinen kann man auch wieder etwas Schönes aufbauen. Deswegen gefällt mir auch das Schumpetersche Konzept des Unternehmertums als „kreativer Zerstörung" so gut. Damit etwas Neues entsteht, muss das Alte weichen, immer wieder. Das bedeutet Unsicherheit und Chancen gleichermaßen: Man geht auf schwankendem Grund, kann aber eben dort viel mehr gewinnen als auf vertrautem Boden.
Roger Rankel	*Etwas Neues wagen – ist das auch der Grund für Ihren Ausstieg aus der Medienbranche?*
Georg Kofler	Ja, man muss den Mut haben, Neuland zu betreten. Schließlich habe ich fünf Jahre an der Spitze des Unternehmens gestanden und vorher elf Jahre lang ProSieben geleitet. Ich hatte das Gefühl, in der Medienbranche habe ich alle Achttausender bestiegen; jetzt wäre eigentlich einmal eine Wüstendurchquerung dran.
Roger Rankel	*Vielen Dank für dieses Gespräch, Herr Dr. Kofler, auch im Namen der Leser!*

Sales Secrets – Gesetze der Erfolgreichen
Resümee von Roger Rankel

Georg Kofler wurde der Erfolg nicht in die Wiege gelegt: Sein Vater war Holzfäller, bevor er als Gastarbeiter nach München ging. Er starb, als Kofler vier Jahre alt war; seine Mutter brachte die Familie als Fabrikarbeiterin durch. Es scheint, als habe diese Kindheit Kofler zum Spezialisten für schwierige Fälle werden lassen: Wo andere aufgeben, legt er erst richtig los. Welche Erfolgsmaximen helfen ihm dabei?

Schneller sein als andere

Entschlossenes, rasches Handeln scheint eine besondere Spezialität des Medienmanagers zu sein: auch in Extremsituationen einen kühlen Kopf zu bewahren, zu entscheiden und die Entscheidung umzusetzen. Das entspricht der Ansicht vieler Wirtschaftsexperten, die davon ausgehen, dass in Zukunft nicht die Großen die Kleinen, sondern die Schnellen die Langsamen übertrumpfen werden.

→ Kapitel (5) Im richtigen Moment: Just do it!

Mut!

Wer etwas bewegen will, muss kontrolliert Risiken eingehen. Dazu gehört Mut. Sei mutig, aber nicht übermütig – das gebe ich auch den Teilnehmern meiner Vorträge, Trainings und Coachings mit auf den Weg. Wer zaudert, bleibt stehen, und wird womöglich irgendwann mit einem bedauernden „Hätte ich damals doch ..." zurückschauen. Wer die Situation möglichst umfassend überdenkt und dann handelt, wird hin und wieder scheitern – aber in den meisten Fällen vorwärts kommen, sich entwickeln, Neues entdecken.

→ Kapitel (3) Wie man umsatzstärkster Ferrari-Händler wird

Menschen gewinnen

Wie für unsere anderen Gesprächspartner, so ist auch für Georg Kofler klar: Der Verkaufserfolg entscheidet sich auf der emotionalen Ebene. Nicht Fakten und Zahlen geben den Ausschlag, sondern Menschen. Präsent sein, einen Raum füllen können, sein Gegenüber für sich gewinnen – das macht den Spitzenverkäufer aus.

→ 3. Secret: Führen und verführen Sie!

175

Humor als Schlüssel zum Herzen

Wer sein Gegenüber zum Lachen bringt, gewinnt Sympathie und Vertrauen. Mit Humor baut man am schnellsten Brücken zum anderen. Wer Spitzenleistungen im Verkauf erzielen will, sollte daher seinen Humor pflegen (oder wiederentdecken). Pluspunkte sammelt, wer über sich selbst lachen kann oder die Widrigkeiten des Alltags mit Humor nimmt. Dass Scherze auf Kosten von Kunden Tabu sind, versteht sich von selbst.

→ Kapitel (17) Nein, nicht wie der Hütchen- spieler ...

Auf das kreative Moment der Zerstörung vertrauen

Auch aus den Steinen, die einem in den Weg gelegt werden, könne man Schönes bauen, wusste Goethe. Über Hindernisse und (vermeintliche) Katastrophen zu jammern bringt überhaupt nichts. Viel interessanter ist die Frage: Welche Chancen eröffnet diese widrige Situation? Selbst der Zusammenbruch eines Medien-Imperiums birgt für Kofler neue Möglichkeiten – getreu seinem Wahlspruch „Panta rhei".

Radikale Entscheidungen treffen

Wer an die Spitze will, darf radikale Entscheidungen nicht scheuen. Im Verkauf heißt das: Konzentrieren Sie sich ganz auf Ihr Produkt, wenn Sie davon überzeugt sind, und arbeiten Sie mit all Ihrer Leidenschaft an dessen Vermarktung. 100 Prozent Erfolg haben Sie nur mit 100-prozentigem Commitment, das beweisen auch Top-Verkäufer wie Franz Beckenbauer, der die Fußball-Weltmeisterschaft nach Deutschland holte, oder der Schauspieler Karlheinz Böhm, der seit Jahren viele Millionen für seine Äthiopienhilfe „Menschen für Menschen" sammelt.

→ 2. Secret: Seien Sie radikal – ja, fast brachial!

Udo Walz

Das Leben ist keine Generalprobe

Glamourfaktor „Persönlichkeit"

Udo Walz

+ + + + Montag, 29. Oktober 2007
Berlin, Hotel Kempinsky + + + +

Wie stellen Sie sich einen Starfriseur vor? Vornehm-zurückhaltend, edel gestylt? Oder eher Typ „gewinnender Charmeur"? Udo Walz passt in keine dieser Schubladen. Der Maestro, der an einem Montagmorgen die Bristol-Bar im Berliner Hotel Kempinski betritt, wirkt eher knorrig. Grauer Vollbart, schwarze Sportjacke, prüfender Blick. Doch man sollte sich nicht täuschen lassen: Hier kommt ein genialer Verkäufer, eine feste Größe in der Glamourwelt von Mode, Medien und Showbusiness. Jeder kennt ihn, auch hier im Kempinski: Einer seiner Salons liegt gleich um die Ecke am Kempinski-Plaza. Jovial scherzt er mit dem Personal, das sicher nicht zu seiner Hauptzielgruppe zählt. Sei's drum: Über Udo Walz soll jeder was zu erzählen haben.

Aus der schwäbischen Provinz nach St. Moritz und von dort in die Welt der Stars: Udo Walz, geboren 1944 in Waiblingen, Sohn eines Lastwagenfahrers und einer Fabrikarbeiterin, hat es weit gebracht. Er nennt sieben Salons sein Eigen (in Berlin, in Potsdam, auf Mallorca) und liegt mit Neueröffnungen in Dubai und Shanghai gerade wieder voll im Trend. Aus dem gesellschaftlichen Leben der Hauptstadt ist er nicht wegzudenken. Er frisiert nicht nur Angela Merkel und tritt für die Echtheit von Gerhard Schröders Haarfarbe vor Gericht in den Zeugenstand; er ist auch mit zahlreichen Promis in der Show- und Modebranche auf Du und Du. Gerade hat er den „Ehrenpreis für sein Lebenswerk" im Rahmen des „German Hairdressing Award" erhalten. Nicht schlecht für jemanden, dem der Geschichtslehrer einst prophezeite, zu mehr als zum Friseur würde es sowieso nicht reichen im Leben – oder für jemanden, der unter 600 Stuttgarter Friseurlehrlingen die drittschlechteste Prüfung seines Jahrgangs ablegte.

Und doch behauptet Udo Walz, vieles im Leben sei ihm schlicht „wurscht", das Etikett „der Wurschtmann", das ihm ein Journalist einst anheftete, passe perfekt. Soll man ihm das abnehmen? Eines steht jedenfalls fest: Udo Walz versteht es, die Menschen für sich einzunehmen. Berührungsängste kennt er nicht: Wer ihn interessiert, wird angesprochen – die ältere elegante Amerikanerin am Nebentisch in der Bristol-Bar ebenso wie die Kellnerin. Ich selbst lernte ihn im letzten Jahr einen Tag vor Weihnachten im Münchener Restaurant Käfer kennen, wo ich mit meinem besten Freund zur Nachspeise am Kamin saß. Wir tauschten gerade Buchgeschenke aus, als Udo Walz gemeinsam mit der Chefredakteurin der „Bunte", Patricia Riekel, hereinrauschte. „Na, was habt Ihr denn da für Bücher?" Ehe wir uns versahen, hatten unsere Bücher die Hände gewechselt. Danach kreuzten sich unsere Wege immer wieder – zuletzt lud er mich spontan zu einer Privatparty seiner guten Freundin Barbara Becker ein. Mit der gleichen Direktheit erkundigt er sich schon mal, ob der Koch heute frei habe, wenn ihm im Restaurant das Essen nicht schmeckt. Kein Wunder, dass die Presse ihn liebt und durch Hunderte Artikel dafür sorgt, dass er nicht in Vergessenheit gerät. Vielleicht eins seiner **Sales Secrets**?

Roger Rankel	*Udo, du giltst als **der** Starfriseur: Du hast Marlene Dietrich frisiert und Hildegard Knef, Romy Schneider, Claudia Schiffer und Naomi Campbell. Aufgewachsen bist du in einem kleinen Ort bei Stuttgart. Wie hat alles angefangen?*
Udo Walz	Ich wollte eigentlich ins Hotelfach, aber meine Eltern konnten die Hotelfachschule nicht bezahlen. Einer ihrer Freunde hatte einen Frisiersalon und sagte: „Schickt ihn mal zu mir." Ich habe mir das Geschäft angeschaut, und es hat mir gefallen.
Roger Rankel	*Wie ging es dann weiter? Wann hast du wahrgenommen, dass du erfolgreicher bist als andere?*
Udo Walz	In St. Moritz. Ich habe in Stuttgart gelernt, aber das ist ziemlich an mir vorbeigegangen. Mein Chef war sehr streng: Wenn der schlechte Laune hatte, musste ich dienstags 40 Fenster putzen. Ich habe immer zu meiner Mutter gesagt: „Wenn ich ausgelernt habe, will ich in die Schweiz." Meine Mutter glaubte das natürlich nicht. Der Tag des Auslernens kam, und am nächsten Tag bin ich aufgebrochen. Da war ich 17.

Ich bin also nach Zürich, habe alle Geschäfte abgeläutet: „Grüß Gott, mein Name ist Udo Walz, ich bin auf der Durchreise, ich |

würde gerne in der Schweiz arbeiten." Alle sagten Nein, auch der Inhaber im allerletzten Salon. Und wie ich zur Tür gehe, meint er plötzlich: „Ach Moment mal, würden Sie auch in St. Moritz gerne arbeiten?" Ohne überhaupt zu wissen, wo das liegt, hab' erst mal Ja gesagt. „Dann kommen Sie nachher noch mal und frisieren uns vor." Abends habe ich dann einer älteren, grauhaarigen Dame eine wirklich elegante Hochsteckfrisur gezaubert. Anschließend hieß es: „Kommen Sie im November!"

So kam ich nach St. Moritz und wurde dort von meinem neuen Chef, Meister Lüdi, „Boris" getauft. In St. Moritz habe ich die ersten Prominenten frisiert, darunter Paul Ankas Frau. Wir durften zu jener Zeit als Friseure nicht einmal durch die Hotelhalle laufen. Anka, damals einer der größten Stars, gab in St. Moritz ein Konzert, und man feierte Silvester. Und Anka sagte: „Ich komme nur, wenn unser Freund Boris uns begleiten darf." So saß ich mit 18 im Trevira-Anzug im Hotel Palace und schwitzte ganz fürchterlich. Der Anfang war also nicht so glamourös.

Wie kamst du schließlich nach Berlin?   Roger Rankel

Ich hatte Heimweh. In Berlin arbeitete ich im Salon von Ina Sei-   Udo Walz
ler, der besten Friseurin, die es damals gab. Ich habe sie einfach aus der Schweiz angerufen, ob ich kommen kann, und sie sagte Ja. Innerhalb von einem Vierteljahr war ich ausgebucht. Eines Tages wurde Ina Seiler krank und schickte mich ins Studio zu einem Fotografen, für Modefotos. Von da an habe ich die besten Models frisiert, „Preußens Gloria" und andere. Die machten in Berlin immer Station bei den Couturiers und riefen an: „Wir wollen diesen Udo Walz haben." Ina Seiler war ein bisschen sauer. Und weil ich immer ein paar Minuten zu spät kam, wollte sie eines Tages ein Exempel statuieren und hat mir gekündigt.

In der Situation sagte mein Freund: „Jetzt machen wir uns selbstständig!" Vom ersten Tag an war mein Laden in Berlin voll. Wir haben eine Wohnung gemietet, eine Treppe rauf, du machtest die Tür auf, und da waren Politiker, Models, Stars. Dann riefen die „Brigitte" und die anderen Mode-Redaktionen an, „Vogue", „Elle", und von da an ging es steil bergauf. Ich denke, ich habe 15 Jahre lang 98 Prozent aller Titel auf der „Brigitte" gemacht.

Roger Rankel	*Gibt es Leute, von denen du sagen würdest, die haben dir dann später noch geholfen?*
Udo Walz	Ja, zum Beispiel Claudia Schiffer und Naomi Campbell, außerdem Romy Schneider. Es gibt schon Prominente, die mir geholfen haben.
Roger Rankel	*Was macht deinen Erfolg noch aus?*
Udo Walz	Ich arbeite wie ein Stier, ich arbeite jeden Tag. Ich habe hier eine wunderschöne Wohnung, aber ich würde verrückt werden, wenn ich da am Tag zu Hause sitzen würde.
Roger Rankel	*Warum?*
Udo Walz	Mir wäre schlicht langweilig. Ich bin nur für meinen Beruf gemacht. Wo ich mich am wohlsten fühle, ist in meinem Salon. Ich schätze, ich war in 40 Jahren vielleicht drei, vier Monate krank. Und ich hatte jetzt eine Operation am Fuß, da gehe ich trotzdem ins Geschäft, auf Krücken.
Roger Rankel	*Was zeichnet sehr erfolgreiche Menschen aus deiner Sicht aus?*
Udo Walz	Also, die Erfolgsleute, die ich kenne, waren alle sehr fleißig, ob Wolfgang Joop, Jill Sander, Regine Sixt oder whoever. Erfolgreiche Leute sind sehr fleißig.
Roger Rankel	*Das heißt also auf Hängemattenbasis gibt's Erfolg nicht.*
Udo Walz	Bestimmt nicht. Ungefähr einmal in der Woche laufe ich durch den Laden und schreie: „Alle aufstehen, raus aus den Hängematten! Heute machen wir ein bisschen Arbeit." Es kommt vor, dass ich unten im Salon stehe und schneide, und oben sitzen die Mitarbeiter im Café. Da drehe ich dann durch, oder ich werde ironisch: „Wenn Sie noch einen Wunsch haben, lassen Sie es mich wissen, vielleicht kann ich Ihnen den erfüllen, wenn ich mit dem Schneiden fertig bin."
Roger Rankel	*Hast du Stress?*
Udo Walz	Nein, nie! Ich verstehe überhaupt nicht, was das sein soll: Stress.
Roger Rankel	*Was ist, wenn mal an einem Tag sehr viel schiefläuft?*
Udo Walz	Bei mir läuft nichts schief. Was soll schieflaufen? Solange ich nicht unters Auto gerate oder die Nachricht bekomme, dass ich Streukrebs hab', läuft nichts schief.

Das heißt also, wenn andere sagen würden, „Da ist jetzt was schiefgelaufen", siehst du das noch gar nicht als Problem?

Roger Rankel

Nein. Ich bin einer der wenigen, der sagt, „Ich bin ein glücklicher Mensch." Ich hab' alles, was ich will. Ich habe mal eine Schlagzeile über mich gelesen, die hieß: „Der Wurschtmann". Das passt, weil mir im Grunde vieles egal ist. Ich klatsche nicht über Leute, weil mir die wurscht sind. Ich war noch nie neidisch auf Menschen, die mehr haben als ich. Ich gönne anderen alles: Wenn es denen gut geht, geht's mir auch gut. Ich sage immer, uns gehört doch eh' nix. Mir könnte die Wohnung abbrennen, das wäre mir egal. Ich bin ständig in der Presse, habe im Monat zwischen 200 und 250 Zeitungsausschnitte, die lese ich gar nicht mehr.

Udo Walz

Was ist die wichtigste Erkenntnis, die du im Geschäft gewonnen hast? Um was geht's eigentlich in dem Business?

Roger Rankel

In dem Business geht's heute nicht mehr darum, wer der Beste ist. Den Besten gibt's ohnehin nicht. Was zählt, ist Lifestyle: Der Kunde kommt rein und muss sich im Salon wohl fühlen. Das fängt schon damit an, wie er begrüßt wird. Der Friseur ist auswechselbar. Es gibt natürlich Grundgesetze, man muss sein Handwerk beherrschen. Aber wenn ein Friseur clever ist, redet er seiner Kundin auch eine misslungene Farbe schön und sagt, „Das ist so, das muss so sein."

Udo Walz

Udo Walz als Kunde: Was versetzt dich in Rage, wenn du auf dem Friseurstuhl Platz nimmst?

Roger Rankel

Ich als Kunde? In Rage würde mich versetzen, wenn ich lange warten müsste. Wenn der Friseur nicht zuhören würde, was ich sage. Wenn er nicht nach meinen Wünschen fragt. Ein desinteressierter Mensch würde mich platt machen. Oder jemand, der sagt, „Wie machen wir es, wie immer?" Bei mir im Salon darf außerdem niemand fragen, „Woher kommen Sie?" oder „Was machen Sie beruflich?" Das ist absolut verboten.

Udo Walz

Aus welchem Grund?

Roger Rankel

Das wollen die Leute nicht. Und es ändert ja auch nichts an meiner Aufgabe, ob die Kundin aus Poppenbüttel kommt oder „nur" Sekretärin ist oder Haushälterin. Soll sie sich Sorgen ma-

Udo Walz

chen, ob sie im zweiten Fall vielleicht Pech hätte und anders behandelt würde als Frau Patricia Sowieso?

Roger Rankel   *Was soll dagegen gefragt werden?*

Udo Walz   Sagen Sie mir Ihre Wünsche, dann sage ich Ihnen meine Wünsche: was ich machen würde.

Roger Rankel   *Wie kann man dich als Kunden begeistern?*

Udo Walz   Durch Elan, durch Begeisterung!

Roger Rankel   *Dein größter Fehler in deiner geschäftlichen Laufbahn?*

Udo Walz   Ungeduld. Ich bin sehr ungeduldig, ich kann sechs, sieben Sachen auf einmal machen, und ich hasse langsame Menschen. Ich schreie auch manchmal herum, ich bin ja Schwabe. Ich schreie also: „Warum habe ich so eine talentfreie Rezeption?!!" Oder: „Steht bei mir irgendwo dran, ‚Ihr dürft nichts verkaufen'??" Ich finde die wirklich talentfrei, die sind nicht fähig, ein Shampoo zu verkaufen. Jetzt komme ich schon in Rage!! Douglas hat sich schon mal bei mir bedankt, weil alle Kunden von hier rüber zu Douglas gehen und dort Shampoo kaufen. Da frage ich meine Leute: „Habt Ihr sie nicht alle? Jeder, der hier rausgeht, muss sich die Haare waschen. Da könnt Ihr doch wohl ein Shampoo verkaufen!"

Roger Rankel   *Bist du selber ein guter Verkäufer?*

Udo Walz   Wenn ich Lust hab, ja. Ich könnte dir einen Sack Laub verkaufen und dir das als Tischdekoration schmackhaft machen. Aber ich verkaufe nur das, wo ich dahinter stehe.

Roger Rankel   *Wenn du dahinter stehst, was ist dann dein Verkaufsgeheimnis?*

Udo Walz   Das ist ganz einfach. Die meisten Leute fragen, „Wollen Sie das mitnehmen?" Ich sage einfach: „Nehmen Sie es mit!"

Roger Rankel   *Also nicht als Frage formuliert, sondern als Aussage.*

Udo Walz   Ja, genau. Ich sage: „Hier, ich stelle es Ihnen schon mal nach vorn an die Kasse." Bei den Preisen geht's ja nicht um Leben und Tod.

Roger Rankel   *Was bedeutet für dich Erfolg?*

Udo Walz   Erfolg hat viele Vorzüge, ein erfolgreicher Mensch hat Privilegien. Ich brauche mich nie im Restaurant anzumelden, die freuen sich, wenn ich komme. Ich genieße den Erfolg. Mir macht es nichts aus, auch schon mal ein paar Hundert Autogramme zu schreiben an einem Samstagabend, da stöhnen andere Leute. Oder wenn mich auf der Straße jeder fotografieren will, auch das genieße ich. Ich finde, die Presse „macht" dich, und dann darfst du auch nicht schwierig werden, wenn du es geschafft hast. Ich habe viele Freunde, die schwierig geworden sind, sobald sie Erfolg hatten. Dann sagt die Presse, „du kannst uns mal", und schon sind sie aus dem Verkehr gezogen.

Was treibt dich an? Warum der ganze Wahnsinn, die Events, die Promitermine, die vielen Salons?   Roger Rankel

Salopp gesagt: Ich wüsste nicht, was ich sonst machen sollte. Das ist es, wofür ich gemacht bin, das ist mein Leben.   Udo Walz

*Letzte Frage: Was ist dein **Sales Secret,** dein Verkaufsgeheimnis? Wie hast du dich, die Marke Udo Walz verkauft?*   Roger Rankel

Ich denke mal, ich war für viele Menschen einfach immer eine tolle Persönlichkeit. Ich versuche, Leute einzunehmen – zu erreichen, dass sie von mir begeistert sind. Henryk Broder hat im „Spiegel" zum Beispiel mal einen Artikel über mich gebracht. Ich war mit ihm essen, und am Schluss sagte er zu mir: „Eigentlich haben Sie jetzt mich ausgefragt." Ich wusste, was er tut, er wusste gar nichts über mich. Sein Artikel war dann eine Art Liebeserklärung, und ich bekam reihenweise Anrufe von Leuten, die wissen wollten: „Wie hast du denn das hingekriegt?"   Udo Walz

Vielen Dank für das Gespräch, Udo, auch im Namen der Leser!   Roger Rankel

Sales Secrets – Gesetze der Erfolgreichen
Resümee von Roger Rankel

„Das Leben ist keine Generalprobe", so lautet einer der Lieblingssprüche von Udo Walz. Das klingt erst einmal wie eine Aufforderung, jeden Tag voll auszuschöpfen. Wer Walz erlebt, beginnt jedoch, die Bühnenmetapher wörtlich zu nehmen. Walz agiert virtuos in der Öffentlichkeit, er hat permanent Premiere. Und weil das Stück, das er gibt, so erfolgreich ist, bleibt er einer der Gefragtesten in einem Markt, in dem mit solidem Handwerk

seiner Aussage nach allein kein Blumentopf mehr zu gewinnen ist.

Glamour!

Seien Sie unverwechselbar – auch und gerade in einer Welt, in der Produkte und Dienstleistungen immer austauschbarer werden. Udo Walz verkauft nicht Haarschnitte, er verkauft Lifestyle. Wer zu ihm geht, nimmt in Gedanken auf dem Stuhl Platz, auf dem schon Naomi Campbell oder Claudia Schiffer gesessen haben, wird von den Händen verschönert, die Romy Schneider oder Marlene Dietrich berührt haben, bereitet den eigenen Auftritt ebenso professionell vor wie Sabine Christiansen oder Angela Merkel. Walz verkauft Mythen und hat für jede(n) eine attraktive Identifikationsfigur in petto.

→ Kapitel (9)
Sie dürfen alles –
nur nicht
langweilen!

Präsent sein

Wer unverwechselbar sein will, muss bekannt sein, am besten bekannt wie ein bunter Hund. Nutzen Sie die Bühnen, die Ihnen das Leben bietet: *Vor* dem Fernseher können Sie niemandem auffallen; viel besser ist es, Sie sind *im* Fernsehen. Suchen Sie die Nähe der Prominenten, wenn ein glanzvoller Auftritt Ihnen und Ihrem Produkt nützt. Sorgen Sie dafür, dass Sie (mit)fotografiert werden. Udo Walz hat sich für diese Zwecke eigens zwei blitzschnell abrufbare „Kameragesichter" zugelegt, die er seinen „Sean-Connery-Blick" und „Fozzy-Bear aus der Muppet Show" nennt. Dem Zufall überlässt dieser Mann nichts – nicht einmal das Erinnerungsfoto am Ende des Interviews. Blitzschnell steigt er eine Stufe hoch, um nicht von mir überragt zu werden. Also: Party muss sein – auch wenn es Ihnen möglicherweise nicht jeden Abend Spaß macht. Aber die richtige Party im richtigen Outfit mit den richtigen Leuten. Denn wie sagt der Maestro: „Die Presse *macht* dich!"

→ Kapitel (4)
Bühnen nutzen

Ecken & Kanten – Persönlichkeit

Everybody's darling wird rasch *everybody's bore* – schlicht langweilig. Wer interessiert sich schon für den netten Vorabendserien-Darsteller, wenn Ben oder Boris Becker an der Bar steht? Allenfalls Damenkränzchen. Achten Sie einmal darauf: Die Top-Seller im Unternehmen sind in der Regel die Typen mit den

Ecken und Kanten. Udo Walz sorgt mit frechen Sprüchen dafür, dass er im Gespräch bleibt. Ein Starfriseur, dem angeblich alles „wurscht" ist und der sehr direkt werden kann, bleibt allemal ein dankbares Thema.

→ 1. Secret: Gnadenlos ehrlich – punkten Sie mit Offenheit!

Vom Glanz anderer profitieren

Die einfache Erfolgsregel lautet: name dropping, name dropping und nochmals name dropping. Positionieren Sie sich, demonstrieren Sie, in welcher Klasse Sie spielen (oder spielen wollen). Dafür gibt es kaum eine elegantere und effektivere Methode als das Spiel mit den Namen. Wie war das noch, als Sie neulich mit Mr. Sehrbekannt beim Golf waren? Oder Mrs. Superreich beim Nobelitaliener trafen? Kürzlich hat Ihnen der Star der Branche auf dem Superwichtigexklusiv-Empfang eine nette Anekdote erzählt? Die dürfen Sie buchstäblich niemandem vorenthalten, natürlich mit penibelster Angabe von Ort und Quelle!

→ Kapitel (14) Wer Helden schafft, ist selbst einer

Die Menschen durch Aufmerksamkeit bezaubern

Niemand gewinnt schneller unser Herz als jemand, der sich für uns interessiert. Das ist wahrlich kein Geheimnis. Ein ewiges Geheimnis bleibt aber, warum so wenige Menschen diese Erkenntnis in die Tat umsetzen. Alle Menschen gieren nach Aufmerksamkeit. Wer uns diese simple Form von Anerkennung schenkt, dem kaufen wir viel eher etwas ab (im doppelten Wortsinne!). Also: Ihr Stern strahlt umso heller, je mehr Gelegenheit Sie anderen geben, gelegentlich auch ein wenig zu funkeln. Das ist einer der „Schlüssel zum Kunden" – so eines unserer Trainings.

→ Kapitel (25) Wertschätzung = die Werte des anderen schätzen

No Small Talk!

... eine Ableitung der Erfolgsregel „Angenehm anders auftreten als alle anderen", die fester Bestandteil meiner Verkaufsseminare ist. Streichen Sie das übliche Einstiegs-Blabla im Kundenkontakt. Oder beantworten Sie selbst gerne Fragen nach dem Wetter, nach Ihrem Job oder nach Ihrem nächsten Urlaubsziel? Geben Sie Ihrem Kunden lieber Zeit, sich in Ruhe mit Ihnen und mit der Situation vertraut zu machen. Ihr Job heißt: die bestmögliche Dienstleistung – und nicht Unterhaltung auf Kaffeekränz-

→ 4. Secret:
Vergessen Sie
Small Talk –
endgültig!

chenniveau. Das gibt's nicht einmal mehr bei guten Friseuren, siehe Udo Walz.

Wer sagt, führt!

→ Kapitel (35)
Stellen Sie *keine*
Abschlussfrage!

Seien Sie nicht zu zaghaft, wenn es gilt, ein gutes Produkt unter die Leute zu bringen – verkaufen Sie offensiv. Eine selbstbewusste Empfehlung – „Nehmen Sie's mit!" – ist allemal wirkungsvoller als ein vorsichtiger Hinweis oder eine zögerliche Frage.

186

Manfred Lautenschläger

Verkaufen muss jeder

Der Siegeszug einer genialen Geschäftsidee

Manfred Lautenschläger

+ + + + Donnerstag, 29. November 2007
Walldorf Wiesloch, MLP AG + + + +

Wiesloch ist ein beschauliches Kleinstädtchen im nördlichen Baden-Württemberg, an den Ausläufern des Odenwaldes. Man rühmt sich des milden Klimas der Bergstraße und des regen Vereinslebens. Hier gibt es die „größte zusammenhängende Obstanlage Badens" und eine jährliche Straßenkerwe. Seit 2001 ist hier aber auch einer der führenden unabhängigen Finanzdienstleister zu Hause: die Marschollek, Lautenschläger und Partner AG, kurz MLP. Was 1971 als Zweimann-Firma in Heidelberg begann, ist inzwischen zu einem international agierenden Unternehmen mit mehr als 2 500 Beratern gewachsen. Auch das Firmengelände zeugt von dieser Erfolgsgeschichte: moderne helle Gebäude, weitläufig angelegt, mit einer eigenen „Corporate University" auf dem Campus. Design, Glas und Kunst bestimmen die Eingangshalle.

Maßgeblich geschrieben hat diese Erfolgsgeschichte Manfred Lautenschläger, 15 Jahre lang Vorstandsvorsitzender der MLP AG und seit 1999 Vorsitzender des Aufsichtsrates. Der ungewöhnliche Start einer ungewöhnlichen Karriere: Statt nach dem 2. Staatsexamen weiter in einer renommierten Kanzlei zu arbeiten, ließ sich Lautenschläger vom 1978 tödlich verunglückten Eike Marschollek für eine neue Geschäftsidee begeistern – eine unabhängige Finanzberatung für Akademiker, zunächst vor allem für Juristen. Ein Schritt vom idealen Schwiegersohn zum „Versicherungsfuzzi", wie Lautenschläger heute augenzwinkernd sagt.

Manfred Lautenschläger empfängt uns in seinem Büro, geschätzte 80 Quadratmeter auf dem MLP-Gelände, dunkles Holz, an den Wänden moderne Kunst. Auch mit fast

70 Jahren ist ein Manfred Lautenschläger im Ruhestand nur schwer vorstellbar: Der Firmengründer hat eine eigene Stiftung gegründet, ist Ehrensenator und Mitglied des Universitätsrates der Heidelberger Universität, sitzt im Aufsichtrat der Universitätsklinik. Zeitweise gehörte er zu den reichsten Männern Deutschlands, und auch wenn die MLP-Aktie vor einigen Jahren schwächelte, bleiben noch genügend Millionen, um fünf Kindern ein ansehnliches Erbe zu hinterlassen und sich vielfältigen sozialen Zwecken zu widmen. Was steckt hinter dieser beeindruckenden Erfolgsgeschichte?

Roger Rankel	*Herr Lautenschläger, 1971 haben Sie gemeinsam mit Ihrem Partner Eike Marschollek MLP gegründet. Statt einer Geschäftsstelle gibt es heute rund 250. MLP ist nicht nur in jeder deutschen Hochschulstadt, sondern zudem in Österreich und den Niederlanden vertreten. Mit annähernd 800 000 Kunden und 2 600 Beratern ist MLP heute der mit Abstand größte unabhängige Finanz- und Vermögensberater. Worauf führen Sie diesen beispiellosen Erfolg zurück?*
Manfred Lautenschläger	Eike Marschollek und ich sind damals in einen Markt gegangen, der für uns völlig fremd war: Marschollek war Betriebswirt, ich bin Volljurist. Wir sind gestartet als Nobodys in der Finanzdienstleistung. Dass wir dennoch so erfolgreich waren, lag in allererster Linie an einem neuen persönlichen Faktor in der Beratung: Wir waren die Ersten, die „von Gleich zu Gleich" berieten – nach dem Prinzip: Jurist berät Juristen. Das haben wir auf verschiedene weitere Ausbildungseinrichtungen übertragen. Wer selber studiert hat – und unsere 2 600 Berater haben so gut wie alle ein abgeschlossenes Studium – kann auf einer Augenhöhe mit einem Hochschulabsolventen reden.

Ein weiterer Erfolgsfaktor war das ganz neue Geschäftsmodell – ein Personenversicherungsvermittler, der Makler ist, also unabhängig von Gesellschaften. In der Industrie gab es schon seit sicherlich 200 Jahren Versicherungsmakler, aber für Privatpersonen war das völlig neu. Wir konnten unseren Kunden sagen: „Wir sind unabhängig, wir picken für Sie die Rosinen aus dem Markt heraus." Wir arbeiteten mit unterschiedlichen Gesellschaften zusammen und haben das im Laufe der Jahre immer weiter perfektioniert.

Hinzu kam: Dadurch, dass wir die jungen Leute jahrelang beraten haben, hatten unsere Berater natürlich unglaubliche Fach- und Sachkenntnis in dem jeweiligen Berufsfeld. Bei MLP kennt ein erfahrener Zahnärzteberater sämtliche Geräte in der Zahnarztpraxis. Wir haben in Deutschland weit über 10 000 Arzt- und Zahnarztpraxen finanziert. Da weiß jeder Berater genau, worauf es ankommt.

Das heißt, Sie kennen Ihre Kunden und deren Bedürfnisse besser als alle anderen.

Roger Rankel

Ja, und deshalb hat es auch niemand geschafft, uns ernsthaft Konkurrenz zu machen. Verschiedene Unternehmen haben immer wieder vergeblich versucht, unser Modell nachzuahmen. Es ist nie geglückt, auch wenn die jeweiligen Unternehmen oft sehr viel Geld in die Hand genommen haben. Wir sind step by step, ganz systematisch gewachsen und haben unsere Kunden immer von Gleich zu Gleich beraten.

Manfred Lautenschläger

Besteht nicht die Gefahr, dass man Kunden ausklammert, wenn man sich auf die Zielgruppe „Akademiker" konzentriert? Es gibt ja auch Nicht-Akademiker, die gutes Geld verdienen.

Roger Rankel

Als Verkaufstrainer wissen Sie ja selbst, dass Verkauf aktiv stattfindet. Ich habe wenig davon, als attraktiver junger Mann an der Bar zu stehen und zu jammern: „Warum kommt keine Frau und fordert mich zum Tanz auf?!" Ich muss selbst zum Tanz auffordern. Genauso wenig kann ich hier an meinem Schreibtisch sitzen und sagen: „Verdammt, die wissen doch, dass wir die besten Angebote haben!" Ich muss akquirieren. Und gute Akquisition geht nicht nach dem Gießkannenprinzip. Man hat seine Zielgruppe, die man kennt. Wenn natürlich ein Handwerksmeister oder der Geschäftsführer eines mittelständischen Unternehmens kommt und sagt, ich brauche eine betriebliche Altersversorgung für meine 20 Mitarbeiter, ist er uns als Kunde hochwillkommen. Aber wir werben – zumindest in unserem Privatkundengeschäft – nicht aktiv um diesen Kunden, weil er nicht zur Zielgruppe gehört. Das ist der wesentliche Unterschied.

Manfred Lautenschläger

Was bedeutet für Sie aktiver Verkauf? Wie macht man gute Akquise?

Roger Rankel

Ganz klassisch, nach dem AIDA-Prinzip. Ich finde das eine wunderbar kurze Formel: Attention – Interest – Desire – Action. Ich habe in meiner Anfangszeit jeden, der das zweite Staatsexamen Jura in Baden-Württemberg machte, angeschrieben. In dem Brief habe ich unser Leistungsspektrum betont und uns mit ver-

Manfred Lautenschläger

schiedenen Argumenten vom Wettbewerb differenziert. Darf ich Sie in den nächsten Tagen anrufen oder aufsuchen? Da bin ich mit meinem VW-Käfer durch Baden-Württemberg gegeigt, von morgens bis abends, und habe an Türen geklingelt. Und manchmal ging die Tür eben zu: Vielen Dank, kein Interesse.

Roger Rankel

Wie haben Sie sich damals motiviert? Wenn da eine Tür zufällt, ist man ja erst mal demotiviert.

Manfred Lautenschläger

Meistens fiel die Tür eben nicht zu. Was mich motiviert hat? Eigentlich wollte ich Anwalt werden, kaum überraschend nach fünfeinhalb Jahren Studium und viereinhalb Jahren Referendarzeit. Ich fand auch einen Job in einer der führenden Kanzleien hier in Mannheim. Nach zehn Jahren totaler Freiheit, Studentenleben, nach Aufstehzeiten mittags um 12:00 oder 13:00 Uhr wurde es auf einmal ernst.

Ich habe schnell gemerkt: Ich wollte mich nicht in Hierarchien einfügen, mein Freiheitsdrang ging mir über alles. Ich wollte leistungsgebunden arbeiten. Obwohl ich natürlich, als das Angebot, in die Kundenberatung einzusteigen, kam, zuerst dachte: Dafür hast du eigentlich nicht Jura studiert, um Versicherungsvertreter zu werden. Was mich fasziniert hat, war die Geschäftsidee und vor allem die Unabhängigkeit. Ich konnte mir meinen Tag einteilen, und ich habe verdient, was ich geleistet habe, oder eingenommen, was ich verdient habe.

Roger Rankel

Wenn Sie mal in die Kundenrolle schlüpfen: Wie kann ein Verkäufer Sie begeistern, was spricht Sie an?

Manfred Lautenschläger

Um das Beispiel von Eike Marschollek zu nehmen, der drei Jahre jünger war als ich und der mich akquiriert hat: Er hat mich begeistert, weil er anders war als die anderen Versicherungsleute, die mich aufsuchten. Er sprach meine Sprache, das war das zunächst Entscheidende. Außerdem war die Idee einfach überzeugend, das Angebot: Ich kann dich einfach besser bedienen als ein leistungsgebundener Versicherungsvertreter. Es gibt besonders kluge Tarife, etwa bei Lebensversicherungen (die wir nachher für unsere Kunden selber entwickelt haben). Natürlich überzeugt auch der direkte Zahlenvergleich, nach dem Muster, eine Privathaftpflicht kostet bei der Gesellschaft A die Summe X, ist bei der Gesellschaft B aber erheblich günstiger zu haben.

Von guten Produkten einmal abgesehen – was macht den Top-Verkäufer aus?

Roger Rankel

Die Persönlichkeit. Ein guter Verkäufer darf nicht unsympathisch wirken, das ist klar. Er muss fähig sein, auf sein Gegenüber einzugehen, zuhören können. Psychologen sagen, dass sich bei der Begegnung mit einem Unbekannten innerhalb von einer Minute entscheidet, ob ich mit meinem neuen Gegenüber kann oder nicht. Ein guter Verkäufer ist jemand, mit dem ich die nächsten anderthalb Stunden gerne verbringe.

Manfred
Lautenschläger

Ein guter Verkäufer strahlt aus, dass er überzeugt ist von dem, was er verkauft. Bei unseren Produkten kann ich ja nicht wie bei einem Anzug von Brioni sagen: „Der sitzt ihnen ja wie angegossen!" Ich verkaufe etwas Immaterielles, etwas nicht Gegenständliches. Außerdem muss die Argumentation im Verkaufsgespräch stimmen. Deshalb legen wir allergrößten Wert auf eine hervorragende Ausbildung unserer Leute. Man sollte überzeugend darlegen können, was für ein bestimmtes Produkt spricht.

Ihr Rat an den Nachwuchs? Wie kann ein Nachwuchsberater, ein Nachwuchsverkäufer, besser werden, worauf muss er achten?

Roger Rankel

In jedem Beruf trifft man gute Leute an, die etwas aus sich gemacht haben. Von denen kann man sich viel abschauen. Wenn man Verkauf richtig macht, heißt das außerdem: selbstbewusst ohne Überheblichkeit, aber auch nicht devot – auf gleicher Augenhöhe mit dem Kunden.

Manfred
Lautenschläger

Was bedeutet „Verkauf" für Sie? Ist das eher positiv oder negativ besetzt?

Roger Rankel

Verkauf ist ein Beruf, der dich unheimlich formt. Du musst immer auf dein Gegenüber eingehen, du musst aufnehmen, was den anderen bewegt. Wenn du das schaffst, ohne devot zu werden, ist das eine Charaktererziehung sondergleichen. Das bietet kaum ein anderer Beruf.

Manfred
Lautenschläger

Das Image des Verkaufs ist in Deutschland leider bis heute nicht besonders gut. Das war in den Sechzigerjahren genauso. Als Volljurist hatte ich mir das Recht erworben, eine schwarze Robe zu tragen, ich arbeitete beim Anwalt und war sozusagen der ideale Schwiegersohn. Das alles einzutauschen gegen einen Verkäuferberuf und plötzlich im VW durch ganz Baden-Württemberg zu fahren und zu akquirieren, das war schon ungewöhnlich. Und als „Versicherungsfuzzi" ist man nicht gerade ein willkommener Schwiegersohn. Ich habe mir das sehr gut überlegt. Für mich war prägend, hervorragende Verkäufer kennenzulernen und zu sehen, was die aus dem Beruf machen.

Außerdem wird eines oft übersehen: Verkaufen muss jeder. Ich frage einen Anwalt nicht nach seiner Examensnote, sondern der muss mir verkaufen, dass er gut ist. Der Arzt muss sich gut verkaufen, wenn ich ihm mein Leben anvertrauen soll. Auch der Pfarrer muss sein Angebot verkaufen, sonst kommt niemand in die Kirche.

Roger Rankel	*Nach welchen Kriterien suchen Sie Mitarbeiter aus?*
Manfred Lautenschläger	Für mich war immer die erste Minute entscheidend, solange ich im operativen Geschäft war: Wenn der Kandidat sich mir verkaufen kann, dann kann er auch an den Kunden verkaufen. Später haben wir die Auswahl perfektioniert mit Assessment Centern. Aber auch dann waren immer zwei Geschäftsstellenleiter dabei, die geprüft haben, ob die Kandidatin oder der Kandidat verkaufen kann.
Roger Rankel	*Sie sind für Ihr soziales Engagement bekannt. Die 1999 gegründete Manfred Lautenschläger Stiftung engagiert sich in vielen Bereichen – Völkerverständigung, Sport, Kultur, Wissenschaft, Soziales – von der Finanzierung der Heidelberger Kinderklinik bis zur Förderung des Dokumentations- und Kulturzentrums Deutscher Sinti und Roma. Was treibt Sie da an?*
Manfred Lautenschläger	Das werde ich oft gefragt, und bei der Antwort läuft man immer Gefahr, in Plattitüden zu rutschen – nach dem Motto: Ich will von dem, was ich bekommen habe, wieder etwas zurückgeben. Aber das ist es tatsächlich. Ich sage manchmal: Ich habe 35 Jahre lang meine Fantasie angestrengt, Geld zu verdienen, und jetzt strenge ich sie an, Geld sinnvoll auszugeben – und das macht Freude.
Roger Rankel	*Ihr ganzes Leben dreht sich ja um Geld, um das der Anleger und Kunden oder um Ihr eigenes. Was bedeutet für Sie Geld?*
Manfred Lautenschläger	Wenn Geld Unabhängigkeit bringt, dann hat es für mich seinen Zweck erfüllt. Geld ist für mich kein Selbstzweck, das heißt, ob ich 500 Millionen reich bin oder „nur" 50 Millionen, ist zweitran-

gig. Dabei ist mir durchaus bewusst, dass das eine Zufriedenheit auf einem sehr hohen Level ist.

Was treibt Sie dann an? Warum nehmen Sie immer noch viele Ämter wahr, sei es als Aufsichtsratsvorsitzender von MLP, in der Stiftung oder in anderen Gremien?

Roger Rankel

Weil es Spaß macht. Wobei ich Wert auf die Feststellung lege, dass ich dem Management nicht reinrede. Morgens aufzustehen und zu schauen, ob das Wetter schön genug ist zum Rad fahren oder zum Golfen, das wäre mir zu wenig. Ich habe einen recht fitten Körper, aber der Geist sollte genauso fit bleiben. Auch deshalb bin ich seit vielen Jahren in ganz anderen Sektoren aktiv, etwa im Universitätsrat der Uni Heidelberg und im Aufsichtsrat der Universitätsklinik. Das ist eine ganz andere Welt, in der ich mit hoch qualifizierten Menschen zusammenarbeite. Von denen kann man viel lernen. Ich lerne von einem Professor Kirchhof[41], aber ich glaube, er lernt auch von mir.

Manfred Lautenschläger

Das heißt, die stetige Herausforderung ist der Antrieb.

Roger Rankel

Spannend soll es sein, und Spaß muss es machen. Das war auch vor knapp 40 Jahren so, und es hat sich nicht geändert.

Manfred Lautenschläger

Zusammenfassend: Ihr **Sales Secret?**

Roger Rankel

Verkauf ist eine unheimlich herausfordernde Angelegenheit. Trotzdem muss man in Deutschland heute immer noch um die Anerkennung des Verkäuferberufes ringen. Das ist – zumindest in Amerika – ganz anders. Wenn man Verkauf als willkommene Herausforderung, als fordernde Aufgabe betrachtet, dann strahlt man das auch aus und wird garantiert erfolgreich sein.

Manfred Lautenschläger

Vielen Dank für dieses Gespräch, Herr Lautenschläger, auch im Namen der Leser!

Roger Rankel

Sales Secrets – Gesetze der Erfolgreichen
Resümee von Roger Rankel

Manfred Lautenschläger ist Verkäufer mit Leib und Seele, bis heute. Die Begeisterung für seine Produkte reißt ihn immer noch mit: Aus dem Stand erläutert er interessante Modelle der Lebensversicherung, referiert über das Risiko der Berufsunfähigkeit oder skizziert die Entwicklung der MLP-Aktien. Die Geschichte seines Unternehmens ist eine der größten Erfolgsgeschichten der letzten 30 Jahre. Was kann man aus ihr lernen?

Die richtige Idee zur richtigen Zeit!

Die MLP-Geschäftsidee – unabhängige Finanzberatung für eine klar umrissene Kundengruppe durch Absolventen desselben Faches – erscheint bis heute „genial". Doch wie bei vielen genialen Ideen fragt man sich hinterher: Wieso ist eigentlich niemand sonst darauf gekommen? Wenn unabhängige Finanzberatung bei Firmenkunden ein Erfolgsmodell ist, warum dann nicht bei Privatkunden? Genial außerdem: sich auf Studienabsolventen jener Fachrichtungen zu konzentrieren, die mit hoher Wahrscheinlichkeit einmal sehr gute Gehälter erzielen würden.

→ Kapitel (5) Im richtigen Moment: Just do it!

Den Verkauf als anspruchsvolle Herausforderung begreifen

Was Sie tief im Innern denken, strahlen Sie nach außen aus. Erfolgreich zu verkaufen ist eine komplexe Herausforderung, bei der nicht nur das Produkt, sondern auch dessen Vermittlung stimmen muss. Der Beamte in einer Finanzbehörde muss sich weder über seinen Auftritt Gedanken machen noch seine Menschenkenntnis schulen. Versäumt ein Verkäufer beides, ist sein Misserfolg vorprogrammiert. Wer Verkauf als anspruchsvollen Spitzenjob versteht, strahlt dieses Selbstverständnis nach außen aus und programmiert sich auf Erfolg.

→ Kapitel (24) Und Ihr ganz persönlicher USP?

Auf Augenhöhe achten

Weder überheblich noch devot – diesen Rat gibt Manfred Lautenschläger Nachwuchsverkäufern mit auf den Weg. Eine Kundenbeziehung auf Augenhöhe empfehlen auch meine Trainer bei den Roger Rankel Vertriebstrainings und ich in zahlreichen Vorträgen. Gleiche Augenhöhe bedeutet: Höflichkeit und Respekt sind keine Einbahnstraße. Eine gute Kundenbeziehung erfordert manchmal auch offene Worte und sachlich begründeten Widerspruch.

→ Kapitel (1)
Jede Wahrheit
brcucht einen
Mutigen, der sie
ausspricht!

Die Kunden(bedürfnisse) kennen

Top-Verkäufer sind in der Lage, in die Schuhe ihres Kunden zu schlüpfen. Je besser Sie Ihre Kunden kennen(lernen), desto erfolgreicher werden Sie verkaufen. Dabei geht es nicht um die Kenntnis oberflächlicher Zielgruppenmerkmale wie Alter, Einkommen, Familienstand, Beruf. Die entscheidende Frage ist: Wo drückt die Kunden der Schuh? Was für Bedürfnisse haben sie? Ein Zahnarztberater, der selbst Zahnmedizin studiert hat und sich in einer Zahnarztpraxis auskennt, weiß haargenau um die Anliegen und Sorgen seiner Klientel. MLP hat diese Strategie zum Geschäftsprinzip erklärt. Nur vordergründig ist die Homogenität der Zielgruppen dabei das Erfolgskriterium – in Wahrheit geht es darum, die Anliegen jedes einzelnen Kunden zu kennen und passgenaue Lösungen zu bieten.

→ 7. Secret:
Warum Ihnen
Marktforschung
wenig bringt

Sarah Kern

I Do it My Way

Das Unerwartete tun

Sarah Kern

+ + + + Dienstag, 30. Oktober 2007
München, bei Sarah Kern privat + + + +

Ein Haus in Paris, ein Schloss in der Normandie, Karibik im Winter, St. Tropez im Sommer, und zwischendurch mit der Concorde kurz mal nach New York – so beschreibt Ex-Model Sarah Kern den Jetset-Alltag während ihrer Ehe mit dem Modedesigner Otto Kern. Ein Leben als „lustgeschiedene Millionärsgattin" kam für die lebhafte Deutsch-Dänin nach der Trennung 1999 dennoch nicht infrage.

Heute ist Sarah Kern selbst eine äußerst erfolgreiche Geschäftsfrau. Beim Start ins Business verblüffte sie Jetset-Freunde und Modebranche gleichermaßen: Statt mit einer Edelkollektion ihr gesellschaftliches Image zu pflegen, konzentrierte sie sich auf Bekleidung für jedermann – „Mode, die nicht nur an top-schicken Models gut aussieht", wie sie selbst sagt. Und die erstaunte Society musste noch mehr verkraften: Frau Kern höchstselbst pries wöchentlich T-Shirts, später Schmuck und inzwischen auch Heimtextilien über einen Münchener Teleshopping-Sender an. Eine Reise vom französischen Schloss ins Wohnzimmer der Durchschnittsfrau um die Ecke, sozusagen. Der Erfolg gibt ihr Recht und bestärkt sie, weiterzumachen: Ihr nächster Coup werden Sarah-Kern-Häuser sein. Wie im Bereich Textilien gibt es auch hier häusliche Wurzeln: Sarah Kerns Vater ist Architekt, ihre Mutter Textilingenieurin.

Auch beim Interview verblüfft uns das Ex-Model und medienerfahrene Mitglied der Münchener Partyszene schon, bevor wir unsere ersten Fragen loswerden – durch einen ungewohnt warmherzigen Empfang in entspannter Atmosphäre. Statt zum Geschäftssitz der Sarah Kern GmbH sind wir nach Hause gebeten worden – in ein eher bescheidenes Haus in einer bürgerlichen Münchener Wohngegend. Im ganz in Weiß eingerichteten Wohn- und Essbereich gehen skandinavische Behaglichkeit und farblicher Purismus eine gelungene Verbindung ein. Sarah Kern, die in wenigen Wochen ihr zweites Kind erwartet, kocht Tee, nimmt Platz und – lässt in der folgenden Stunde keinen Zweifel aufkommen, dass sich auch hinter einem ansprechenden Äußeren ein ausgeprägter Sinn fürs Geschäft verbergen kann.

Roger Rankel	*Frau Kern, Sie haben sich quasi aus dem Stand als Modedesignerin etabliert und mit Ihren Umsätzen über die Vertriebskanäle Versandhandel, Online und vor allem über Teleshopping die gesamte Modebranche verblüfft. Worauf führen Sie diesen Erfolg zurück?*
Sarah Kern	Für Erfolg gibt es sicherlich kein einfaches Rezept. Für mich war ganz klar das Bauchgefühl ausschlaggebend. So fiel die Wahl auf Mode zu erschwinglichen Preisen – entgegen dem, was jeder von mir erwartete. Nach der Ehe mit Otto Kern kam ich ja aus dem Jetset, mit Schloss, Privatjet, Wohnung in Paris; und jeder dachte, dass ich mich lieber mit exklusiver Mode als tolle Designerin feiern lasse, mit sexy Abendmode, Strass und Ausschnitt bis zum Po. Die Nummer hätte man mir sicher sofort abgekauft. Trotzdem habe ich gesagt: „Nee, du machst Mode für viele", und zwar mit einem guten Produkt, bei dem das Preis-Leistungs-Verhältnis absolut stimmt, eben nicht mit Luxusprodukten.
Roger Rankel	*Warum die Zusammenarbeit mit dem Home-Shopping-Kanal HSE 24?*
Sarah Kern	Ich suchte einen Partner, der eine breite Zielgruppe garantiert und mit dem wir, mein Geschäftspartner Martin Neumeier und ich, High-Quality in großem Rahmen produzieren können. Und da habe ich bei HSE 24 den richtigen Ansprechpartner gefunden. HSE war damals noch der klassische Hausfrauensender, es gab dort kein junges Gesicht. Für den Sender war es also auch ein Wagnis, weil ich als jüngere, hübsche, dünne Person nicht unbedingt die war, die die Zielgruppe a) angesprochen oder b) repräsentiert hat. Gesagt, getan. Es lief sehr gut, erstaunlicherweise, obwohl die Durchschnittskundin, die dort ihre Blusen oder ihre Bettwäsche kauft, älter war und nach wie vor ist.
Roger Rankel	*Wie hat Ihr Freundes- und Bekanntenkreis auf diese Geschäftsidee reagiert?*

198

In der Gesellschaft, in der ich mich damals befand, sagen wir einfach: dort, wo man Geld hat, musste ich mich fast dafür entschuldigen. Ganz am Anfang meinte mal jemand, der Herr ..., an einer großen Abendtafel naserümpfend: „Na, Sarah. Ich hab' dich gesehen mit deinen T-Shirts da auf dem Home-Shopping-Sender." „Ja", sage ich, „und ich hab' 80 000 Euro Umsatz die Stunde gemacht. Hast du nicht gerade einen deiner Läden dicht gemacht?"

Sarah Kern

Heute weiß jeder, dass Home Shopping ein wahnsinnig großer Markt ist, und jeder möchte da rein. So viele Boutiquen kann man gar nicht haben, um so viel Umsatz in einer Stunde zu machen. Das heißt, es ist sehr, sehr lukrativ. Es ist aber auch ein knallhartes Business. Wenn ich drei Sendungen hintereinander die Zahlen in meinem Businessplan nicht schaffe, dann war ich mal im Geschäft. Da nützt auch mein Name nichts.

Was glauben Sie, warum kommen ausgerechnet Sie als Ex-Model auch bei reiferen Damen und Kundinnen mit teils dem einen oder anderen Pfund zu viel so gut an?

Roger Rankel

Das habe ich mich auch schon öfter gefragt. Ich habe da offenbar die richtige Würze gefunden. Ich bin sehr ehrlich; ich will nicht um jeden Preis verkaufen. Ich gebe zum Beispiel auch Tipps und sage etwa: „Wenn du meine Jeans nicht haben willst, dann nimm die alte aus dem Schrank und bügele so eine Falte rein. Du wirst sehen, das macht optisch einen Keil ins Bein und lässt dich gleich zwei Größen schlanker wirken." Ich bin also nicht der Seller, der anderen so viel wie möglich aufs Auge drückt, sondern ich biete an und bin auch ein bisschen Freundin. Ich erzähle Anekdoten aus meinem Leben. Dabei erfinde ich aber keine Storys, ich bin immer authentisch.

Sarah Kern

Das heißt, Sie geben, um nehmen zu dürfen – geben etwas von sich persönlich, um dann am Schluss erfolgreich zu verkaufen?

Roger Rankel

Natürlich kalkuliere ich auch, das ist ja ganz klar. Ich weiß, dass meine Art der Offenheit gut ankommt, auch bei meiner zweiten Lizenz, der Schmuckkollektion, die ich im Abendkleid und mit großem Tamtam präsentiere. Man findet seine eigene Note, die aber unbedingt sehr ehrlich sein sollte. Ich spiele da nicht irgendetwas, das nicht zu mir passt, und ich lasse mir da auch von niemandem reinreden.

Sarah Kern

Anders funktioniert es nicht: Bei Kosmetikprodukten, die ich promotet habe, gab es mal einen Product Coach, der ständig dieses oder jenes hören wollte – „diese Creme basiert auf dem Sowieso-Lipid-Komplex, der soundso auf die Haut wirkt". Das lief überhaupt nicht, was mir bestätigte, was ich ohnehin schon wusste: Eine Kundin will von mir hören: Sophia Loren saß neben mir auf der Gala, und dann sind wir später auf die Party von P. Diddy gegangen, der fand meine Haut auch toll. Die Kunden wollen Storys und keine Infos über die chemische Zusammensetzung.

Roger Rankel *Das heißt, zu Ihrer Marke gehört es auch, solche Storys zu liefern?*

Sarah Kern Ja, klar. Natürlich muss ich dafür sorgen, dass ich auf dem einen oder anderen Kanal mal stattfinde. Wenn ich zu einem Red-Carpet-Event gehe, dann nicht, weil ich das immer so toll finde. Das ist eine Plattform, man gibt seine O-Töne und ist bemüht, vorher beim Friseur gewesen zu sein und super auszusehen, man muss ja mithalten. Dann sitzen wir im Taxi und mein Mann meint: „Jetzt entspann dich doch endlich!" Und ich sage: „Ja, du hast es gut. Du kannst gleich deinen Champagner trinken, ich geh stocknüchtern in die Veranstaltung, weil ich drei Stunden O-Töne geben muss." Dann rattert schon das Hirn: Wie stellst du dich für Fotos in dem Kleid? Ach ja, der Schlitz ist da. Welche Fragen könnten kommen? Denn es geht ja nie um die Veranstaltung, sondern darum, wer sich gerade wieder von wem hat scheiden lassen usw. Die Presse füllt mit so einem Promi-Event natürlich die Klatschspalten und die People Magazine im Fernsehen. Das macht man mit, damit der Kunde merkt, ach ja, die ist ja noch angesagt. Das ist ein Geben und Nehmen, auf das man nicht verzichten sollte und wo man auch ein bisschen schauspielert. In meiner Arbeit verstelle ich mich nicht, aber zur Markenbildung vorher gehört das Schauspiel einfach dazu.

Roger Rankel *Einmal abgesehen von geschickter Markenbildung – worauf führen Sie Ihren Erfolg sonst noch zurück?*

Sarah Kern Ich habe unheimliches Vertrauen zu mir selber, weil ich mich sehr beschützt fühle durch meine Intuition. Wenn ich fühle, etwas ist der richtige Weg, dann ist er das auch. Da habe ich als Schütze einen tierischen Dickschädel. Auch bei Menschen vertraue ich immer auf mein Bauchgefühl. Ich nehme das genauso ernst, als wenn ich jetzt schwarz auf weiß eine Information be-

200

käme, und setze das auch genauso konsequent um. Das gilt zum Beispiel für die Zusammenarbeit mit Herrn Neumeier, mit dem ich damals mein Geschäft aufgebaut habe.

Was hat diese Zusammenarbeit so erfolgreich gemacht? *Roger Rankel*

Der Vorteil für ihn: Der Name Sarah Kern war gut. Ich war ja jung und schnuckelig, als ich mich hab' scheiden lassen, und ich hatte einen ziemlich hohen Bekanntheitsgrad. Damit war ich für das Geschäft so uninteressant nicht. Der Vorteil für mich: Ich gebe in der Zusammenarbeit nicht nur meinen Namen, sondern ich kreiere die Sachen mit, ob das Schmuck, Mode oder Heimtextilien sind. Da geht nicht ein Teil raus, das ich nicht mit entworfen, gesehen oder abgehakt habe. Vor meiner HSE-Zeit hagelte es Angebote: „Wir haben 'ne Million im Topf und möchten gerne dies und das mit Ihnen machen", aber da hätte ich nur meinen Namen gegeben und ansonsten den Mund halten müssen. *Sarah Kern*

Unabhängigkeit ist sehr wichtig für Sie? *Roger Rankel*

Ja, man kämpft sich ja nicht aus einer unglücklichen Ehe frei und verzichtet auf alles, um dann wieder im Käfig zu landen. Ich brauche meine Freiheit, meine Entscheidungsfreiheit. Mich kann man nicht einsperren. *Sarah Kern*

Was kann man Ihrer Meinung nach von Ihnen lernen? *Roger Rankel*

Von mir lernen? Ehrlichkeit wahrscheinlich. Manchmal schon unangenehme Ehrlichkeit. Ich hab' mir oft sagen lassen müssen: „Du bist so wahnsinnig undiplomatisch!" Ich finde *Un*diplomatie so was von super. Ich werde nie diplomatisch sein. Dazu gehört dann auch, dass man sich nicht selber verkauft, nur um zu verkaufen. Man sollte nur das tun, zu dem man auch steht. Es gibt diesen Spruch: „What goes around, comes around." Ich bin davon fest überzeugt, dass das, was du tust oder denkst, definitiv zu dir zurückkommt. Ein wohlverdienter Erfolg, mit Würde, mit Stil, mit Gradlinigkeit gemacht und mit Fleiß, kommt positiv auf dich zurück. Mit krummen Geschäften wirst du vielleicht sehr schnell reich, aber auch sehr schnell wieder arm. *Sarah Kern*

Was sind die nächsten Projekte? *Roger Rankel*

Es gibt demnächst die dritte Lizenz bei HSE: Nach Textilien und Schmuck kommen jetzt Heimtextilien. Und dann werde ich im *Sarah Kern*

Herbst/Winter noch etwas ganz anderes auf den Markt bringen, nämlich das, was alle ganz am Anfang erwartet hätten: meine geliebte Red-Carpet-Sexy-Dresses-Collection. Da spielt sogar ein bisschen Egoismus mit, weil ich einfach merke, wie schwer es ist, ein richtiges Kleid zu finden. Jetzt mache ich also so richtige Mörderdinger selber – Kleider, die jede Prominente oder Möchtegern-Prominente anhaben will, weil sie weiß, mit dem Fummel landet sie definitiv im Printmagazin. Den Schnittmeister habe ich, und die Styles stehen auch schon fest. Jetzt geben wir Vollgas.

| Roger Rankel | *Wie wird eine solche Kollektion vermarktet?* |

| Sarah Kern | Ich will auf jeden Fall in die Boutiquen, aber auch in die Warenhäuser. Ich sehe das für Russland, auch für Frankreich, und in der Schweiz und in Österreich habe ich mir durch Teleshopping ebenfalls einen Namen gemacht. Natürlich weiß ich genau, wie viele Leute jedes Jahr von der Modeschule kommen, sich einbilden, jetzt Stilistin oder Designerin zu sein und irgendeine Marke auf den Markt werfen. Damit ist es ja bei Gott nicht getan. Und einen Etat von x Millionen, um jede Menge Anzeigen zu schalten, habe ich auch nicht. Also ist mir schon klar: Du engagierst einen Agenten, der spricht die Top-Boutiquen-Inhaberinnen an, die Super-Kunden. Und dann lässt du es krachen, mit Kaviar und Champagner im geilsten Hotel von Moskau. Du nimmst noch drei Fernsehstationen mit aus Deutschland (die haben auch alle schon zugesagt), und damit landest du in jedem Magazin. Die Anzeigen kann ich mir dann sparen, denn mit der Nummer bin ich sowieso auf jedem Sender. Und Moskau ist *der* Ort dafür: Jede Russin, die einen Millionär oder Milliardär um den Finger wickeln will, braucht so ein Kleid. |

| Roger Rankel | *Sie gehen solche Dinge sehr zielstrebig an.* |

| Sarah Kern | Ja, why not? Wenn ich denke, jetzt ist der richtige Zeitpunkt gekommen, mit so einer Nummer auf den Markt zu gehen, dann setze ich das auch um. Wenn ich eine Vision habe, dann ziehe ich das durch, und ich weiß: Das macht mir einen Heidenspaß. |

| Roger Rankel | *Stichwort „Verkauf" – für Sie positiv oder negativ belegt?* |

| Sarah Kern | Super positiv. Ich selber kaufe auch gerne, bin gerne Konsument und lasse mich gerne hinreißen, bezaubern. Ich bin da überhaupt |

nicht vernünftig, eher wie Karl Lagerfeld, der mal gesagt hat: „Man soll die Kohle rausprassen und sich was gönnen."

Was hat ein guter Verkäufer drauf? Was macht er besser?   Roger Rankel

Sarah Kern
Ein guter Verkäufer gibt dem Kunden ein gutes Gefühl, nicht nur, wenn er das Produkt kauft, sondern auch im Nachhinein – selbst wenn der Kunde dann feststellt, er hat das Produkt doch schon in dreifacher Variante. Ein guter Verkäufer bleibt in positiver Erinnerung, weil die Story und die Person eben nett waren und weil die Argumente nachwirken, warum dieses Teil jetzt toller, lustiger, schöner, schicker ist als die alten.

*Was glauben Sie, was ist Ihr persönliches **Sales Secret**?*   Roger Rankel

Sarah Kern
„Secret" ist wirklich ein Schlüsselwort. Als Geschäftsfrau verkaufe ich ja auch meine Persönlichkeit, und da ist es phänomenal wichtig – gerade für eine Frau, die hübsch ist –, noch ein Geheimnis zu bewahren. Da muss man bei allem Glamour manchmal latent wahnsinnig wirken, um der Öffentlichkeit einen Grund zu bieten, warum man noch stattfindet. Überlegen Sie mal, wer nach einer gewissen Zeit noch auf dem Markt ist, wer sich lange hält, wer noch am Ball ist – es gibt ja Menschen, die kann man wirklich nicht mehr sehen. Man darf sich nicht zu sehr offenbaren, sondern muss ein bisschen geheimnisvoll bleiben.

Wer zu normal ist, ist ganz einfach nicht besonders spannend. Deswegen empfinde ich das durchaus als Kompliment, wenn jemand zu mir sagt; „Du bist ja nicht normal!" Ich will auch gar nicht „normal" sein, das wollte ich nie. Ich habe immer versucht, mich ein bisschen abzuheben von der Norm. Mit 15 war ziemlich ausgeflippt, hatte eine verrückte Frisur und habe mich für ganz andere Dinge interessiert als meine Freundinnen. Man entwickelt sich ja Gott sei Dank weiter, aber ich sehe mich auch heute ein wenig als Künstlerin.

Was treibt Sie an, was ist das Motiv?   Roger Rankel

Sarah Kern
Ganz klar das Überleben – und der Wunsch, unabhängig zu sein. Ich bin wirklich froh darüber, dass ich keine geschiedene Millionärsgattin bin, die sich jetzt mit fünf oder zehn Millionen auf dem Konto langweilt. Ich will selber ein gutes Gefühl haben, wenn ich ins Bett gehe. Ich hatte den ganz starken Wunsch, abends in den Spiegel schauen und sagen zu können: „Das hast

du jetzt gut gemacht, Mädchen." Ich wollte auf mich stolz sein und wissen, was ich kann – mich kennen lernen. Das war sozusagen der Anfang. Mein eigenes Ding zu haben, das war und ist mir superwichtig.

Roger Rankel

Vielen Dank für dieses Gespräch, Frau Kern, auch im Namen der Leser!

Sales Secrets – Gesetze der Erfolgreichen
Resümee von Roger Rankel

Erwartungen zu bedienen und sie gleichzeitig kalkuliert zu enttäuschen – diese Gratwanderung beherrscht Sarah Kern auf beeindruckende Weise. Sie nutzt die Plattformen, die ihr die Medien bieten, ganz gezielt, um ihrer Marke den nötigen Glamour zu verleihen. Und sie schafft es trotz (oder gerade wegen?) ihrer wöchentlichen Fernsehausflüge in den Massenmarkt, auf dem roten Teppich eine gefragte Person zu bleiben. Sarah Kern „findet noch statt", wie sie selbst sagt, während andere Society-Sternchen langsam, aber sicher verblassen. Wie schafft sie das?

Das wichtigste Verkaufsinstrument: Persönlichkeit!

→ 8. Secret:
Was macht Sie
kaufens-wert?

Kein Verkäufer verkauft ausschließlich Produkte: Er verkauft sich immer auch selbst. Würden Sie einem linkischen Pedanten einen Porsche abkaufen? Einem aufdringlichen Marktschreier eine Rentenversicherung? Sarah Kern verkörpert genau jenes Versprechen von Schönheit und Glamour, das auch bei längst überquellenden Kleiderschränken den nächsten Lustkauf unverzichtbar macht.

Sich im Gedächtnis verankern

Jeden Tag flimmern im Fernsehen Hunderte, wenn nicht Tausende Gesichter über den Bildschirm. Wer bleibt im Zuschauergedächtnis hängen? Thomas Gottschalk mit seinen verrückten Outfits, Dieter Bohlen mit seinen provokant-geschmacklosen Sprüchen, Claudia Roth mit ihren exaltierten Gutmensch-Auftritten und der immer wieder auf neue Weise missglückten Haarfarbe. Gleichgültig, ob Sie Unterhaltung, Politik oder ein

204

anderes Produkt verkaufen: Sie müssen Ihre Zielgruppe verstehen, aber Sie sollten sich davor hüten, genauso zu sein wie Ihre Zielgruppe. Oder wollen Sie riskieren, Ihre Kunden zu langweilen? Sarah Kern schlägt durch Ihren unprätentiösen Plauderton eine Brücke zu ihren Kundinnen, bleibt aber durch schrille Red-Carpet-Auftritte eine Projektionsfläche eigener Sehnsüchte.

→ Kapitel (8)
Das Rudolph-Moshammer-Prinzip

Die richtige Kaufatmosphäre schaffen

Im Fernsehen präsentiert sich Sarah Kern als „gute Freundin", die plaudert und unterhält, nicht als offensive Sellerin, die um jeden Preis etwas losschlagen will. Sie berät und gibt Tipps, auch unabhängig von ihrer eigenen Produktlinie. Gerade das – nicht unbedingt verkaufen zu wollen – macht einen Teil ihres Erfolgs aus: Sie schafft eine Atmosphäre, in der es Spaß macht zu kaufen.

→ Kapitel (18)
Kaufen lassen statt verkaufen

Ein Geheimnis bewahren

Sichern Sie sich das Interesse Ihrer Kunden, indem Sie den Eindruck bestärken, da könne „noch mehr" sein – je nach Geschäftsfeld noch mehr Expertise und Know-how, noch mehr verrückte Ideen und anregender Gesprächsstoff, noch mehr persönliches Potenzial. Seien Sie kein offenes Buch, bleiben Sie spannend. Niemand weiß, was Sarah Kern als Nächstes tun wird. Wer von Kleidern bis Größe 50 zu sexy Abendmode, von Accessoires zu Häusern übergeht, regelmäßig publicityträchtige Events besucht und trotzdem eine heimliche Blitzhochzeit mit einem Mr. Unbekannt organisiert, dem ist fast alles zuzutrauen.

→ Kapitel (7)
Der Casanova-Faktor

Dem Kunden ein gutes Gefühl geben

Mal ehrlich: Wie viele Produkte kaufen wir, weil wir haargenau das unbedingt brauchen? Die meisten Dinge brauchen wir nicht wirklich, und selbst bei Bedarfsgütern können wir im Allgemeinen unter Dutzenden von Angeboten wählen. Wenn es also nicht Produkt oder Produkteigenschaften sind, die einen Kauf zwingend machen, muss es etwas anderes sein – das Flair einer Marke, die Story, die mit dem Produkt verknüpft wird, das Ambiente, die Art der Kundenansprache. Jeder Kaufentscheid ist hoch emotional – mit den Worten Sarah Kerns: Ein guter Verkäufer gibt dem Kunden einfach ein gutes Gefühl.

→ Kapitel (12)
Gewinner erkennt man am Start

205

Klaus Kobjoll

Jedes Unternehmen hat die Kunden, die es verdient

Starke Marken haben starke Regeln

Klaus Kobjoll

+ + + + Dienstag, 4. Dezember 2007
Landhotel Schindlerhof, Nürnberg Boxdorf + + + +

Inmitten eines Wohngebietes vor den Toren Nürnbergs liegt der Schindlerhof, vielfach preisgekrönt als Deutschlands bestes Tagungs- und Seminarhotel. Hier treffen wir den Vollblutunternehmer Klaus Kobjoll. 1984 übernahm er einen sanierungsbedürftigen Bauernhof und baute ihn in kurzer Zeit zu einem Ausnahmehotel um – zu einer „Oase in der Servicewüste Deutschland", wie der renommierte Berater Minoru Tominaga schreibt.

Der Schindlerhof macht keine Werbung, gewährt prinzipiell keine Preisnachlässe und arbeitet nicht mit Reiseveranstaltern zusammen. Trotzdem verfügt das Hotel über eine Belegungsquote, von der Mitbewerber nur träumen können. Kobjolls Erfolgsrezept sind begeisterte Kunden, die den Ruf seines Hauses in die Welt hinaustragen. Wer hier Stammkunde ist, kann darauf vertrauen, dass seine Vorlieben bekannt sind und seine Wünsche ungefragt erfüllt werden. Gäste werden hier im besten Sinne des Wortes „umsorgt". Ein hoher Aufwand? Für Kobjoll nicht: Gefragt sind Kreativität und die richtigen Mitarbeiter, um die vielen Kleinigkeiten zu gewährleisten, in denen sich wahre Gastfreundschaft ausdrückt.

Der freundliche Umgangston fällt auch dem sofort auf, der zum ersten Mal den Schindlerhof betritt. Das Gebäude, die Lage oder die Ausstattung können es jedenfalls nicht sein, was diesen Ausnahmeerfolg begründet. Warum bleiben viele Kunden dem Unternehmen trotzdem über viele Jahre treu? Klaus Kobjoll hält sich nicht lange mit Vorreden und Small Talk auf, sondern kommt gleich zum Kern der Sache.

Roger Rankel	*Was ist das Besondere an Ihrem Konzept? Worauf führen Sie Ihren Erfolg zurück?*
Klaus Kobjoll	Wir machen eben viele Dinge anders als andere. Das fängt schon dabei an, dass das Wort „Verkauf" bei uns verboten ist. Wir verkaufen nicht, wir *sprechen Kaufeinladungen* aus. Es dauert zwar lange, bis sich solche Änderungen im Unternehmen durchsetzen, aber mit der Sprache ändert sich auch die Haltung, die Einstellung der Leute. Worte verändern. Gerade schaffen wir „Service" ab, ein total abgenutztes Wort. Denken Sie an „Service Point", wo Sie stundenlang warten, oder an „Self Service", das müsste eigentlich heißen „No Service". Wir reden lieber von „Housekeeping" oder davon, dass wir Gastfreundschaft bieten.
Roger Rankel	*Was ist für Sie denn echter Service?*
Klaus Kobjoll	Service ist die Kunst, Kunden zu begeistern. Und dafür brauchen Sie Freiräume. Kürzlich stand bei uns zum Beispiel ein Gast ratlos vor der Teeauswahl am Frühstücksbuffet. Ein Azubi, der gerade angefangen hat, sieht das, geht auf den Gast zu und bietet an: „Wenn Sie mögen, mische ich Ihnen etwas Schönes zusammen!" Der Gast lässt sich darauf ein, der Tee schmeckt ihm, und am Tag der Abreise geht der Azubi noch mal auf ihn zu und schenkt ihm ein Päckchen von dem Tee: „Das war übrigens der Tee, der Ihnen so gut geschmeckt hat. Für zu Hause!" In einem Konzern bekommt so jemand eine Abmahnung; bei uns bekommt er ein Lob.
Roger Rankel	*Ein Teil Ihres Erfolgs beruht also darauf, dass Sie neue Wege gehen?*
Klaus Kobjoll	Ja. Wir stellen ständig alles auf den Prüfstand. Dinge, die stören, verändern wir. Wir wollen alles anders machen. Dafür brauchen Sie die richtigen Leute. Es reicht heute nicht aus, eine Attraktion im Kundenmarkt zu sein; sie müssen eine Attraktion im Mitarbeitermarkt sein. Der Wettbewerb entscheidet sich heute eher auf der Mitarbeiterschiene als auf der Endkundenschiene.
Roger Rankel	*Warum? Gilt das überall?*

208

Das gilt für alle Dienstleistungen. Und wer ist heute kein Dienstleister? Warum die Mitarbeiterschiene so entscheidend ist: Es gibt eigentlich nur zwei Alleinstellungsmerkmale, die nicht kopierbar sind. Das erste ist die Vorarbeit – die Beziehungen eines Unternehmens zu seinen Mitarbeitern. Das zweite ist die Beziehung der Mitarbeiter zu ihren Kunden. Jedes Geschäft ist ein reines Beziehungsgeschäft, und es kann niemand eine gute Kundenbeziehung aufbauen, der tote Augen hat wie ein Stallhase und Leidenschaft mit Asthma verwechselt. Das heißt, ich muss jemanden erst angezündet haben mit dem Spirit eines Unternehmens, muss dessen Einzigartigkeit, Story, Mythos weitergegeben haben. Dann entsteht eine Stolzkultur, und die verändert den Umgang mit dem Kunden. Wenn Sie Mitarbeiter haben, die es schaffen, Kunden zu begeistern, kommen die Kunden von alleine.

Klaus Kobjoll

Die persönliche Beziehung zum Kunden hat bei Ihnen einen hohen Stellenwert.

Roger Rankel

Einen ganz hohen Stellenwert. Wir haben beispielsweise die Fotos aller Stammkunden digitalisiert in der Datenbank. Die hängen dann am Ankunftstag laminiert hinter der Rezeption, und jeder Lehrling, der gestern angefangen hat, kann den Superstammkunden mit Namen ansprechen. Außerdem liegen die Fotos und Vorlieben ausgedruckt hinter dem Frühstücksbüfett, und der Kunde wird bei uns eben nicht gefragt, „Kaffee oder Tee?", auch wenn er schon zum fünften Mal da ist. Unsere Mitarbeiter wissen: Darjeeling First Flush, vier Minuten gezogen, und wie er seine Eier will.

Klaus Kobjoll

All diese kleinen Aktionen, die Sie da mitlaufen lassen – was kosten die an Zeit? Lässt sich das ungefähr erfassen?

Roger Rankel

Die kosten mehr Energie und die richtigen Mitarbeiter, aber eigentlich nicht mehr Zeit. Wenn Sie die richtigen Mitarbeiter haben, läuft das. Haben Sie die falschen, brauchen Sie drei Leute mehr. Wir haben zum Beispiel einen Konzern-CEO als Stammkunden; der kam schon zu uns, als er noch im Mittelmanagement war. Ich habe mir mal das Datenblatt angesehen, ich bin ja nicht im operativen Geschäft, und da war alles drin: bei Ankunft Gummibärchen im Zimmer, zwei Flaschen Cola light auf Eis. Später wurde nur noch ergänzt: Zimmer für Bodyguard und Chauffeur. Und der ist uns treu geblieben, obwohl er als CEO

Klaus Kobjoll

mit X Millionen Grundgehalt längst in ein Grand Hotel oder in einen Fünf-Sterne-Tempel hätte abwandern können. Aber nein, unsere Mitarbeiter haben den quasi süchtig gemacht, das war schon fast ein freundschaftliches Verhältnis: „Hallo, schön, dass Sie wieder da sind. Gummibärchen liegen schon bereit. Kann ich noch etwas für Sie tun?"

Roger Rankel *Verkauf hat ja auch etwas mit Manipulation zu tun. Auch solche Aktionen könnte man als Manipulation ansehen.*

Klaus Kobjoll Ich würde es dann als Manipulation betrachten, wenn ich es so einsetze, dass der Kunde nichts merken kann. So, wie es beispielsweise die Amerikaner machen, wenn Sie als Kunde in einem Kaufhaus über Duftspuren irgendwo hingeführt werden und dort etwas kaufen, das Sie eigentlich gar nicht kaufen wollen. Das ist Manipulation. Bei uns hält sich die Manipulation in Grenzen. Wir arbeiten sehr viel damit, dass wir einfach eine Atmosphäre erzeugen, in der man sich wohl fühlt. Das begründet auch unseren Ruf und unseren Erfolg als Tagungshotel, dass die Trainer lässig umsorgt werden von allen Seiten.

Roger Rankel *Das heißt, Sie verkaufen eher über Sog als über Druck. Sie setzen auf Empfehlungen.*

Klaus Kobjoll Ja, wir verkaufen nur mit Sog. Attraction sells. Von alleine. Wir machen seit 38 Jahren keine Werbung. Es gibt keinen Anzeigenfriedhof, den wir finanzieren; wir haben nicht einmal einen fetten Eintrag im Telefonbuch. Das einzige Hinweisschild ist das offizielle von der Stadt Nürnberg, das ich nicht verhindern konnte. Jedes Unternehmen hat die Kunden, die es verdient. Ich will ja keine Passanten. Ich setze stattdessen auf konsequente Markenführung.

Roger Rankel *Das klingt sehr einleuchtend, und der Erfolg gibt Ihnen ja auch Recht. Warum gehen andere Unternehmen trotzdem so selten so vor?*

Klaus Kobjoll Weil sie Angst haben.

Roger Rankel *Vor was?*

Klaus Kobjoll Sie haben Angst vor Umsatzeinbrüchen. Starke Marken haben starke Regeln. Wir arbeiten beispielsweise mit einer Preisgarantie – bei uns zahlt jeder denselben Preis. Für mich hat es etwas mit Ethik zu tun, dass ich nicht jemanden, der eine Autopanne

210

hat und schnell ein Hotelzimmer braucht, mit dem vollen Preis über den Tisch ziehe, und ein anderer zahlt nur die Hälfte, weil er 100 Übernachtungen bucht. Ich gehe sogar noch einen Schritt weiter: Wenn einer hundert Mal im Jahr kommt, müsste er eigentlich *mehr* zahlen: Jemand, der nur einmal kommt, ist relativ leicht zu begeistern, aber beim hundertsten Mal immer noch zu begeistern – da müssen Sie richtig Gas geben, sie müssen upgraden, die ganzen Vorlieben kennen, im CRM-Tool gespeichert haben und das alles umsetzen.

Durch eine Preisgarantie verlieren Sie natürlich Firmenkunden, die sagen, „Wir arbeiten nur mit Hotels, die eine Corporate Rate anbieten, die mindestens ein Drittel unter dem liegt, was im Zimmer aushängt." Sie verlieren so vielleicht 5 Prozent Kunden und gewinnen 15 Prozent hinzu, weil es viele andere gibt, die genau das toll finden. Sie müssen solche Grundsätze natürlich nach außen kommunizieren und auch durchhalten. Den Mut haben viele nicht. Armut heißt für mich schlicht: „Arm an Mut".

Wie setzen Sie Ihr Konzept um?   Roger Rankel

Wir schauen genau hin, bei uns wird viel gemessen. Es gibt den   Klaus Kobjoll
MAX, den MitarbeiterAktienindeX, den wir mit der Fachhochschule Würzburg-Schweinfurt entwickelt haben. Mit dem MAX beurteilt jeder Mitarbeiter sich selbst anhand gemeinsam entwickelter Kriterien (zum Beispiel Einreichen von Ideen, Pünktlichkeit, Fehlerquote) – jeder kann sehen, wo er steht. Dann gibt es den Erfolgsspiegel. Sämtliche Umsätze hängen tagesaktuell an allen Weißwandtafeln, und zwar in Relation zum Umsatzsoll. Jeder Mitarbeiter weiß, ob er sich mehr anstrengen muss. Das erzeugt Eigendynamik.

Wie entwickeln Sie Ideen?   Roger Rankel

Wenn es Ihnen gelingt, Ihre Mitarbeiter zu begeistern, und wenn   Klaus Kobjoll
Sie Freiräume lassen, kommen die Ideen von alleine. Ich halte wenig von Kreativitätstrainings. 90 Prozent der Kreativität kann man sich von Kindern abschauen. Kinder sind ständig kreativ, die brauchen keine Kreativitätstechniken. Die spielen den ganzen Tag und entwickeln eine Idee nach der anderen. Wenn man dieses Lockere, dieses Spielerische, diesen Flow ins Unternehmen bekommt, dann kommen einfach die Ideen. Deswegen sage ich auch immer: Unternehmen sind Spielplätze für Erwachsene.

Roger Rankel	*Wie kann man Sie selbst als Kunden begeistern? Was spricht Sie an?*
Klaus Kobjoll	Mich kann man begeistern durch individuelles Eingehen auf meine Wünsche und Vorlieben. Ich kaufe kein Hemd in einem Laden, den ich zum dritten Mal betrete und die wissen meine Hemdengröße immer noch nicht. Und dann kommt so ein fürchterlicher Typ mit Knoblauchfahne und misst mit seinem kalten Maßband nach. Meine Größe müsste er doch beim zweiten Mal in der Datenbank haben.

Ich erwische mich jedes Jahr kurz vor Weihnachten bei einem kleinen Goldschmied, weil der die Ringgrößen meiner Tochter und meiner Frau im Computer hat. Sie können doch keinen Ring verschenken, der an Weihnachten nicht passt. Ich bleibe meinem Autohändler treu, weil ich da nach der Inspektion immer zwei Flaschen vom richtigen Motoröl im Kofferraum vorfinde. Die wissen: Das liebe ich, und ich will nicht irgendein No-Name-Produkt.

Roger Rankel	*Ihre wichtigste geschäftliche Erkenntnis aus den letzten Jahren?*
Klaus Kobjoll	Die wichtigste Erkenntnis ist, sein Ding durchzuziehen, nicht einzuknicken in jeder Krise. Und beim Thema Markenführung gilt, was Ihnen auch Klaus Brandmeyer, der europäische Markenpapst, sagt: Die Kundschaft schließt von den Kunden auf eine Marke. Ferrari hatte vor 20 Jahren Riesenprobleme, seine Autos zu verkaufen. Ich habe mir mal einen gekauft, ohne jemanden zu fragen. Meine Frau sagte als Erstes: „In die Nuttenschaukel steige ich nicht ein." Dann kam meine damals 15-jährige Tochter vor die Garage und meinte: „Papa, wenn du mich mit dem Auto in der Schule abholst, erkenne ich dich nicht und wechsle die Straßenseite." Damals saßen die falschen Leute in den Autos, die Kerle mit den Goldkettchen und künstlicher Bräune. Inzwischen hat Ferrari das durch eine strikte Vertragspolitik geändert. Nicht jeder, der einen Ferrari will, kriegt auch einen.

Aus dem gleichen Grund arbeiten wir eben nicht mit Reiseveranstaltern, wir haben keinen Omnibus vor der Tür. Ein Omnibus vor der Tür eines Geschäftshotels ist ein sicheres Zeichen für Palliativmedizin: Der Patient zuckt vielleicht noch ein bisschen, aber eigentlich verlängert man seinen Leidensweg. Wenn Sie als

Geschäftsmann zum Frühstück gehen und treffen auf eine koreanische Reisegruppe, die gerade das Frühstücksbüfett abräumt, gehen sie da nicht mehr hin.

Das heißt, auch Sie wählen Ihre Kunden aus. Roger Rankel

Ja. Ein Kunde muss mehr mitbringen als nur Geld. Er muss zum Klaus Kobjoll Unternehmen passen, er muss sich benehmen können. Ich gehe schon mal zu einem Gast und sage: „Ich würde Sie bitten, dass Sie woanders hingehen. Sie bringen unsere Mädels zum Weinen."

Was bedeutet für Sie Erfolg? Für Sie persönlich, losgelöst von den Roger Rankel *Mitarbeitern?*

Frei zu sein, gestalten zu können. Natürlich ist das immer ein dy- Klaus Kobjoll namisches Feld – es gibt keine Freiheit ohne Pflicht. Aber eben weitestgehend frei zu sein. Ich möchte auch nicht die Marionette in der Hand irgendeiner Bank sein. Deshalb habe ich es immer geschafft, bei jeder Finanzierung die private Haftung auf ein Minimum zu beschränken. Nicht, dass ich Angst hätte, pleite zu gehen – es geht mir vor allem um dieses Wissen, selbst bestimmen zu dürfen.

Auf einen Nenner gebracht: Worin liegt Ihr Verkaufserfolg? Roger Rankel

Ein Kunde spürt, ob jemand Freude hat an dem, was er tut; ob er Klaus Kobjoll stolz auf das ist, was er macht, und stolz auf die Firma, in der er arbeitet. Das Verkaufsgeheimnis liegt in der Ausstrahlung, in der Schwingung, die Sie aufnehmen, wenn Sie irgendwo reingehen, und die reicht von Angst über Ablehnung bis Faszination.

Die Mitarbeiter müssen von Ihrem Produkt oder von Ihrer Leistung überzeugt sein. Wenn Sie zu einem Herrenausstatter gehen und die Angestellten tragen nicht das, was dort an der Stange hängt, dann haben Sie als Kunde doch schon die Nase voll. Das geht nicht. Der Kunde spürt: Die stehen nicht zu den Produkten, sie identifizieren sich nicht damit. Wenn der Kunde dagegen das Gefühl hat, der Verkäufer ist auch selber von seinem Produkt fasziniert, dann ist auch der Preis nur noch eines von mehreren kaufentscheidenden Kriterien.

Ihr Lieblingszitat? Roger Rankel

Klaus Kobjoll

Ein Zitat, das ich schon gekannt habe als Schüler in Bamberg, wo ich Ministrant war, und das ich auch häufig verwende: „Es reicht nicht, einen Tag begeistert zu sein oder einen Monat begeistert zu sein. Sie bringen es im Leben nur zu etwas, wenn Ihre Begeisterung 30 Jahre anhält."

Heute würde ich sogar sagen, 30 Jahre reichen nicht; Begeisterung sollte ein Leben lang halten und vielleicht sogar so stark sein, dass sie in die nächsten Generationen mit ausstrahlt. Ich glaube, Begeisterung ist durch nichts zu ersetzen. Und da sind wir wieder beim Anfang: Ich muss erst einmal meine Leute anzünden, und dann können die Mitarbeiter Kunden anzünden.

Roger Rankel

Zusammenfassend – Ihr **Sales Secret?**

Klaus Kobjoll

Unser **Sales Secret** ist eigentlich, dass wir keinen *Sales* haben.

Roger Rankel

Vielen Dank für dieses Gespräch, Herr Kobjoll, auch im Namen der Leser!

Sales Secrets – Gesetze der Erfolgreichen Resümee von Roger Rankel

Verkaufen ohne Verkauf – das klingt zunächst paradox. Der Schindlerhof liefert ein Musterbeispiel für gekonntes Sogmarketing: Durch eine im besten Sinne „empfehlens-werte" Dienstleistung sorgt Klaus Kobjoll dafür, dass seine Kunden ihn finden – und muss so selbst gar nicht erst auf Kundenfang gehen. Dabei setzt er auf viele kleine Besonderheiten, die sein Haus für Gäste unwiderstehlich machen.

Die Macht der Sprache

Worte können Berge versetzen und Einstellungen verändern. Das gilt im Verkauf noch mehr als anderswo. Wer hier erfolgreich sein will, muss im Kundengespräch die richtigen Worte finden. Klaus Kobjoll lenkt die Aufmerksamkeit auf einen weiteren wichtigen Aspekt: Wie ich über die Dinge rede, bestimmt meine Sicht der Dinge mit. „Verkaufe" ich, oder „spreche ich Kaufeinladungen aus"? Geht es um „Übernachtungen" oder um „Housekeeping"?

→ Kapitel (13) Erfolgsrezept „Piemont-Kirsche"

Mehr bieten als „das Übliche"

Guter Service (sorry, lieber Klaus Kobjoll, ich verwende das Wort weiter ...) ist die Summe Hunderter Details. Im Schindlerhof beachtet man das und legt noch eins drauf – die Mitarbeiter widmen jedem einzelnen Kunden bewusst ihre Aufmerksamkeit. Sie kennen persönliche Vorlieben, erfüllen Wünsche. Das Ergebnis ist echte „Gastfreundschaft", wie Klaus Kobjoll betont. Wer diese besondere Gastfreundschaft einmal erlebt hat – sozusagen auf den Geschmack gekommen ist –, mag sie nicht mehr missen.

→ Kapitel (22)
Vom Bedarfsdecker
zum Bedarfswecker

Neukunden garantiert – durch Empfehlungen

Keine Werbung, keine Sonderpreise, keine Zusammenarbeit mit Reiseveranstaltern, selbst ein Hinweisschild nur, weil es „nicht zu verhindern" war – und dennoch eine hohe Hotelauslastung: Der Schindlerhof ist ein Paradebeispiel für die Wirksamkeit von Empfehlungen bei der Kundenakquise.

→ 5. Secret
Überzeugen Sie
„über ZEUGEN"!

Durch Begeisterung Kunden begeistern

Zu dem stehen, was man tut, vom eigenen Produkt überzeugt sein – auf diesen Punkt kommen viele meiner Gesprächspartner irgendwann zu sprechen. Nur wer selbst begeistert ist, kann begeistern, nur wer überzeugt ist, kann überzeugen. Dienst nach Vorschrift mag in Behörden funktionieren, im Verkauf ist er ein echter Umsatzblocker.

→ Kapitel (2)
Ja, Sie wollen
verkaufen!

Bewusster Umsatzverzicht

Laufen Sie nicht jedem Kunden hinterher. Bedenken Sie, wofür Sie stehen (wollen) und welche Kunden dazu passen. Auch das gehört zur weiter oben von Klaus Kobjoll beschworenen „Stolzkultur". Manchmal ist es klüger, Nein zu sagen, als jedes Geschäft machen zu wollen. Konsequente Markenführung nennt Kobjoll das, getreu der Erkenntnis, dass Marken sich (auch) über ihre Käufer konstituieren. Wer es allen recht machen will, verliert an Kontur und wird uninteressant. Das kann auch heißen, bewusst auf Kunden zu verzichten.

→ Kapitel (6)
Weniger Umsatz =
mehr Umsatz

Leslie Mandoki

The Sky is the Limit

Die Kraft einer starken Vision

Leslie Mandoki

+ + + + Dienstag, 30. Oktober 2007
Red Rock Production/Park Studios, Tutzing + + + +

1975 bricht Leslie Mandoki alle Brücken hinter sich ab: Der 21-jährige Musiker flieht mit zwei Freunden aus dem kommunistischen Ungarn. Erste Station: ein Aufnahmelager für Asylbewerber. Mandoki spricht kein Wort Deutsch – doch dem Beamten, der sich dort nach seinen Zukunftsplänen erkundigt, eröffnet er schlicht: Er wolle mit den Größten der Rockszene Musik machen.

Heute zählt Mandoki zu den angesehensten Produzenten in der internationalen Musikszene. Wer das Gelände seiner Park Studios in Tutzing betritt, hat nicht nur einen traumhaften Blick auf den Starnberger See: Er steht da, wo sich Rockstars von Chaka Khan bis Ian Andersen zu gemeinsamen Projekten trafen und mit Mandoki Erfolgsalben wie „Soulmates" einspielten. Da, wo sich vor kurzem die Crème de la Crème der deutschen Schauspieler ein Stelldichein gab, um die Texte für Mandokis „Musikbibel" zu lesen; da, wo sich Superstar Phil Collins und die No Angels die Klinke in die Hand geben. Wie hat Mandoki das geschafft? Was ist sein Erfolgsgeheimnis?

Eines ist sicher: Mandoki versteht es, sich zu eindrucksvoll zu positionieren – schon, bevor unser Gespräch überhaupt begonnen hat. Eine Mitarbeiterin führt uns zunächst an zahlreichen goldenen Schallplatten und Auszeichnungen vorbei in einen Besprechungsraum. Wir besichtigen eines der großen Tonstudios mit einer beeindruckenden Zahl von Schaltern und Reglern. Anschließend werden wir ins Kino gebeten – Mandokis Privatkino auf dem Studiogelände – und tauchen dort für 45 Minuten an einem grauen Oktobervormittag in die Welt der Stars ein. Mandoki und seine „Soulmates" bei Aufnahmen, Mandoki bei Gottschalk, Kerner und Co., Mandoki auf der Bühne der Volkswagen Arena oder bei Mercedes Benz. Schließlich hat unser Gesprächspartner Zeit für uns: Hereingestürmt kommt jemand, dessen Energie locker auch für zwei gereicht hätte. Bühne frei für – Leslie Mandoki!

Roger Rankel	*Herr Mandoki, Sie sind einer der erfolgreichsten internationalen Musikproduzenten und arbeiten mit den ganz Großen der Rockszene ebenso zusammen wie mit den Disney Studios oder Automobilkonzernen. Was bedeutet für Sie „Erfolg"?*
Leslie Mandoki	Erfolg ist für mich der Einklang mit den Visionen, die man hat – wenn das, was man tut, in Harmonie mit sich selbst entsteht. Erstens: Man muss wissen, welche Werte man vertritt. Wenn Sie Ihre Ziele erreichen, ohne diese Werte von Bord schmeißen zu müssen, dann sind Sie erfolgreich. Zweiter Punkt: Der Kraftaufwand, den Sie für das Erreichen dieser Ziele aufwenden, steht in Relation zum Ergebnis. Top-Leistungsträger, also Alphamenschen, beuten sich oft selbst aus. Die Gefahr ist, dass ungebührende Defizite entstehen in anderen Bereichen oder dass Leidensdruck entsteht, eben weil die für die Leistung notwendige Energie anderswo zu stark weggenommen wird. Sie müssen sich noch selber spüren in Ihrem Job, wenn Sie wirklich erfolgreich sein wollen.
Roger Rankel	*Sie haben von „Visionen" gesprochen. Welche Rolle spielen die genau für Sie?*
Leslie Mandoki	Die Visionen, die ich mit 16 vorgeträumt habe, bestimmen bis heute mein Handeln. Diese in Teenagertagen ausgemalten Visionen – ich mache „meine" Musik – sind noch unbeeinflusst von vielen anderen Einflüssen, die im Leben später auf einen zuströmen. Das sind die wahren Visionen. Was ich mir damals zurechtgelegt habe, gilt, und ich gehe diesen Weg. Und das eiserne Festhalten an diesen Visionen hat mich auch aus diversen Niederlagen, die halt jeder hat, immer als Sieger hervorgehen lassen.
Roger Rankel	*Ich habe das Gefühl, bei Ihnen ist sehr viel „Zug auf der Kette". Sind Sie ein Workaholic? Nehmen Sie Auszeiten?*
Leslie Mandoki	Ich nehme mir keine langen Auszeiten Das heißt nicht, dass ich ein Workaholic bin, sondern ich bin diszipliniert. Ich erkenne die Zwänge, die ein Projekt oder ein Tag oder eine verantwortliche

Position an mich stelle, und handle entsprechend. Für Erfolg brauchen Sie Einsatz, egal ob in der Politik, in den Medien, in der Wirtschaft oder im künstlerischen Bereich, wo ich zu Hause bin. Nehmen Sie Loriot zum Beispiel: Der hat immer alles extrem genau vorgeplant mit vielen, vielen Arbeitsstunden, und er hatte den entsprechenden Erfolg.

Sie brauchen keinen Ausgleich? Ich bin ja fast Nachbar und habe Sie beispielsweise schon mehrfach auf dem Starnberger See rudern sehen.

Roger Rankel

Jeder braucht Ausgleich. Ich bin leidenschaftlicher Kanufahrer, nicht nur hier zu Hause am Starnberger See, sondern auch auf der Donau oder den kroatischen Seen. Ich paddele auch mit meinem Sohn. Ein weiterer sehr, sehr schöner Ausgleich: Schlagzeug spielen. Spielen, ohne spielen zu müssen. Also nicht, weil ich demnächst eine Einspielung habe oder das nächste Konzert, sondern einfach so. Außerdem koche ich leidenschaftlich gern – ich bekoche gerne Freunde, und ich diskutiere viel und gerne.

Leslie Mandoki

Spüren Sie am Morgen schon, ob der Abend gut laufen wird? Ist da so eine Art Vorahnung da?

Roger Rankel

Wenn ich die Ahnung habe, dass es nicht gut laufen wird, dann tue ich alles, damit es gut läuft. Ich hatte da neulich ein Konzert, wo ich vorher ein klein wenig mit mir gehadert habe. Da habe ich so unglaublich Gas gegeben, dass wir gar nicht mehr von der Bühne gelassen wurden.

Leslie Mandoki

Das ist aber eine Stärke, ein Ruder herumreißen zu können.

Roger Rankel

Also in dem Falle mich selber. Aber das muss einfach drin sein, dass man immer als Sieger aus einer Situation herauskommt. So definiere ich „Ruder rumreißen": Es zählt für mich, Sieger in der Niederlage zu sein. Dann gibt es keine echte Niederlage.

Leslie Mandoki

Gab es die nie, oder lassen Sie Niederlagen gar nicht erst an sich herankommen – kriegen die keine Bedeutung?

Roger Rankel

Doch, es gab Niederlagen, aber wie gesagt: Aus denen muss man als Sieger hervorgehen. Darum geht es. Natürlich, dass man das Land, in dem man zur Welt gekommen ist, verlassen muss – das ist schon eine Niederlage. 1975 bin ich aus Ungarn geflüchtet. Jetzt könnte ich natürlich die europäische Geschichte von Adolf Hitler bis Stalin anführen, den 2. Weltkrieg und die Folgen, um

Leslie Mandoki

219

zu erklären, wer die Schuld daran trägt. Nur ich bin nicht aufgebrochen, ein „Book of Excuses" zu schreiben, sondern mein Leben zu leben.

Bei meiner Ankunft hier sprach ich kein Wort Deutsch. Als ich mit 21 im Zentrallager für Asylbewerber landete, wurde ich gefragt, ob ich wüsste, was ich hier machen will. Der Beamte meinte, er verstehe das schon, dass ich der Diktatur entflohen bin, aber was jetzt? Ich sagte, ich möchte gerne mit den Jungs von Jethro Tull Musik machen, mit Jack Bruce und Al di Meola spielen. Das hat der Beamte damals so protokolliert; heute ist es Wirklichkeit.

Roger Rankel	*Sie sind selbst ein starker Anpackertyp, oder?*
Leslie Mandoki	Ich bin schon ein „Anpacker", gleichzeitig aber auch ein totaler Softie und Romantiker. Ich glaube sehr wohl, dass wir keine andere Herausforderung haben hier auf der Erde, als die Balance zu halten: anpacken, etwas bewegen einerseits und sein Inneres, die Gefühle auszuleben andererseits – also Ratio und Emotion in Balance zu halten.
Roger Rankel	*Sie stemmen eine Reihe spektakulärer Projekte, produzieren, komponieren, arbeiten mit Stars, Großunternehmen, Filmstudios zusammen. Gibt es da Momente, wo Sie sagen „Wow, erstmal durchschnaufen", oder kommt dann automatisch ein weiteres Ziel oder ein weiteres Vorhaben?*
Leslie Mandoki	Nach dem Konzert ist vor dem Konzert. Da ist kein Verschnaufen, ganz im Gegenteil – da ist man voll Energie, da will man sofort ins Studio. Also, ich komme von der Bühne, zum Beispiel in München, wo ich ein sehr erfolgreiches Konzert hatte, und dann sage ich: „Okay, was ist der nächste Schritt?"
Roger Rankel	*Analysieren Sie solche Auftritte: Was ist gut, was ist schlecht gelaufen, was kann man das nächste Mal besser machen?*
Leslie Mandoki	Ja, das ich tue immer sofort. Sobald ich von der Bühne bin oder sobald ich eine Produktion abgeschlossen habe, ist Manöverkritik angesagt. Was kann man besser machen? Dazu setze ich mich mit meinem Team zusammen. Das Gleiche mache ich auch in der Familie, mit meinem Kindern. Mein Sohn ist 16 und hat vor einem Jahr sein erstes Konzert gegeben. Danach hat er mich gefragt: „Wie war ich?" Ich habe gesagt: „Es war ungemein per-

fekt, es war begnadet gut. Doch du hast zweimal den Leuten ‚viel Spaß' gewünscht bei zwei unterschiedlichen Ansagen, wiederhole so was nicht. Aber ansonsten war es perfekt." Manöverkritik ist sehr wichtig; so schult man sich.

Nehmen Sie selbst auch Kritik an? Oder gibt es niemanden mehr, der Sie noch kritisiert, weil Sie der Star sind? Roger Rankel

Ich bin ohnehin nie zufrieden mit mir selber. Das nächste Stück Les ie Mandoki muss immer noch besser gelingen als das letzte. Ich finde es normal, dass man sich selbstkritisch reflektiert, beispielsweise auch, wenn wir über eine musikalische Gestaltung reden beim Projektmeeting (z. B. in Wolfsburg) und ich zu meinem Team ins Studio zurückfliege, muss ich sehr differenziert analysieren, nur so entsteht Kunst. Kritik von außen bekomme ich unter anderem von meinem Musen-Zwilling, mit dem ich seit Teenagerzeiten zusammen musiziere. Da kommen die nackten künstlerischen „Tatsachen" auf den Tisch. Kritik, Selbstkritik, muss sein. Nur damit können wir wachsen!

Misserfolge gehören dazu? Roger Rankel

Das gibt es immer wieder – Themen oder Projekte, die vom Pu- Leslie Mandoki blikum nicht so aufgenommen werden, wie man sich das gedacht hat. Aber das heißt noch lange nicht, dass sie nicht genauso gut sind. Erfolg ist eigentlich nichts anderes als eine Balance von Wagnissen. Salopp ausgedrückt: Erfolgreiche Lebenswege bestehen darin, dass 51 Prozent der Entscheidungen richtig waren. Das eine Prozent macht den Erfolg aus.

Von Dieter Bohlen sagt man, er weiß genau, wie er einen Song komponieren muss, der in die Bestenliste kommen soll. Roger Rankel

Das ist wahr. Was das angeht, da muss ich ihm größten Respekt zollen. Leslie Mandoki

Ihr Ansatz ist ein anderer, Sie machen das aus dem Herzen heraus? Roger Rankel

Sagen wir mal so, ich habe den absolut größtmöglichen Respekt Leslie Mandoki vor Dieter [Bohlen] und für seine Ader, das zu erkennen und das auch umsetzen zu können, was die Leute wollen. Das ist wunderbar, das ist klasse. Ich habe dieses Talent nicht. Ich kann nur das schreiben, was ich für wichtig halte. Dadurch bin ich kein wertvollerer Musiker, ich bin nur anders gestrickt. Und das birgt natürlich immer auch die Gefahr des Scheiterns, das gehört dazu. Weil ich ganz nah bei mir bin, entsteht in der Regel aber ein Song, der von den Leuten einfach emotional aufgenommen wird und ankommt.

Roger Rankel   *Und der Verkaufserfolg?*

Leslie Mandoki   Die Klassiker der Weltliteratur sind auch nicht geschrieben worden, weil die Dichter einen Bestseller landen wollten. Ich glaube, der Verkaufserfolg kommt daher, dass jemand etwas Gutes machen will. Wenn ich jetzt rausgehe, und Sie beide schreiben auf einen Zettel Ihre liebsten zehn Songs, dann würde ich mit Sicherheit hier zehn Songs auf dem Tisch finden, die nicht in der Absicht geschrieben worden sind, einen guten Verkaufserfolg zu erzielen, sondern weil irgendjemand etwas Gutes machen wollte.

Roger Rankel   *Thomas Gottschalk hat ausgerechnet, dass bei einem Auftritt Ihrer All-Star-Band nicht weniger als 139 goldene Schallplatten, 29 Mal Platin und 26 Grammys auf die „Wetten, dass ...“-Bühne marschierten. Wie bekommt man solche „Alphatypen“ unter einen Hut? Was ist das Rezept dazu?*

Leslie Mandoki   Schwierig zu beantworten. Mit Respekt, aber auch mit Führungskompetenzen. Respektvoller Umgang bedeutet, die Genialität der Einzelnen in höchstem Maße einzubinden in ein Gesamtkunstwerk, ohne sie zu beschneiden. Führungskompetenz bedeutet: gleichwohl glasklare Vorgaben machen.

Roger Rankel   *Sie haben heute bis in die Nacht gearbeitet und sind schon seit Stunden wieder voll im Einsatz. Sie haben eine beeindruckende Erfolgsserie hinter sich und nehmen nach jedem Projekt nahtlos das nächste in Angriff. Was treibt Sie an, was ist das eigentliche Motiv?*

Leslie Mandoki   Ich glaube, für mich ist der größte Antrieb, dass die Musik, die sich in mir formuliert, verbreitet, aufgenommen, veröffentlicht und auf die Bühne gebracht wird. Dass ich meine Gefühle, meine Emotionen, vermittle und aus der Resonanz des Publikums darauf wieder neue Kräfte ziehe. Ich glaube, das ist es.

Roger Rankel   *Noch einmal zu unserem Buchthema „Verkauf“. Positiv oder negativ belegt bei Ihnen?*

Leslie Mandoki   Spontan negativ belegt, denn Verkauf impliziert nicht den Inhalt, sondern dessen Verwertung. Der Inhalt muss stimmen, dann sehe ich das als eine Einheit und dann ist Verkauf ein positiver Teil von einem Ganzen.

Verkaufen Sie selbst nicht? Roger Rankel

Doch, natürlich. Man verkauft sich, wenn man auf die Bühne Les ie Mandoki geht. Man verkauft sich, wenn man ein Interview gibt darüber, was man gerade gemacht hat. Man verkauft sich. Aber ich habe unglaubliche Probleme mit Sozialpornographie, wenn Leute ihr privates Unglück vermarkten und verkaufen, dass die Freundin sie verlassen hat. Deshalb ist Verkauf ist für mich nicht eindeutig positiv zu belegen.

Anders sieht das aus, wenn jemand eine gute Ware verkauft. Denken Sie an Konrad Adenauer, der gut gemachte Politik damit verkauft hat, dass er Sozialdaten veröffentlicht hat. Oder an Willy Brandt: Der hat es richtig gut verkauft, was er gemacht hat, aber er hat auch etwas Gutes bewirkt für sein Land. Während jemand wie George W. Bush, der eine Reihe von Fehlentscheidungen getroffen hat, es durch die richtige Vermarktung auch geschafft hat, grandios wiedergewählt zu werden. Verkauf gehört dazu, aber der Inhalt muss stimmen.

Nehmen Sie Bayern. Erklären Sie mal einem Amerikaner oder einem Franzosen, dass wir in Bayern die florierendste Wirtschaft und die wenigsten Arbeitslosen haben, dass unsere Schulen die Besten sind, dass wir das erste Land der Welt sind, in dem der Umweltschutz in der Verfassung verankert wurde, und wo Sie in einer Großstadt wie München von einer Brücke schauen und bis auf den Grund sehen können – und trotzdem sagt jeder Deutsche: „Aber bayerische Politik ist nicht wählbar für Deutschland!" Da klappt der Verkauf wohl nicht.

Sie haben gesagt, wenn man auf der Bühne steht, verkauft man Roger Rankel *sich. In unserem Buch geht es ja um* **„Sales Secrets"***. Daher die Frage: Was ist denn dabei Ihr Verkaufsgeheimnis?*

Sehr ehrlich zu sein! Sich offen den Menschen anzuvertrauen Leslie Mandoki auf der Bühne. Ich werde auf der Bühne gehalten von meinem Publikum. Ich versuche, nichts vorzugaukeln, ich muss annehmen, was da ist. Und noch etwas ist ganz wichtig, wenn Sie das Erfolgsgeheimnis wissen wollen: Die Visionen, die man hat, wahr werden zu lassen.

Roger Rankel	*Gibt es ein Lebensmotto, ein Lieblingszitat?*
Leslie Mandoki	„Only the Sky is the Limit." Ich glaube, das könnte wirklich die Überschrift für den Weg sein, den ich gegangen bin. Und sicherlich ist mein Leben geprägt von einem zweiten Grundgedanken: „Never Take a No for a No". Ich denke, wenn man ein Nein als Antwort bekommt, hat man vielleicht auf die falsche Art und Weise oder im falschen Moment gefragt – das Aufmerksamkeitsfenster seines Gegenübers sozusagen nicht optimal geöffnet.

Beide Mottos spiegeln wahrscheinlich auch die Lebenserfahrung, die ich als bajuwarischer Ungar mit Koffern in England und den USA mit anderen aus Ungarn stammenden Kosmopoliten teile: Dass man Niederlagen wegstecken musste, die einen mehr schulen als alles andere, und trotzdem am Ende als Sieger den Platz verlassen kann. Dazu gehört auch, den eigenen Ethik- und Moralvorstellungen treu zu bleiben und die unbändige Liebe zum Leben nicht zu verlieren. Das künstlerimmanente Melodrama sollte man nur zuzulassen, wenn es konstruktiv und kreativ ist, und die schweren Momente des Lebens in Liedern, nicht aber in Handlungen reflektieren. So geht man aus meiner Sicht als Künstler seinen Weg.

Dabei betrachte ich es als eine große Ehre, dass sich mir so viele bedeutende Künstler anvertraut haben. Das besondere Glück auf meinem Weg ist zudem, dass ich dieses radikal intensive Leben mit unseren drei Kindern teilen darf, die diese Ideale leben und ihr eigenes – völlig unabhängiges – Schaffen umsetzen. Und das alles wäre nicht möglich, wenn ich nicht auch Freunde gefunden hätte, die mich zum Teil seit meiner Schulzeit begleiten, wie zum Beispiel mein Musen-Zwilling Laszlo Bencker, der meinen „Kreativwahn" und Gestaltungswillen seit der gemeinsamen Teenagerzeit mit mir teilt.

Roger Rankel	*Vielen Dank für dieses Gespräch, Herr Mandoki, auch im Namen der Leser!*

224

Sales Secrets – Gesetze der Erfolgreichen
Resümee von Roger Rankel

Klarheit, Leidenschaft, Visionen – so buchstabiert sich gemeinhin künstlerischer Erfolg. Aber „Verkauf"? Gute Verkaufszahlen und wirtschaftliche Erfolge scheinen allenfalls die verdiente Belohnung für kompromisslosen kreativen Einsatz. Doch das gilt nur für den ersten Blick. Als Vertriebsexperte nehme ich aus der inspirierenden Begegnung mit Leslie Mandoki einige wichtige „Verkaufsgesetze" mit:

Sich sofort richtig positionieren

Verkaufsprofis wissen, dass am Anfang jeder Begegnung ein blitzschneller Kompetenz-Check erfolgt. Leslie Mandoki muss dabei nicht einmal mehr selbst anwesend sein – schon bevor er zur Tür hereinkommt, setzt er gekonnt die richtigen Zeichen. Lassen Sie bei der Begegnung mit Kunden und Multiplikatoren keinen Zweifel daran, in welcher Klasse Sie spielen. In welche Signale können Sie Ihre Botschaft verpacken?

→ Kapitel (12) Gewinner erkennt man am Start

Träume ernst nehmen und verwirklichen

Jeder hat Träume. Doch bei den meisten Menschen werden diese Träume spätestens ab dem 18. Geburtstag tief unter Alltagsschutt begraben. Mandokis Lebensweg ist ein beeindruckendes Beispiel für die Schubkraft einer starken, unverfälschten Vision. Der bedingungslose Einsatz, die ständige Perfektionierung eigener Fähigkeiten ist ohne diesen Antrieb kaum denkbar. Das verbindet ihn mit dem Hamburger Heiner Tamsen, der sich schon als Junge am Steuerknüppel eines Flugzeugs „sah" und heute als Pilot seine eigene Maschine fliegt.

→ Kapitel (3) Wie man umsatzstärkster Ferrari-Händler wird

Aus dem Herzen heraus handeln

„Ich kann nur das schreiben, was ich für wichtig halte", so Mandokis Credo. Er spekuliert nicht mit dem Massengeschmack, sondern folgt seinem Herzen. Und mit diesem zuverlässigen inneren Kompass erreicht er schließlich auch die Herzen des Publikums. Ohne einem Trend hinterherzulaufen hat er sich immer wieder als Trendsetter erwiesen, etwa mit seinen auch kommerziell sehr erfolgreichen All-Star-Projekten „Soulmates".

→ Kapitel (26) Herzenssache(n)

Sich entscheiden: Hammer oder Amboss?

Leslie Mandoki hat sich für eine klare Strategie entschieden: Er schielt nicht auf den Publikumsgeschmack, sondern macht „seine" Musik. Damit grenzt er sich bewusst von Dieter Bohlen ab, der gezielt auf massentaugliche Songs setzt. Man kann nie beides sein – Hammer *und* Amboss. Das gilt für jede Branche. Während beispielsweise McFit günstige Fitness für jedermann bietet (siehe Seite 45), geht mein bester Freund Jörg Aneser mit seinem exklusiven Münchener Studio „Sports & Health" den anderen Weg und setzt auf persönliche Atmosphäre, Präsenz des Inhabers vor Ort und ein offenes Ohr für Kundenwünsche und -anregungen. „Wir haben kurze Entscheidungswege; konstruktive Anregungen werden möglichst rasch umgesetzt", betont Jörg, und „Ich präge mein Studio ganz persönlich und lebe meinen Mitarbeitern die Unternehmensphilosophie vor!" McFit und Sports & Health beweisen: Der eine wie der andere Weg kann erfolgreich sein. Nur: Man muss sich für einen der beiden eindeutig entscheiden!

Die Balance wahren

→ Kapitel (27)
Beruflich Profi –
gesundheitlich
Amateur?

Ratio und Emotion, bedingungsloser Einsatz für die Sache und notwendiger Ausgleich beim Paddeln, Kochen oder „zweckfreien" Schlagzeugspielen, kompromisslose Zielorientierung und die Bereitschaft, andere durch geduldige Überzeugungsarbeit mit ins Boot zu holen – in diesem „Sowohl als auch" scheint eines der Erfolgsgeheimnisse von Mandoki zu liegen, der Musiker und Manager, Träumer und Pragmatiker zugleich ist. Jeder, der permanent alles gibt, um Erfolg zu haben, braucht diesen Ausgleich – im Verkauf ebenso wie in anderen Branchen.

Jede gute Sache muss auch gut verkauft werden!

Auch wenn ohne Verkäufer unsere Wirtschaft gar nicht funktionieren könnte, ist das Verkaufen in Deutschland weit weniger angesehen als etwa in den USA. Leslie Mandoki lenkt die Aufmerksamkeit auf eine unleugbare Tatsache: Verkauf ist überall gefordert, in der Politik ebenso wie im Show„business" (!). Mancher missbraucht seine Instrumente – von den B-Promis bis zu den Selbstdarstellern in der (Welt-)Politik. Doch soll man deshalb auf den Verkauf einer guten Sache verzichten? Und riskieren, dass eine gute Idee, ein gutes Produkt auf der Strecke bleibt? Damit überlassen Sie dem Mittelmaß und der Unfähigkeit das Feld.

→ Kapitel (2)
Ja, Sie wollen
verkaufen!

227

Quintessenz:

Was Top-Verkäufer ausmacht

Auf über 220 Seiten habe ich – auch mit Unterstützung meiner prominenten Interviewpartner – erfolgreiches Verkaufen auf seine Wurzeln zurückgeführt. Dabei sind einige lieb gewonnene Gewohnheiten hinterfragt und ein paar vertraute Gewissheiten erschüttert worden. Worin liegt das Geheimnis ungewöhnlicher Verkaufserfolge? Auf einen Blick:

Verkauf – alt	Verkauf – neu
Nur Verkäufer sind Verkäufer	*Jeder* ist ein Verkäufer
Zum Verkäufer muss man geboren sein	Zum Top-Verkäufer wird, wer an sich arbeitet
Beruf	Berufung
Angst oder Übermut	Mut
Kleine Schritte	Mutige Sprünge
Verkaufstricks	Faire Gesprächsstrategien
„Training" *im* Verkaufsgespräch	Training *für das* Verkaufsgespräch
Produkt-USP	Persönlicher USP
Uniformität	Kult!
Zielgruppenmarketing	Interessenmarketing
Bedarfsdecker	Bedarfswecker
Der Kunde ist König!	Die Kundin ist König(in)!
Kaltakquise	Empfehlungen

Verkauf – alt	Verkauf – neu
Ver-kaufen	Ver-führen (den Kunden „kaufen lassen")
Push	Pull
Anbiedern	Verknappung
Nur nicht anecken!	Mit der Wahrheit konfrontieren!
Werbung in eigener Sache	Helden schaffen
Überreden	Im Wertesystem des anderen argumentieren
Verkaufsabsichten bemänteln	Ja, Sie wollen verkaufen!
Small Talk	Straight Talk
Nur Nehmen	Geben und Nehmen
(Vermögens-)Werte = Dinge	Worte schaffen Werte
Zahlen & Fakten	Bilder & Storys
Ein gutes Produkt erläutern	Eine gute Show bieten
Ratio & Verstand bedienen	Das Herz erreichen
Das eigene Tempo wählen	Das Tempo des Kunden finden
Einwände widerlegen	Das Positive herausziehen
Die fertige Lösung präsentieren	Mit dem Kunden zusammen erarbeiten
Zum Abschluss: fragen	Zum Abschluss: sagen!

Schluss

Erfolg im Verkauf ist keine Frage rhetorischer Tricks und auch kein Privileg weniger „geborener" Verkäufer. Wer sich selbst, seine Ideen und sein Angebot zukünftig (noch) erfolgreicher verkaufen will, kann eine Menge dafür tun. Die „Secrets" in diesem Buch sind als Angebot an Sie gedacht, als wertvoller und sinnvoller Wegweiser. Gehen müssen Sie den Weg selbst. Wissen, das nicht eingesetzt wird, ist bekanntermaßen nutzloser Ballast.

Vertrauen Sie dabei nicht auf plumpe Rezepte. Gutes Verkaufen ist und bleibt eine spannende Herausforderung. Mein Schweizer Freund Martin Betschart, Erfolgs-Coach, Experte für Motivation und Menschenkenntnis sowie Trainer des Jahres 2007, berichtete mir kürzlich von seinem Schlüsselerlebnis in Sachen Verkauf:

„Vor etwa 25 Jahren besuchte ich selbst bei einem renommierten Trainingsinstitut ein Verkaufsseminar mit dem Ziel zu lernen, wie Verkaufen funktioniert. Ich war neugierig und bereit, alles Mögliche auszuprobieren, um erfolgreich verkaufen zu können. Neben vielen anderen Tipps, Tricks und Techniken wurde mir beigebracht: ‚Du musst mit dem Kunden in der Abschlussphase Körperkontakt herstellen.' Auch das versuchte ich konsequent anzuwenden – mit dem Ergebnis, dass das bei manchen Menschen wirklich hilfreich war, doch bei mindestens genauso vielen total kontraproduktiv. Das verwirrte mich natürlich, denn bei den Verkaufsprofis war von ‚Ausnahmen' keine Rede.

Damit wurde mir klar, es gibt kein Richtig oder Falsch! Die entscheidende Frage lautet: Mit wem habe ich es gerade zu tun? Es gibt Menschen, die brauchen diese Nähe, und es gibt andere, die haben ein Bedürfnis nach einem großen Sicherheitsabstand, um sich wirklich wohl zu fühlen. Ich muss wissen, was für ein Typ Mensch mir gerade gegenübersitzt. Das wurde mir nicht beigebracht, obwohl es wirklich das Wesentliche ist. Top-Verkäufer berücksichtigen das bewusst oder unbewusst."

Liebe Leserinnen und Leser, vertrauen Sie also auf Ihre eigene Intuition, wenn Sie mit diesem Buch arbeiten. Verbinden Sie das Gelesene mit Ihrer ganz persönlichen Wahrnehmung im Verkaufsgespräch, setzen Sie die Secrets situativ ein – nicht mechanisch. Machen Sie sich das Ganze also „passend" wie einen Maßanzug – denn nur, was zu Ihnen passt, werden Sie auch erfolgreich umsetzen. Wer seine Persönlichkeit in die Waagschale wirft und gleichzeitig bereit ist, sich weiterzuentwickeln, kann nicht scheitern.

In dieser Hinsicht habe ich viel von meinem langjährigen Freund Oliver Reichert di Lorenzen gelernt, der als Zahntechnikermeister mit Dental Design Reichert eine einzigartige Erfolgsgeschichte schreibt – und das in einer Zeit, in der viele Dentallabore Konkurs anmelden müssen. „Nicht das Produkt verkaufen, sondern Emotionen", beschreibt er sein **Sales Secret**. Eine Kombination von bester handwerklicher Qualität, persönlichem Service für den Patienten und gutem Marketing hat ihn längst zum gefragten Experten für die Vermarktung medizinischer Dienstleistungen gemacht – und damit zum Trendsetter, denn auch Arztpraxen laufen in einer Zeit der Kostendämpfung im Gesundheitswesen nicht mehr „von selbst". „Das Geheimnis, Kunden zu überzeugen, heißt: Mehr leisten als erwartet wird", betont Oli. Und das gilt ausnahmslos in jeder Branche – auch in Ihrer!

Ich bin meinen Freunden und prominenten Gesprächspartnern sehr dankbar, dass sie erstmals ihre bislang gehüteten Erfolgsgeheimnisse lüfteten und meine Ideen so ergänzten und bestärkten. Ich bin zutiefst überzeugt, dass wir auch im Verkauf Vorbilder brauchen, und ich freue mich, dass ich Ihnen einige davon vorstellen konnte. Und so unterschiedlich die porträtierten Top-Verkäufer auch sein mögen, so verschieden ihre Branchen: Was sich im Laufe der Gespräche herauskristallisiert, sind einige zentrale, übergreifende Erfolgsgesetze. Erfolg im Verkauf buchstabiert sich so:

E nergie und Begeisterung versprühen, um Kunden zu überzeugen

R isiken eingehen und seinen persönlichen USP entwickeln

F ühren und Verführen – Kunden anziehen (Pull-Strategie)

O ffen, fair und ehrlich mit dem Kunden umgehen

L ösungen gemeinsam erarbeiten und anbieten – nicht Produkte

G esprächsstrategien reflektieren und ständig verbessern

Also machen Sie was draus – machen Sie etwas Gutes daraus. Und wenn Sie von diesem Buch überzeugt sind, tun Sie auch anderen etwas Gutes: Empfehlen Sie es weiter – getreu dem 5. Secret: *Überzeugen „über Zeugen"!*

Vielleicht sehen wir uns ja einmal persönlich in einem meiner Vorträge. Wenn ja, sprechen Sie mich bitte an und erzählen Sie mir von Ihren Erfolgen und Erfahrungen mit den **Sales Secrets**.

Bis dahin wünsche ich Ihnen von ganzem Herzen: Gute Umsätze!

Anmerkungen

1 Hans Christian Altmann, Kunden kaufen nur von Siegern. Heidelberg, 8. Aufl. 2006.
2 Quelle: „Lernen Sie vom besten Autoverkäufer der Welt"; im Internet unter www.vnr.de.
3 Quelle: Wolf Lotter, „Nasenbären an der Front"; in: Brand Eins 04/2006, S. 56 ff., hier S. 57.
4 In einem Video-Clip unter www.amazon.de.
5 Quelle: www.bitkom.org (Meldung vom 23.05.2007: „Fast jeder fünfte Mensch ist online").
6 Damir Fister, Members only. Lightspeed Media 2007.
7 Quelle: Frankfurter Allgemeine Sonntagszeitung vom 06.01.2008, S. 36.
8 Quelle: www.ferrero.de.
9 Martin Limbeck, Das neue Hardselling. Wiesbaden, 2. Aufl. 2007.
10 So der Kurs „Neueste Managementperspektiven (Unternehmerseminar)", im Internet unter www.ifb.unisg.ch.
11 Robert Greene, Die 24 Gesetze der Verführung. München, 3. Aufl. 2007, S. 245.
12 Der Spiegel Nr. 6/2008.
13 Quelle: Jens Bergmann, „Lange Rede, großes Geld. Einsichten einer Propagandistin." Brand Eins 04/2006.
14 Interview mit der Süddeutschen Zeitung vom 25.04.2006.
15 Quelle: Tom Peters, Re-imagine. Spitzenleistungen in chaotischen Zeiten. Starnberg 2004.
16 Quelle: Spiegel Online, „Die ewige Suche nach der Piemont-Kirsche" (Meldung vom 30. Oktober 2006).
17 Meldung vom 07.02.2008 im Branchenblatt Werben & Verkaufen: „VW stoppt Tiguan-Kampagne" (www.wuw.de).
18 Weitere Informationen in meinem Buch „Endlich Empfehlungen. Der einfachste Weg, neue Kunden zu gewinnen" (Offenbach 2008) oder unter www.roger-rankel.de.
19 Robert Greene, Power. Die 48 Gesetze der Macht. München, 6. Aufl. 2006.
20 Quelle: Robert Greene, Die 24 Gesetze der Verführung. München, 3. Aufl. 2007.
21 Paul Watzlawick/John H. Weakland/Richard Fisch, Lösungen. Zur Theorie und Praxis menschlichen Wandels. Bern 2001.
22 Quelle: Ralf Grötker, „Wir von der Stichprobe", in: Brand Eins 04/2006.
23 Quelle: Wolf Lotter, „Nasenbären an der Front", in: Brand Eins 04/2006.
24 Im Internet unter http://www.gfk.at/EN/download/DATA/ 70Prozent_Floprate_ex_online.pdf.

25 Faith Popcorn, **EVA**LUTION. Die neue Macht des Weiblichen. München 2001.
26 Cris Evatt, Männer sind vom Mars, Frauen von der Venus. München 2005. Allan & Barbara Pease, Warum Männer nicht zuhören und Frauen schlecht einparken. Berlin 2000.
27 Tom Peters, Re-imagine! Spitzenleistungen in chaotischen Zeiten. Starnberg 2004, hier: S. 272.
28 Jung von Matt stellt „Deutschlands häufigstes Wohnzimmer" im Internet vor; siehe http://www.jvm.de/wozikonfi/htm_de/index.htm.
29 Quelle: Christian Stöcker, „Deutschlands Durchschnittsfamilie. Nackte Haut auf dem Wohnzimmer-PC", in: Spiegel online vom 20. Juli 2007.
30 Dieses Zitat – und viele weitere – finden Sie in meinem Buch „Immer schön (erfolg)reich bleiben! Die besten Geistesblitze für Vertrieb und Marketing". Wiesbaden 2008.
31 Hans-Uwe L. Köhler, Verkaufen ist wie Liebe. Berlin/Regensburg, 10. Aufl. 2007.
32 Daniel Goleman, Emotionale Intelligenz. München 1997.
33 Petra Apfel, „Sport trainiert das Gehirn", in: Focus 11.08.2006; Mike Schaefer, „Sport hält Gehirn jung"; W wie Wissen vom 09.03. 2008, im Internet unter www.daserste.de.
34 Alle Zitate aus Michael Spitzbarts Vortrag „Fit im Körper, fit im Kopf, fit für die Zukunft", den Sie auf seiner Website www.spitzbart.com herunterladen können.
35 Jana Wiske, „Neuer Trainer – Neues Glück", Artikel vom 01.03. 2002, im Internet unter www.m3team.de.
36 Oliver Kahn, Ich. Erfolg kommt von innen. München 2008.
37 Quelle: Olaf Kortmann, „Dauerhaft Top-Leistungen erbringen: Mentales Training als Methode des Spitzensports für berufliche Anforderungen nutzen"; in: *blickpunkt personal* 01/2007, S. 34-36, hier: S. 35. (Der Autor war jahrelang erfolgreicher Bundesligatrainer im Hallenvolleyball.)
38 Oliver Kahn im Spiegel-Gespräch „Dann weine ich halt", Spiegel Nr. 20/2008, S. 138 ff., hier: S. 140 und S. 139.
39 Informieren Sie sich unter www.roger-rankel.de oder in meinem Buch „Endlich Empfehlungen. Der einfachste Weg, neue Kunden zu gewinnen!" Offenbach 2008.
40 Roger Rankel, Immer schön (erfolg)reich bleiben! Die besten Geistesblitze für Vertrieb und Marketing. Wiesbaden 2006.
41 Paul Kirchhof ist Professor für Finanz- und Steuerrecht an der Universität Heidelberg und wurde im Wahlkampf von Angela Merkel 2005 einem breiteren Publikum bekannt.

Who is Who der „Verkäufer"

Stichwortverzeichnis

240

Unternehmensbeispiele

Der Autor

Roger Rankel, Experte für Vertrieb und Marketing, ist renommierter Vortragsredner und Trainer. Unternehmen wie 3M, Microsoft, Premiere, Deutsche Bank, aber auch kleine und mittelständische Unternehmen zählen zu seinen Kunden. An der Fachhochschule Worms bekleidet er einen Lehrauftrag im Fachbereich Marketing. Auch als Buchautor hat Roger Rankel auf sich aufmerksam gemacht. Ebenfalls bei Springer Gabler erschienen ist „Immer schön (erfolg)reich bleiben! Die besten Geistesblitze für Vertrieb und Marketing."

Die von ihm entwickelten und mehrfach ausgezeichneten Trainingssysteme

- **Endlich Empfehlungen** ... der einfachste Weg, neue Kunden zu gewinnen!

- **Schlüssel zum Kunden** ... mehr Erfolg und Umsatz durch Menschenkenntnis!

- **FlowSelling**® ... die abschlusssicherste Form des Verkaufens!

haben Tausende Schulungsteilnehmer und Vortragsbesucher in ganz Europa begeistert. Für Firmenveranstaltungen ist er ein viel gebuchter Key-Note-Speaker.

Roger Rankel lebt im Sissi-Schloss Possenhofen am Starnberger See.

Roger Rankel Vertriebstrainings
Schloss Possenhofen
82343 Possenhofen am Starnberger See

Tel.:   0049/8157/999100-00
Fax: 0049/8157/999100-20
E-Mail: info@roger-rankel.de
Internet: www.roger-rankel.de